KANT- FORSCHUNGEN II

KANT-FORSCHUNGEN

Band 2

FELIX MEINER VERLAG
HAMBURG

BERND LUDWIG

Kants Rechtslehre

Mit einer Untersuchung zur Drucklegung
Kantischer Schriften von Werner Stark

FELIX MEINER VERLAG
HAMBURG

Im Digitaldruck »on demand« hergestelltes, inhaltlich mit der ursprüng
lichen Ausgabe identisches Exemplar. Wir bitten um Verständnis für unvermeidliche Abweichungen in der Ausstattung, die der Einzelfertigung
geschuldet sind. Weitere Informationen unter: www.meiner.de/bod

Bibliographische Information der Deutschen Nationalbibliothek

Die Deutsche Nationalbibliothek verzeichnet diese Publikation
in der Deutschen Nationalbibliographie; detaillierte bibliographische
Daten sind im Internet über ‹http://portal.dnb.de› abrufbar.

ISBN 978-3-7873-0728-1
ISBN eBook: 978-3-7873-3172-7

2. Auflage 2005

VORWORT ZUR 2. AUFLAGE

Vor etwa 20 Jahren, als diese Monographie verfasst wurde, zog die Kantische
Rechtslehre nach langer Pause gerade wieder eine erhöhte Aufmerksamkeit
der philosophischen Forschung auf sich: Es erschienen in recht gedräng-
tem Zeitraum zahlreiche einschlägige Arbeiten. Allerdings war damals
noch nicht recht abzusehen, ob es nicht möglicherweise bei diesem kurzen
Aufleben des Interesses an der Kantischen Spätschrift bleiben würde.
Inzwischen hat sich die Lage geklärt: Die Literatur zur Rechtslehre hat
in den letzten zwei Jahrzehnten weiter beträchtlich an Umfang zugenom-
men, und gerade im angelsächsischen Sprachraum ist im Zuge des Wieder-
auflebens der Politischen Philosophie das Interesse an Kants Rechtsphilosophie stark gestiegen, nicht zuletzt, insofern letztere sich zunehmend als
Anknüpfungspunkt für aktuelle Entwürfe anbot.

Die hier erneut vorgelegte Arbeit wirkt vor diesem Hintergrund möglicherweise geradezu anachronistisch, denn sie versucht in ihrem systematischen Teil, die Kantische Rechtslehre ohne jeden Bezug auf potentielle
Aktualisierungen allein auf ihre innre Konsistenz und Kohärenz hin sowie in ihrer Abhängigkeit vom Kantischen Systementwurf zu untersuchen
(sc.: »Welche theoretische Entscheidung wird an welcher Stelle aus welchen
Gründen getroffen?«, vgl. S. 83). Sie bringt damit unausweichlich – so war
und ist zu hoffen – immer auch das zum Vorschein, was an der Kantischen
Rechtsphilosophie heute in der Regel eher befremdet als beeindruckt: die
»Deduktion« etwa der »objektiven Realität« des Begriffs einer *possessio
noumenon*, die rein rechtslogische Ableitung der Gewaltenteilung unter
vollständigem Verzicht auf den seit Locke und Montesquieu geradezu
selbstverständlichen Rekurs auf die Balance der politischen Gewalten oder
eine Lehre vom kategorischen Widerstandverbot (»Gehorchet stets der
Obrigkeit &c.«). Indem ausgelotet wird, inwiefern dergleichen im Einzelfall
unverzichtbarer Bestandteil und/oder unvermeidliche Konsequenz der
Kantischen Lehre ist, wird zugleich deutlich, daß dessen Substitution oder
Elimination zum Zwecke moderner Assimilation, wenn überhaupt, dann
nur mit erheblicher zusätzlicher theoretischer Anstrengung möglich ist,
will man nicht den Kredit einer argumentativ ausgewiesenen Rechtsphilosophie verspielen. Eine – hier freilich gar nicht zur Disposition ste-
hende – Überarbeitung des Textes hätte daher auch nicht die »Aktualität«
von Kants Rechtphilosophie herausgearbeitet, sondern wäre, ganz im
Gegenteil, auch noch jenen Momenten stärker nachgegangen, mit denen

Kant nicht an seine eigenen kritischen Schriften, sondern vielmehr an die Lehrstücke der Naturrechtstradition anschließt, welche uns heute stellenweise als theoretisch fragwürdig erscheinen. Philosophiehistorie in *systematischer* Absicht ist nicht hagiographisch, sondern vielmehr eine Unterrichtung über die wohldurchdachten *Alternativen* zu dem, was uns heute als vernünftig erscheint.

Hier und da wäre am Text von 1987 einiges zu pointieren, zu präzisieren oder auch gerade zu rücken gewesen, darauf musste bei diesem Nachdruck verzichtet werden. Hinweise auf Ergänzendes sind auf den Seiten LII ff. der zweiten Auflage (1998) der unten auf S. 189 genannten Ausgabe der Rechtslehre zu finden.

Göttingen, Februar 2005   *Bernd Ludwig*

INHALT

EINLEITUNG

Die Philosophen haben die Rechtslehre nur verschieden
interpretiert, es kömmt darauf an sie zu verändern

Die Kantische Rechtslehre von 1797 ist im neunzehnten und zwanzigsten
Jahrhundert ein Stiefkind sowohl der Kant-Forschung als auch der allgemeinen rechtstheoretischen Literatur geblieben. In nicht wenigen Abhandlungen der Rechtsgeschichte (vor allem von juristischer Seite) wird man den
Namen Kants neben denen von z. B. Locke oder Rousseau vergebens
suchen, und selbst eine Darstellung der Kantischen Philosophie meint, ohne
Nennung der »Metaphysik der Sitten« auskommen zu können.[1] Ein Blick in
die einschlägigen Zeitschriften oder in die Bibliographie der Dissertationen
zur Kantischen Philosophie von G. U. Gabel (Hamburg 1980) zeigt eine
unverhältnismäßig größere Zahl von Arbeiten zu den Kritiken und zur
Grundlegung als zur Rechts- oder gar Tugendlehre. Auch der geradezu
erdrückenden Menge von weiteren Monographien zu den beiden größeren
moralphilosophischen Schriften der achtziger Jahre steht eine überschaubare
Anzahl von Werken zur »Metaphysik der Sitten« gegenüber. Im angelsächsischen Sprachraum zeigt sich dieses Verhältnis noch drastischer.[2]
    Das scheint im Falle der Rechtslehre an zwei – voneinander unabhängi-
gen – Umständen zu liegen. Zum einen steht den »Revolutionen der Denk-
art« sowohl in der theoretischen Philosophie als auch in der Begründung der
praktischen – welche das nachhaltige Interesse an den ersten zwei Kritiken
sowie der Grundlegung hinreichend erklären – kein gleichermaßen folgen-
reicher Neuansatz speziell der Rechtslehre gegenüber: Anders als die Theorien von z. B. Hobbes, Montesquieu oder Rousseau liefert die Kantische

---

1. So H. Radermacher: I. Kant, in: N. Hoerster (Hg.): Klassiker des philosophischen
Denkens II, München 1982, S. 47. – Im folgenden zitiere ich Kantische Schriften gemäß
der Ausgabe der Akademie der Wissenschaften, Berlin 1900 ff. (Akademie-Ausgabe oder
AA) nach Band- (römische Ziffern) und Seitenzahl (arabische Ziffern), durch Komma
abgetrennte Ziffern geben die Zeile an. Stellen aus der »Metaphysik der Sitten« werden in
der modernisierten Orthographie meiner Ausgabe (PhB 360, Hamburg 1986) gegeben und
ohne Bandangabe durch die AA-Seitenzahl (des Bandes VI) oder durch Paragraphennummern nachgewiesen. Die weitere Literatur ist entweder am Ort oder – im Falle der
mehrfach erwähnten Sekundärliteratur – mittels Autorennamen und ggf. Erscheinungs-
jahr anhand des Literaturverzeichnisses zu identifizieren.
    2. Dies betont M. Gregor (S. XI).

Rechtslehre wenig neue unmittelbare Konsequenzen für die Organisation und die Legitimation des Staates, sondern stellt vielfach nur schon tradierte Vorstellungen auf eine neue philosophische Basis und blendet ferner die politischen Dimension systematisch aus.

Während dies vornehmlich die Abstinenz der außerphilosophischen Fachwelt begreifbar macht, kommt für die innerphilosophische Diskussion (die erst in jüngster Zeit die Kantische Rechtslehre wiederzuentdecken scheint)[3] ein weiterer Gesichtspunkt hinzu: Die Rechtslehre gilt als problematisches Alterswerk Kants. Stellvertretend sei hier G. Lehmann zitiert: »Kant denkt, im Alter, fast nur noch mit der Feder. Seine Werke, die wahrhaftig keine Zufallsprodukte sind, stellen doch jeweils nur Querschnitte, nur Phasen eines unermüdlich weitergehenden Prozesses dar. Ihr völliges Verständnis läßt sich daher nur genetisch, d. h. unter Benutzung der Reflexionen und Vorarbeiten, erreichen. Besonders wichtig ist es, die angeblich (?, B. L.) privaten Aufzeichnungen heranzuziehen, wenn die Druckschrift von bestimmten äußeren Planungen und Zielsetzungen abhängig ist, die den freien Gedankengang notwendigerweise beeinträchtigen. Und das gilt, wie überhaupt von den nach 1790 veröffentlichten Werken, so insbesonders von der Metaphysik der Sitten«, und: »Es liegt daher nahe zu fragen, ob der dunkle, schwierige und an manchen Stellen verdorbene Text der Druckschrift mit Hilfe der Vorarbeiten erläutert werden kann.«[4]

Bereits ein flüchtiger Blick in die Literatur vermag über die Verbreitung dieser Auffassung zu belehren: Manche neuere Arbeit zitiert mehr aus den »Vorarbeiten«[5] (bisweilen der sechziger (!) Jahre) als aus der Druckschrift, wenn es um »die« Kantische Rechtslehre geht. Dies führt sogar so weit, daß Christian Ritter nur noch die Vorarbeiten ernst nimmt und den Text von 1797 für eine bloße Kompilation schon lange feststehender Positionen (und damit für praktisch überflüssig) erklärt[6]. Doch zumindest bezüglich einer der

---

3. Vgl. die Literaturberichte von Kersting, Küsters und Smid.

4. Lehmann, S. 195.

5. Sowohl »Reflexionen« aus XIX 9ff., wie auch die sogenannten Vorarbeiten aus XXIII 207ff. – Dem Benutzer der letzteren ist zu raten, die Zuordnung der einzelnen Textstücke zu den Abschnitten der Druckschrift von seiten des Herausgebers kritisch zu prüfen: Weshalb finden wir z. B. LBL E 38 (XXIII 249) in den »Vorarbeiten zur Einleitung in die MdS« und nicht in denen zum »Privatrecht«? Weshalb LBL E 3, 5, 9 (XXIII 376ff.) in den »Vorarbeiten zur Tugendlehre« und nicht in denen zur Einleitung in die MdS, wo ganz offensichtlich dieselben Gegenstände wie in den losen Blättern verhandelt werden? – Sucht man »Vorarbeiten« zu bestimmten Systemstücken der MdS, so erweist es sich als unumgänglich, alles, was in XXIII 207–419 abgedruckt ist, zu prüfen: Die Stoffanordnung »nach inhaltlichen Kriterien« (XXIII 507), d. i. die »richtige (!) Zuordnung der Stücke zu den entsprechenden Stellen der Druckschrift« (ebd.), ist dem Herausgeber nicht geglückt.

6. Ritter, S. 19ff.

»dunkelsten Stellen« (Lehmann) der Rechtslehre ist eben dieses Verfahren so offensichtlich problematisch wie verbreitet: Ausgerechnet für die Interpretation der Deduktion des Begriffs eines intelligiblen Besitzes (Rechtslehre §§ 1–6) werden von vielen Autoren die zahlreichen Vorarbeiten verstärkt herangezogen. Angesichts des allgemein bekannten Schiller-Briefes an Erhard vom 26. 10. 1794 müssen wir jedoch davon ausgehen, daß im Laufe der Arbeit an der Rechtslehre gerade dieses Systemstück zumindest einmal fundamental umgearbeitet worden ist: »Die Ableitung des Eigentumsrechts ist jetzt ein Punkt, der sehr viele denkende Köpfe beschäftigt, und von Kanten selbst höre ich, sollen wir in seiner Metaphysik der Sitten etwas darüber zu erwarten haben. Zugleich höre ich aber, daß er mit seinen Ideen darüber nicht mehr zufrieden sei, und deswegen die Herausgabe vor der Hand unterlassen habe.«[7] – Da die Vorarbeiten aus den neunziger Jahren nicht immer sicher zu datieren sind, riskiert man somit – wenn die Argumentation des Drucktextes nicht zuvor eigenständig analysiert wird – gerade ein von Kant verworfenes Argument für das der Schrift von 1797 zu nehmen.[8]

Aber kehren wir zum Ausgangspunkt dieses kleinen Exkurses zurück! Die »Verdorbenheit« dieser Druckschrift ist ein Phänomen, welches jedem Leser, der sich dem Buch nähert, unmittelbar ins Auge fällt; selbst nach längerer Beschäftigung mit dem Werk will der Eindruck nicht verblassen, daß der Text das gewohnte Niveau Kantischer Schriften (selbst der neunziger Jahre) nicht erreicht. Nicht etwa die – anhand des Lesartenverzeichnisses der Akademie-Ausgabe erahnbare – große Zahl von Setzfehlern, die schon der Rezensent in den »Neuesten Critischen Nachrichten« bemängelt hat (»Für die Berichtigung mancher Druckfehler in dem vorliegenden Werk wird hoffentlich der Verleger Sorge tragen«[9]), sind daran schuld, sondern Ungereimtheiten in der Anlage des Werkes selbst, die man nicht leichtfertig dem Setzer anlasten wird: Man denke an die §§ 1–6 (u. a. Brandt 1974 S. 185 f.), den § 6 allein genommen (Buchda S. 36 f.), § 10 (Mautner) oder gar das Staatsrecht, welches sich schon allein gegen den Versuch einer fortlaufenden Kommentierung sperrt (vgl. den Versuch von Vorländer, MdS, Hamburg 1922 (PhB 42) S. XXX f.).

Die naheliegendste Erklärung dieses herausragend schlechten Zustandes der Rechtslehre bietet selbstverständlich das hohe Alter Kants und eine damit im Lauf der späten neunziger Jahre einhergehende Senilität: Bei Karl-Heinz

---

7. Schillers Werke, Weimar 1943 ff., Bd. 27, auch VI 517.

8. In der Tat läßt sich zeigen, daß die zentrale Beweisidee des »rechtlichen Postulats der praktischen Vernunft« in keiner der überlieferten »Vorarbeiten« des Bandes XXIII anzutreffen ist. Vom Standpunkt der Rechtslehre von 1797 sind alle dortigen Versuche mißlungen. Vgl. dazu unten den Anhang zum Kommentar zur Besitzlehre.

9. Neueste Critische Nachrichten. Greifswald 1797. S. 150 f.

Ilting z. B. ist es eine endgültig ausgemachte Sache, daß Kant »mit nicht mehr
ausreichender Kraft zu einer Darstellung seiner Rechtslehre« gelangte.[10] So
bequem diese verbreitete Version auf den ersten Blick auch erscheinen mag,
so wenig kann sie von der Sache her überzeugen. Abgesehen davon, daß diese
Erklärung nichts erklärt, weil der Sachverhalt der Senilität selbst wiederum
bloß aus dem Zustand der Rechtslehre abgeleitet werden kann (andere überzeugende Gründe liegen für 1797 nicht vor[11]), dürfte sich diese These
schlecht mit den zum Teil an Bestimmtheit nichts zu wünschen übrig lassen-
den Teilen des Werkes selbst[12] vertragen.

Eine andere mögliche Ursache für den korrumpierten Zustand der Rechtslehre ist in der Kant-Forschung bisher nicht in Betracht gezogen worden:
Inwieweit ist überhaupt Kant als *Autor* für die Verderbtheit des Textes verantwortlich? Liegt uns mit der Schrift von 1797 wirklich der von Kant für den
Druck vorgesehene Text vor, oder läßt sich womöglich zeigen, daß wir es mit
dem Abdruck eines durch *äußere* Umstände verderbten Manuskripts zu tun
haben, welches in seiner ursprünglichen Fassung den Text einer ihres Autors
würdigen Rechtslehre geliefert hätte?[13]

Zum einen müßte für die letztgenannte These sichergestellt werden, daß
sie nicht mit unseren Kenntnissen über Kants Beziehung zu seinen gedruckten Werken konfligiert:

1) Dürfen wir aufgrund der uns zugänglichen Quellen über den Prozeß der
   Drucklegung Kantischer Schriften davon ausgehen, daß sich Zerstörun-

---

10. Ilting, S. 326 Anm. – Drastisch formuliert auch F. Paulsen: Kant, 1899, S. 360
Anm.: »...in der Rechtslehre haben wir es mit wirklich »deplorablen« (Schopenhauer
nennt das ganze Werk so) Schrullen des Greises zu thun, für die man den eigentlichen Kant
nicht mehr verantwortlich machen darf«; vgl. ebd. S. 350. Mit Rückgriff auf Schopenhauer gleichfalls: H. Arendt: Lectures on Kants political Philosophy, Chicago 1983,
S. 7 f.

11. Erich Adickes, sicherlich der beste Kenner Kantischer Manuskripte, diagnostiziert
erst ab 1799 den sich auf die inhaltliche Seite der Kantischen Arbeiten auswirkenden Verfall
der geistigen Kräfte (Kants Opus postumum, Kant Studien Erg. H. 50, Berlin 1920,
S. 539).

12. Z. B. Völker- und Weltbürgerrecht. Die Annahme, daß einige – besonders strin-
gente – Passagen der Rechtslehre älteren Datums sind und daher noch nicht die Spuren der
Altersschwäche zeigen, bietet keine überzeugende Möglichkeit zur Integration der partiel-
len Brillanz der Rechtslehre in die Senilitätsthese, zumal die entsprechenden Passagen
unabhängig von dem Sachverhalt, den sie belegen sollen, als frühe ausgewiesen werden
müßten, was bisher nicht geschehen ist und mir unmöglich erscheint.

13. Für die Unterstellung, daß *Kant selbst* versucht habe, seine Ansichten (u. a. im
Staatsrecht) durch nachträgliche Verstümmelung eines fertigen Textes z. B. der Zensur
gegenüber zu chiffrieren, und wir *deshalb* in der Lage sind, eine dem Druck überlegene
Version aus jenem wiederzugewinnen, besteht kein Anlaß. Sie wäre ferner von ausschließlich historisch-biographischem Interesse, da sie der Notwendigkeit einer Dechiffrierung
zum Zweck der *philosophischen* Auseinandersetzung keinen Abbruch täte.

gen des Textes auf dem Wege der Drucklegung eingeschlichen haben, ohne vom Autor bemerkt worden zu sein?

2) Hat der Autor die Drucklegung selbst angemessen überwacht?

3) Gibt es Hinweise dafür, daß Kant seine Rechtslehre nach Erscheinen (z. B. anläßlich der Replik auf Rezensionen oder briefliche Nachfragen) aufmerksam gelesen hat?

4) Hat Kant sich im hohen Alter überhaupt noch für seine abgeschlossenen Arbeiten interessiert, und wenn ja, inwieweit müßte eine solche spätere Beschäftigung mit der Rechtslehre zur Entdeckung von Textzerstörungen geführt haben?

Zum anderen müßte sich die behauptete ursprüngliche Version der Rechtslehre auf nachvollziehbare Weise aus dem überlieferten Drucktext rekonstruieren lassen.

Die Auflösung dieser Aufgaben soll im folgenden geleistet werden: Es wird sich zeigen, daß sich durch bloße Umstellungen einzelner Textpassagen eine Version der Rechtslehre wiedergewinnen läßt, die in ihrer systematischen Stringenz der 1797 gedruckten – gerade in den »dunklen Abschnitten« – beträchtlich überlegen ist und sich aufgrund ihrer sprachlichen[14] Konsistenz als eine – in weiten Teilen – kontinuierliche Ausarbeitung erweist, für deren Interpretation ein Rückgriff auf die »Senilitätsthese« entbehrlich ist. Mit anderen Worten: Es gab eine Kantische Niederschrift der Rechtslehre, welche aus äußeren Gründen im Druck von 1797 nicht realisiert wurde, deren Form sich jedoch mit einfachen Mitteln aus jenem Text zurückgewinnen läßt[15].

Die technische *Möglichkeit* einer mangelhaften Realisierung der von Kant zum Druck vorgesehenen Rechtslehre wird im ersten Teil dieser Arbeit am Leitfaden der genannten vier Gesichtspunkte untersucht werden.

Der zweite Teil liefert den Nachweis der *Wirklichkeit* einer mangelhaften Realisierung der Kantischen Rechtslehre in der Druckschrift von 1797: Es wird an einzelnen Stellen des Textes (die sich schon in der Interpretationsgeschichte als »verdorben« erwiesen haben) aufgezeigt, daß der Text in der vorliegenden Form mit – im Text selbst – vom Autor gegebenen Hinweisen über die Darstellungsform kollidiert (eine Klassifikation solcher Hinweise ist zu Beginn des zweiten Teils aufgeführt) und ferner, daß der Text durch partielle Eingriffe (Umordnung und Entnahme von Textstücken) in der genannten formalen Hinsicht konsistent gemacht werden kann. Vermutun-

---

14. Mit »sprachlicher« Konsistenz des Textes ist die – weitgehend von inhaltlichen Problemen unabhängig – Realisierung der durch Sprachpartikel (»also«, »dieser« etc.) angezeigten Zusammenhänge gemeint.

15. Die rekonstruierte Druckschrift wurde von mir als Band 360 der Philosophischen Bibliothek vorgelegt.

gen, daß in der Druckschrift Lücken bestehen, die nicht durch Material derselben ausgefüllt werden können, ergeben sich nicht[16].

Der dritte Teil ist ein fortlaufender Kommentar zum wiederhergestellten Text. Außer im Staatsrecht (wo gemäß der Kantischen Äußerung in der Vorrede (209, 8 f.) die Materie »mit minderer Ausführlichkeit bearbeitet« worden ist und deshalb Rückversicherungen in der Friedensschrift und im Gemeinspruch die aufgrund der knappen Darstellung entstehenden Defizite ausgleichen können) wird ausschließlich auf den Text der Rechtslehre selbst Bezug genommen, um damit die formale Geschlossenheit der Schrift zu zeigen. Gerade im »Privatrecht« wird sich dabei erweisen, daß Kant 1797 eine Theorie vorlegen wollte, die in jener Hinsicht den – uns bekannten – früheren Versuchen weit überlegen ist und in ihrer Begründung fundamental von ihnen abweicht.[17] Unter anderem damit beansprucht der dritte Teil den Nachweis der *Notwendigkeit*, den wiederhergestellten Text als den von Kant zum Druck vorgesehenen anzusehen, geleistet zu haben.

Den letzten beiden Teilen liegt in weitem Maße meiner Marburger Dissertation von 1985 zugrunde. Die zahllosen Anregungen die hierzu von Reinhard Brandt – ohne dessen Ermutigung ich meinen eher unkonventionellen Zugang ohnehin kaum hätte durchhalten können – ausgingen, sind im Nachhinein nicht mehr zu isolieren, weshalb es angebracht ist, darauf an dieser Stelle generell hinzuweisen. Werner Stark verfaßte Abschnitt I. A. über die Drucklegung Kantischer Schriften. Diese etwas ungewöhnliche Einfügung eines Textes von fremder Hand war der Sache nach naheliegend und sollte nicht an Rücksichten äußerlicher Art scheitern. Daß ich Werner Stark nicht nur (jene) Textseiten verdanke, will ich ferner nicht verschweigen.

Ein Dank an Wolfgang Albrecht, der mir bis 1985 am Bayreuther Lehrstuhl für Philosophie stets die Zeit ließ, mich intensiv mit einer Materie zu beschäftigen, die abseits seiner eigenen Interessen lag, erreicht ihn leider nicht mehr.

Frankfurt/Main, im November 1987   Bernd Ludwig

---

16. Es ginge – wenn man ihn als solchen lesen wollte – nur ein Vorverweis 323, 14 f. vom Staatsrecht zum Völkerrecht ins Leere.

17. Einige spezielle Hinweise auf Inkompatibilitäten von »Vorarbeiten« und der Beweisidee von 1796/97 gibt der »Anhang« zum Besitzlehrenkommentar.

I. DIE METAPHYSISCHEN ANFANGSGRUNDE DER RECHTSLEHRE – eine Kantische Druckschrift

A. ZU KANTS MITWIRKUNG AN DER DRUCKLEGUNG SEINER SCHRIFTEN (W. Stark)

1. Es ist in der Tradition der Kantphilologie üblich, darauf hinzuweisen, daß Kant wenig oder gar kein Interesse an der äußeren Gestaltung seiner schrift-stellerischen Produkte genommen habe. In vielen Einleitungen zu Kant-Editionen kehrt diese Auffassung nur um Nuancen differierend wieder. Ein Beispiel steht für viele: 1902 schrieb Wilhelm Dilthey im Vorwort der von ihm inaugurierten Akademie-Ausgabe von Kant's gesammelten Schriften: »Kant selber war wenig bekümmert um die äußere Erscheinung seiner Werke ... Selbst dem Druck seiner Hauptwerke hat er nur geringe Sorgfalt zuge-wandt.« (I, S. V).

Die große Zahl der von den vielen Editoren vertretenen Textvarianten bestätigt diese Generalthese. Es ist unstrittig, daß die Kant-Drucke des 18. Jahrhunderts – so möchten wir statt der in der Akademie-Ausgabe üb-lichen Rede von ›Originalauflagen‹ etwas genauer sagen – eine erhebliche Anzahl von Errata aufweisen.

Unter Druckfehlern versteht man gewöhnlich solche Errata, bei denen gestützt auf philologische Verfahren gezeigt werden kann, daß einzelne Buchstaben oder Wörter nicht im Sinne des Autors wiedergegeben worden sind (in der Regel handelt es sich dabei allerdings nicht um Fehler beim Drucken, sondern um die beim Setzen entstandenen, in der Korrektur nicht bemerkten und erst nach dem Druck festgestellten Setzfehler).

In der vorliegenden Arbeit wird nun, ebenfalls auf philologische Erwä-gungen gestützt, die weit über die Behauptung solcher Errata hinausgehende These vertreten, daß auch die Gesamtdisposition des Werkes nur mangelhaft realisiert worden ist. Eine so weitgehende Textkritik, die für Kant bis vor kurzem nur auf den Fall der ›Prolegomena‹[1], als Parallele hinweisen konnte, läßt es ratsam erscheinen, ein von der Kantforschung nur gelegentlich berührtes Feld näher zu untersuchen.

---

1. Die sogenannte ›Vaihingersche Blattversetzungshypothese‹ – zur Diskussionslage über diese von B. Erdmann, dem Herausgeber der ›Prolegomena‹ innerhalb der Akade-mie-Ausgabe, nicht berücksichtigen These vgl. K. Vorländer in der Einleitung zu seiner Edition innerhalb der ›Philosophischen Bibliothek‹ bei Felix Meiner Bd. 40, S. XXXVI ff., und insbesondere die nicht genügend beachtete Arbeit von Georg Kull-mann: Kantiana I. Korrekturen und Konjekturen zu den Prolegomenen, hg. von Justizrat Kullmann (Wiesbaden: H. Staadt 1922).

Die Interpretation der Texte und die eigene Auseinandersetzung mit den von Kant vertretenen Positionen fußt selbstverständlich auf den schriftlich überlieferten Zeugnissen, den Kantdrucken. Damit diese aber zustande kommen konnten, war ein Zusammenwirken von mindestens zwei weiteren Parteien außer dem Autor gefordert: Verleger und Drucker.

Während nun der ökonomische und handelspolitische Aspekt von Kants Veröffentlichungen bereits eingehend untersucht wurde[2], ist der arbeitstechnische Hintergrund der Drucklegung weitgehend[3] unbeachtet geblieben. Für die in der Folge begründete Neuordnung von Kants ›Metaphysischen Anfangsgründen der Rechtslehre‹ von 1797 ist es von entscheidender Bedeutung, daß die darin enthaltene These – der Erstdruck der ›Metaphysischen Anfangsgründe der Rechtslehre‹ und nach ihm der aller weiteren Ausgaben, ist nicht im Sinne des Autors erfolgt – von der arbeitstechnischen Seite her in den Bereich des Möglichen gerückt werden kann.

Es würde zweifellos den hier gesetzten Rahmen sprengen, wenn man die für diesen Hintergrund der frühen Kantdrucke insgesamt einschlägigen Indizien vorführen und auf das Druckerei- und Verlagswesen im Deutschland des 18. Jahrhunderts beziehen würde. Gleichwohl läßt sich rasch ein Überblick über alle von Kant selbständig veröffentlichten Werke[4] gewinnen. Der Schriftsteller Immanuel Kant hat stets[5] an einer einmal geknüpften Verbindung zu einem Verleger festgehalten; die an dem Merkmal ›Verleger‹ orientierte chronologische Tabelle 1 zeigt darüber hinaus, daß die Erstdrucke in

2. F. Jünemann: Kant und der Buchhandel, in: Börsenblatt für den deutschen Buchhandel, Jg. 72, 20. 6. 1905, S. 5679–5684, vgl. ders.: Erläuterungen von Brief I. Kants an Nicolovius; 10. 5. 1790; in: Kant-Studien 11, 1906, S. 249–254. – G. Röhrdanz: Die Stellung Kants in und zu der Presse seiner Zeit (München 1936) [= Zeitung und Leben, Band 29].

3. Die kurze Skizze von K. Vorländer bietet nur einen ersten, vagen Ansatz; s. K. Vorländer: Immanuel Kant. Der Mann und das Werk (Leipzig 1924) Bd. II; S. 91–94; präziser hingegen eine knappe Skizze von Rudolf Reicke, die auf einem Vergleich von Druck, Druckvorlage und ›Reinschrift‹ einer Publikation basiert: »So gewinnen wir bei dieser Schrift (Zum ewigen Frieden) einen vorzüglichen Einblick in Kants Arbeitsweise; sie hatte bis zu ihrem im Druck vorliegenden Abschluß drei verschiedene Stadien zu durchlaufen: als Vorarbeiten auf einzelnen losen in den verschiedenen Convoluten des Nachlasses zerstreuten Blättern, als saubere Reinschrift auf feinerem Papier in geordneten numerierten Lagen und als Abschrift für den Druck.« R. Reicke: Lose Blätter aus Kants Nachlaß. Zweites Heft. (Königsberg 1895) S. 296 f.

4. Die Beiträge in Periodika und die als Zugabe zu den Veröffentlichungen anderer Personen abgefaßten Aufsätze werden im folgenden – abgesehen von Tabelle 3: ›Warda 121 und 153‹ – wegen der anders gelagerten Verhältnisse nicht berücksichtigt.

5. Sogar die Tatsache, daß Kant im Verlauf eines halben Jahrhunderts fünfmal seinen Verleger wechselte, steht zu dem behaupteten Charakterzug nicht im Widerspruch. In jedem Fall ist der Wechsel durch besondere Umstände motiviert, die sich aus Kants Briefwechsel und anderen historischen Quellen eruieren lassen.

nur zwei durch das Jahr 1781 auch chronologisch geschiedene Klassen zerfallen: einheimische *Königsberger* (A) und *auswärtige* Drucke (B).

Tabelle 1: Übersicht der Kant-Drucke[6]

	A		
	I	II	III
Verlag:	Driest	Kanter	Hartung
Verlagsort:	Königsberg	Königsberg	Königsberg
Erscheinungsjahr:	1746–1760	1762–1770	1775
Warda-Nummer[7]:	1[8], 4[9], 14, 16[10], 17, 18, 19.	21, 23, 26, 29, 40, 41, 48.	51
Drucker:	Driest	Kanter[11]	Hartung
Druckort:	Königsberg	Königsberg	Königsberg

	B		
	IV	V	VI
Verlag:	Hartknoch	de la Garde	Nicolovius
Verlagsort:	Riga	Berlin	Königsberg
Erscheinungsjahr:	1781–1788	1790	1790–1798
Warda-Nummern:	59, 60, 75, 90, 103, 112.	125	132, 141, 154, 171, 176, 189, 192, 193, 195.
Drucker:	Grunert[12]	Wegener[13]	wechselnde Drucker
Druckort:	Halle	Berlin	verschiedene Orte außerhalb Königsbergs[14]

6. Die Quellen, aus denen die in dieser Tabelle enthaltenen Informationen entnommen wurden, sind:
für I, II, III: die Angaben der Erstdrucke; vgl. die Einleitungen der Hg. zu ihren Editionen innerhalb der Abt. I der Akademie-Ausgabe;
für IV: Kant's Briefwechsel = Abt. II der Akademie-Ausgabe; ferner: J. G. Hamann. Briefwechsel, hg. von A. Henkel, Bde. IV, V, VI, VII (Wiesbaden 1959; Frankfurt 1965, 1975, 1979);
für V: Kant's Briefwechsel = Abt. II der Akademie-Ausgabe;
für VI: vgl. Anm. 14);

In der Tabelle 1 sind folgende drei, leicht erklärbare Ausnahmen von der Regel der Verlagstreue nicht enthalten: Die ›Nova Dilucidatio‹ (= Warda 9) von 1755, die ›Monadologia physica‹ (= Warda 13) von 1756 und die Schrift über das Erdbeben in Lissabon (= Warda 11) von 1756 erschienen im Verlag von Hartung und wurden auch von diesem gedruckt: Die beiden ersten, weil sie als akademische Schriften beim Verlag der Königsberger alma mater erscheinen mußten; letztere, weil sie zeitlich und thematisch in eine Serie von

---

für I–VI vgl.: F. A. Meckelburg: Geschichte der Buchdruckereien in Königsberg (Königsberg 1840); C. R. Dreher: Der Buchhandel und die Buchhändler zu Königsberg in Preußen im 18. Jahrhundert, in: Archiv für die Geschichte des deutschen Buchhandels 18, 1896, S. 149–219.
– Die Tabelle erstreckt sich nur auf die Erstdrucke von Kants selbständigen Veröffentlichungen.
    7. A. Warda: Die Druckschriften Immanuel Kant's (bis zum Jahre 1838). (Wiesbaden 1919).
    8. Das Titelblatt nennt Martin Eberhard Dorn als Drucker; nach Dreher (vgl. Anm. 6), S. 176, ging die Druckerei und der Verlag von Dorn aber 1752 in den Besitz von Driest über, deswegen erscheint es gerechtfertigt, diese Schrift mit den übrigen von Driest gedruckten und verlegten Schriften zusammenzufassen.
    9. Das Titelblatt nennt Johann Friedrich Petersen als Verleger, der den Vertrieb jedoch nicht übernommen hat. Zur Begründung für die Einordnung der Schrift in die Gruppe I vgl.: I 545; Dreher 1896 (vgl. Anm. 6), S. 174; L. E. Borowski gibt in seiner 1804 erschiedenen Biographie Kant's, die hier nach der Ausgabe von Felix Groß (Berlin 1912, Nachdruck der wiss. Buchgesellschaft 1980) zitiert wird, S. 89 folgende Auskunft: »Der Verleger des Werks fallierte während des Abdruckes desselben; es kam nicht an den König, es kam – nicht einmal auf die Messe, weil das ganze Warenlager Petersens gerichtlich versiegelt war.« Das heißt aber nicht, daß das Buch überhaupt nicht oder nur in geringer Stückzahl in den Handel gekommen ist. Vielmehr wurde der auswärtige Vertrieb wenigstens zum Teil von dem großen Leipziger Verlagshaus ›Heinsius‹ übernommen, wie aus dem Brief von Johann Samuel Heinsius an Kant, d. 8. 3. 1796 (XII 61 f.) hervorgeht. Infolgedessen ist die Schrift im Gegensatz zu der von der Akademie-Ausgabe kolportieren Meinung (s. a. unzutreffend: Fritz Krafft im Nachwort zu seiner 1971 bei Kindler, München erschienenen Edition, S. 192 f.: »Die Auflage fiel jedoch zum größten Teil einem Feuer zum Opfer«; ebenfalls zu skeptisch: E. Adickes; Kant als Naturforscher (Berlin 1924/25) Bd. II, S. 206–208) den Zeitgenossen bekannt geworden und heute in Bibliotheken keineswegs selten. Die Schrift wurde wenigstens zweimal ausführlich rezensiert: Jenaische gelehrte Zeitungen, 14. 6. 1755, S. 355–359; Freye Urtheile und Nachrichten zum Aufnehmen der Wissenschaften und Historie überhaupt, Hamburg, 15. 7. 1755, S. 429–432. – Eine weitere literarische Reaktion ist bereits nachgewiesen: A. Warda: I. Kants Allgemeine Naturgeschichte und Theorie des Himmels und Seb. Fr. Treschos Zerstreuungen auf Kosten der Natur, in: Altpreußische Monatsschrift 44, 1907, S. 534–541.
    10. Diese äußerst seltene kurze Einladungsschrift enthält keine Verlagsangabe; unter der Schlußlinie wird J. F. Driest nur als Drucker genannt.
    11. Die Familie Kanter besaß einen der vier Königsberger Druckereibetriebe, vgl. Dreher (Anm. 6), S. 175 und 177.
Daß von der sogenannten Dissertation von 1770 »zwei Drucke vorhanden« waren, wie

Artikeln eingebettet ist, die in den von Hartung verlegten und gedruckten
›Königsbergischen wöchentlichen Frag- und Anzeigungs-Nachrichten‹ erschien[15]. Die im Dezember 1762 als Manuskript an die Berliner Akademie
versandte Preisschrift ›Untersuchungen über die Deutlichkeit der Grundsätze der natürlichen Theologie und der Moral‹ (= Warda 39) wurde zusammen mit der preisgekrönten Mendelssohnschen Abhandlung auf Veranlassung der Akademie vermutlich in Berlin gedruckt.

Über die näheren Umstände der Königsberger Drucke sind uns nur spärliche
Zeugnisse überliefert. In Borowskis Biographie[16] sind zwei einschlägige Passagen enthalten:
»Mit der so mühsamen und zeitfressenden Korrektur seiner Druckschriften
durfte er sich auch nicht beschäftigen, da in seinen jüngern Jahren seine ihm
ergebenen Schüler diese Bemühung gerne auf sich nahmen, die spätern und
größeren Werke aber alle ohne Ausnahme im Auslande[17] gedruckt wurden.«
(a. a. O., S. 80)
  »Von der Anlegung und Konstruktion seiner gelehrten Werke vor ihrer
Erscheinung im Publikum, ist nicht viel zu sagen; sie dürfte bei vielen andern

Emil Thomas (I 514) angibt, scheint mir nicht ganz exakt. Die Annahme von zwei kompletten Drucken ist kaum glaublich; denn der wesentliche Unterschied der Warda-
Nummern 48 und 49 besteht darin, daß auf dem Titelblatt der ersten »Stanno regiae aulicae
et academicae typographiae« angegeben ist, daß hingegeben bei der zweiten an die Stelle
dieses Druckereivermerks »Impensis Io. Iac. Kanteri« gesetzt und die auf der Rückseite
des Titelblattes von Warda 48 befindliche Widmung an den König fortgelassen worden ist.
Allenfalls die Titelseite wurde also neu gesetzt und Kanter, der nach Kants Auskunft vom
7. Juni 1771 (X 123) den auswärtigen Vertrieb übernahm, hat nur die Kosten von Kants
akademischer Pflichtpublikation getragen. Den Druck wird der privilegierte akademische
Buchdrucker Hartung ausgeführt haben; vgl. Dreher (Anm. 6), S. 202–204.
  12. Vgl. XIII, Register s. u. Grunert.
  13. Vgl. XIII, Register s. u. Wegener.
  14. Nicolovius war, wie Hartknoch im Gegensatz zu Driest, Kanter und Hartung
ausschließlich verlegerisch tätig. J. F. Abegg schreibt in sein ›Reisetagebuch von 1798‹
(Frankfurt: Insel ²1977, S. 229) unter dem Datum des 30. 6. 1798 zu Kants Anthropologie
»..., der Druck ist hier zu theuer, u. der Transport wäre nachher zu kostbar. Daher läßt
Nicolovius gewöhnlich in Halle, Jena oder Leipzig drucken.« – Zu folgenden Drucken
verfügen wir auch über andere Zeugnisse für das von Abegg berichtete Verfahren: Warda
(132) – vgl. VIII 494f. »Leipzig«; Warda (141) – vgl. VI 499 »Jena«; Warda (154) – vgl. VIII
507 »Leipzig«; Warda (171) – vgl. VI 518 »bei Solbrig in Leipzig«; Warda (193) – vgl. VII
339f. »Halle«.
  15. Vgl. I 568, 570, 575 und den Schluß der weiter unten aus Borowski's Biographie –
vgl. Anm. 9 – als zweite Stelle zitierte Passage.
  16. Vgl. Anm. 9.
  17. D. h., dem damaligen Sprachgebrauch entsprechend, außerhalb des sonst als Ost-
preußen bekannten Gebietes.

Schriftstellern ganz die nämliche sein. Er machte sich zuvor im Kopfe allgemeine Entwürfe; dann bearbeitete er diese ausführlicher; schrieb, was da oder dort noch einzuschieben oder zur nähern Erläuterung anzubringen war, auf kleine Zettel, die er dann jener ersten flüchtig hingeworfenen Handschrift bloß beilegte. Nach einiger Zeit überarbeitete er das Ganze noch einmal und schrieb es dann sauber und deutlich, wie er immer schrieb, für den Buchdrucker ab. Späterhin erst bediente er sich fremder Hände zum Abschreiben. Ungerne bemerkte er in diesen Abschriften die etwannigen Abweichungen von seiner Orthographie . . . –

Noch ist es hier des Erwähnens und, wie ich glaube, für alle Schriftsteller des Nachahmens wert, daß K. das zu edierende Werk nie stück- oder bogenweise dem Verleger gab, sondern es ganz ausarbeitete, revidierte und so abdrucken ließ. Nur eine einzige Ausnahme ist mir bekannt. Die Gedanken über die Erdbeben wurden Bogen für Bogen, wie diese beschrieben waren, zur Druckerei geschickt. Der Verleger wollt' es so, um eiligst dem Publikum etwas über diesen Gegenstand zu geben, da die Verwüstung Lissabons noch das beinah alleinige Tagesgespräch war.« (a. a. O., S. 88 f.)

An diesen so positiv klingenden Aussagen sind jedoch Zweifel angebracht.

Zum einen wissen wir aufgrund anderer Umstände[18], daß es eine weitere Ausnahme von dieser Borowskischen Regel gab. Kant hat die »Träume eines Geistersehers« (= Warda 41) so eilig abgefaßt, daß noch während der Drucklegung eine ganze Reihe von Korrekturen und Ergänzungen notwendig wurde.

Zum anderen läßt Johann Friedrich Hartknoch (1740–1789), der Kants Verhältnis zum Druckerei- und Verlagswesen aus seiner Königsberger Zeit[19] gut kannte, am 9. 9. 1780 in sein Angebot, die »Kritik der reinen Vernunft« zu verlegen, die Bemerkung einfließen: »Sie sind zwar gewohnt, die Correctur Ihrer Werke selbst zu lesen; . . . « (X 261).

Es ist denkbar, daß der Widerspruch zwischen den Angaben von Borowski und Hartknoch sich dadurch beseitigen läßt, daß man beide als auf verschiedene Zeiten bezogen versteht[20]; angesichts der spärlichen Quellen bleiben jedoch Unsicherheiten.

---

18. Vgl. II 501. Das ebenda zitierte Aktenstück ist verschollen; zugänglich hingegen die sachlich entsprechenden Unterlagen im Staatsarchiv Königsberg EM 138k, 125 ›wegen des ohne Censur abgedruckten kleinen philosophischen Werkes, betitelt: Träume eines Geistersehers‹ im Geheimen Staatsarchiv Preußischer Kulturbesitz, Berlin-Dahlem.

19. Johann Friedrich Hartknoch d. Ä. studierte in Königsberg ab dem 8. 2. 1756 Jura, später Theologie (s. Matrikel der Albertus-Universität zu Königsberg in Preußen, 3 Bände, hg. G. Erler und E. Joachim (Leipzig 1910–17)) erlernte dann aber bei Kanter das Buchhändlergeschäft und machte sich 1763 in Riga selbständig.

20. Borowski verließ zeitweilig Königsberg, um nach Abschluß seines Studiums und

Ganz anders ist die Quellenlage für die – anfangs gegen Kants Wunsch[21] – außerhalb Königsbergs gedruckten Schriften. Aufgrund der räumlichen Distanz zu den Druckern, Setzern und z. T. den Verlegern mußte Kant eine Art Geschäftspost führen, deren Inhalt allerdings nur in Teilen bekannt geworden ist. Es ergibt sich folgende Sachlage: Dem Druck liegen nicht mehr eigenhändige Kantische Manuskripte zugrunde, sondern von verschiedenen Amanuenses[22] angefertigte, von Kant durchgesehene Abschriften. Leider sind auch die wenigen vor 1945 verfügbaren Originale heute nahezu vollständig[23] verschollen, so daß eine auf diese Primärquellen gestützte Untersuchung des arbeitstechnischen Hintergrundes der Kantdrucke derzeit ausgeschlossen ist. Wertet man jedoch die zahlreichen, in Kants Geschäftspost und anderen zeitgenössischen Berichten enthaltenen Informationen aus, dann wird dieser erste, für die Drucklegung wesentliche Faktor sichtbar.

In der Tabelle 2 sind die überlieferten Zeugnisse über Abschreiber und Satzvorlagen zusammengefaßt. Die Nachweise werden in den Anmerkungen gegeben.

zwischenzeitlicher Tätigkeit als Hauslehrer ab Sommer 1762 als Feldprediger Dienst zu tun; vgl. W. Wendland: Ludwig Ernst von Borowski, Erzbischof der evangelischen Kirche in Preußen (Königsberg 1910) S. 11 f.

21. Vgl. Hamann's Briefwechsel, Bd. IV, S. 223 »Prof. Kant wird auch Termin halten u diesen Michaelis sein Mst. vollenden. Er balancirt zwischen Ihnen u Hartung, und wünschte sehr den Druck hiesigen Orts.« – Hamann an Hartknoch, Königsberg d. 13. Sept. 1780.

22. Allem Anschein nach konnte Kant nach Erlangen der ordentlichen Professur für Logik und Metaphysik im Jahre 1770 über die erforderlichen ökonomischen Voraussetzungen zur Unterstützung von Amanuenses verfügen. – Wasianski, der spätere enge Vertraute Kants schrieb in seiner Biographie ›Immanuel Kant in seinen letzten Lebensjahren‹ (Königsberg 1804, hier zitiert nach der Ausgabe von F. Groß – vgl. Anm. 9) S. 220: »In den Jahren drei- oder vierundsiebzig (genau weiß ich es nicht) wurde ich sein Zuhörer und später hin sein Amanuensis; durch welches letztere Verhältnis ich dann auch mit ihm in eine nähere Verbindung kam, als seine übrigen Zuhörer.« Im Handexemplar dieser Schrift erläuterte er das Wort Amanuensis: »Das heißt: ich schrieb einige Stunden wöchentlich für ihn und speiste für ihn im Convictorio, wo jeder Senator eine Portion hat, um sich einen Amanuensis dafür halten zu können.« – Zitiert nach: P. Czygan: Wasianski's Handexemplar seiner Schrift: Immanuel Kant in seinen letzten Lebensjahren; in: Sitzungsberichte der Altertumsgesellschaft Prussia (Königsberg) 17, 1892, S. 113. Vgl. auch K. Vorländer, Bd. II, 1924, S. 72.

23. Den Editoren der Akademie-Ausgabe waren nur zwei handschriftliche Druckvorlagen der von Kant selbständig veröffentlichten Schriften zugänglich: (Warda 141) ›Die Religion innerhalb der Grenzen der bloßen Vernunft‹, 1793. Vgl. VI 500. Nur von dem dort genannten ersten Stück wissen wir heute, daß es den 2. Weltkrieg überstanden hat, vgl. R. Malter im Nachwort zu seiner Ausgabe der Schrift (Stuttgart: Reclam 1974) S. 274 f.; ›Zum ewigen Frieden‹, 1795 (Warda 154) vgl. VIII 507. – Da über die Primär-Provenienz dieser einzig bekannt gewordenen Stücke keine Berichte vorliegen, läßt sich nicht einmal vermuten, ob Kant die Druckvorlagen nach Beendigung des Druckes wieder

Tabelle 2: Zeugnisse über Satzvorlagen der »auswärtigen« Erstdrucke

Kürzel	Warda-Nummer	Abschreiber	Satzvorlage
KrV, A	59	unbekannt[24]	nicht erhalten
Proleg.	75	unbekannt[25]	nicht erhalten
Grundl.	90	Jachmann[26]	nicht erhalten
KrV, B	60	unbekannt[27]	nicht erhalten
KU	125	unbekannt[28]	nicht erhalten
Relig.	141	unbekannt	bekannt[29]
Frieden	154	unbekannt	bekannt[30]

ausgehändigt worden sind oder ob diese in der Regel im Verlag oder der Druckerei verblieben. – Wie Kant mit seinen eigenen, entsprechenden Unterlagen verfuhr, wissen wir ebenfalls nicht.

24. Im Brief von Kant an Biester, d. 8. 6. 1781 werden einige Erläuterungen zum Druck der KrV gegeben, darunter: »Unter den Fehlern, ich weiß nicht ob des Drucks oder meines Abschreibers, verdrießt mich der vorzüglich, der selbst in der Zuschrift begangen worden!« (X 273, 15–17) – Da diese Briefstelle die Tätigkeit eines Amanuensis belegt, gewinnt auch die Redeweise von Hartknoch in seinem Brief an Kant vom 15. 10. 1780 diese präzisie Bedeutung; er schrieb: »Den Druck des Werks wird HE Spener in Berlin besorgen [!, nicht drucken] an den ich das Mspt so bald als es fertig, oder das meiste wenigstens mundirt [d. i. ins Reine geschrieben] ist, abzuschicken bitte. Wenn Sie das mundum [d. i. die Abschrift] nachsehen, . . .« (X 262).

25. Zeuge ist J. G. Hamann, in dessen Briefwechsel (s. Anm. 6) sich drei einschlägige Passagen finden, die z. T. schon von B. Erdmann in seiner Einleitung zu den ›Prolegomena‹ in der Akademie-Ausgabe (IV 605 f. u. 607) herangezogen worden sind:

Hamann an Herder, d. 25. 8. 1782: »... Kant ... von dem ich heute gehört, daß er seine neue Abhandl. schon abschreiben läßt, welche vermuthl. dem Göttingschen Rec. angehen wird – ...« (IV 418);

Hamann an Reichardt, d. 27. 8. 1782: »Kant läßt seine – nicht Prolegomena – sondern Erläuterungen oder wie es heißen mag, schon ins Reine schreiben, vermuthl. zur bevorstehenden Meße.« (IV 424);

Hamann an Hartknoch, d. 16. 9. 1782: »Vergeßen Sie nicht ... meine Ungedult nach der neuen Beyl. die wie ich höre schon von Kant ins reine geschrieben worden zu befriedigen.« (IV 426).

Man wird mit Erdmann annehmen können, daß Hamann an der zuletzt zitierten Stelle den Sachverhalt nicht ganz genau beschreibt.

26. Wiederum ist J. G. Hamann der Zeuge; im Fall der ›Grundlegung‹ enthält sein Briefwechsel auch den Namen des Abschreibers.

Hamann an Hartknoch, d. 10. 8. 1784: »Kants amanuensis, Jachmann, arbeitet fleißig an dem Prodromo der Metaphysik der Sitten; vielleicht wißen Sie wie stark das Werk werden wird.« (V 182).

Diese Stelle wurde schon von P. Menzer in der Akademie-Ausgabe (IV 627) herangezogen. Hamanns Briefwechsel enthält darüber hinaus Detail-Informationen, die zugleich Hamanns Quelle näher charakterisieren: Johann Michael Hamann (1769–1813), der Sohn von Johann Georg Hamann, wurde am 26. 3. 1784 in die alma mater regiomontanensis

Die Anzahl (7) der in Tabelle 2 angeführten Zeugnisse ist, verglichen mit der Gesamtzahl von 15 auswärtigen Erstdrucken, so gering, daß die generelle Behauptung, Kant lasse die den Drucken zugrundeliegenden Manuskripte (Satzvorlagen) von Abschreibern anfertigen, nicht hinlänglich gesichert scheint. Insbesondere könnte die Tatsache Bedenken hervorrufen, daß Kant

aufgenommen. Wenige Wochen später, d. 2. 5. 1784 schreibt Hamann-Vater an Herder, daß er den »liebenswürdigen Menschen Jachmann einen amanuensem des Kant, der Medizin studiert« zum Freunde seines Sohnes ausgesucht habe. Aus einer späteren Briefstelle, an Jacobi, d. 8.–9. 4. 1787 und der Erwähnung des Medizinstudiums geht hervor, daß es sich bei diesem Jachmann um Johann Benjamin Jachmann (1765–1832) handelte und nicht um dessen jüngeren Bruder, den späteren Biographen Kants, Reinhold Bernhard Jachmann (1767–1843). Hamann schrieb an Jacobi: »Da kamen ein paar Brüder, deren Besuch ich erst am Ende der Woche erwartete. Der älteste ist des Kants amanuensis, und sein Vertrauter beynahe; . . .« (Bd. VII, S. 141). – F. Groß, vgl. Anm. 9, S. VII identifiziert den Amanuensis-Jachmann irrtümlich mit dem Biographen; zutreffend: Register in Bd. XIII der Akademie-Ausgabe.

Eine weitere Briefstelle zeigt schließlich, daß Hamann-Vater durch Johann Benjamin fortwährend über Kants Pläne und Arbeiten unterrichtet war: Hamann an Jacobi, d. 9. 4. 1786: »Diese Schwachheit kam durch seinen Amanuensem heraus und wurde hernach bemäntelt. Kant ist überhaupt bey aller seiner Lebhaftigkeit ein treuherziger unschuldiger Mann. Aber schweigen kann er so wenig als Jachmann, der von gl. Schlage ist und dabey ein sehr junger und sanguinischer Mensch. Beyde sind meine u. meines Sohns Freunde, . . .« Hamanns Briefwechsel, Bd. VI, S. 349, 27–32.

Da Johann Benjamin Jachmann erst im Herbst 1788 oder spätestens Anfang 1789 Königsberg verlassen hat, um in Schottland seine Studien fortzusetzen, vgl. XI 19–25, und auch danach seine Verbindung mit Kant sehr eng gewesen ist, wird man vermuten dürfen, daß er in der Zeit von etwa 1783 bis 1788 ständig Kants Amanuensis gewesen ist. Gemäß dieser Annahme wären auch die Druckvorlagen von ›Warda‹ (103), (60), (112) von ihm geschrieben worden.

27. Im Brief von Kant an Schütz, d. 25. 6. 1787 ist zu lesen: »Wenn Sie eine Recension dieser zweiten Auflage zu veranstalten nöthig finden, so bitte gar sehr, einen mir unangenehmen Fehler der Abschrift darin bemerken zu lassen, ungefähr auf folgende Art: . . .« (X 489).

Allem Anschein nach lag dem Druck der zweiten Auflage der KrV für die geänderten Teile ein Manuskript zugrunde; der überwiegende Teil wird nach einem Exemplar der Erstauflage vorgenommen worden sein.

28. Über die Satzvorlage der KU (zu den Umständen und dem Verlauf der Drucklegung weiter unten näheres) sind wir verhältnismäßig gut informiert.

Aus dem Briefwechsel von Kant mit de la Garde und Kiesewetter geht auch hervor, daß die Satzvorlage der KU von 2 Händen geschrieben wurde; vgl.: (XI 123, 25–26; 135, 12–13). Der Schreiber des ersten Teils, d. h. der in (XI 123, 24) angesprochenen Einleitung von 17 Bogen Umfang und der mit Br. vom 21. 1. 1790 überschickten 40 handschriftlichen Bogen, an die Kant wohl dachte, als er am 2. 10. 1789 an de la Garde schrieb, war Kiesewetter. Vermutlich hat Kiesewetter bis zu seiner Abreise aus Königsberg am oder kurz nach d. 15. 10. 1789 an der Abschrift gearbeitet.

So gesehen klärt sich der präzise Sinngehalt von Kants Formulierungen, mit denen er

im Juli 1796[31] seine Vorlesungstätigkeit eingestellt hat; denn in der Tabelle 2 sind nur Abschriften für die vor dem Sommer 1795 verfaßten Werke verzeichnet. Es bleibt demnach zu erwägen, ob Kant die Satzvorlagen seiner nach 1796 veröffentlichten Schriften eigenhändig angefertigt hat.

Zunächst sollte bedacht werden, daß eine derartige Annahme auf keinerlei positive Zeugnisse gestützt werden kann, da eine solche These nur die positive Formulierung einer negativen Quellenlage darstellt. Der Mangel an Zeugnissen über die in Rede stehenden Kantdrucke ist aber unerheblich, weil aus der Gesamtmasse des handschriftlichen Nachlasses von Kant ohnehin nur Bruchstücke und einzelne Splitter überliefert wurden.

Sodann sprechen Plausibilitätsgründe gegen eine solche Annahme. Es ist kaum glaubhaft, daß Kant von seiner seit Mitte der siebziger Jahre belegten[32]

Kiesewetter als Korrektor empfahl: »weil er, als Sachkundiger, am besten versteht, sinnverfehlende errata zu bemerken und zu bessern.« (XI 97, 34–36) – »der bey der Correctur wegen meiner Hinweisungen am besten Bescheid weiß« (XI 124, 36–37). Kiesewetter kannte, als er aus Königsberg nach Berlin kam, bereits den Inhalt der KU und war als ehemaliger Amanuensis mit Kants Verfahren bei Anlegung und Korrektur der Satzvorlage bestens vertraut.

Vgl. zur Datierung und Interpretation der beiden Einleitungen in die KU G. Lehmann: Bemerkungen zu dem Brief Kants an Kiesewetter vom 27. [!, tatsächlich 25.] März 1790, in: Kant-Studien 55, 1964, S. 244–249 – N. Hinske, u. a. (Hg.): Immanuel Kant. Erste Einleitung in die Kritik der Urteilskraft. Faksimile und Transkription (Stuttgart-Bad Cannstatt: Frommann 1965) – G. Lehmann: Eine Faksimile-Ausgabe von Kants erster Einleitung in die Kritik der Urteilskraft, in: Zeitschrift für philosophische Forschung 21, 1967, S. 589–599.

29. Die Satzvorlage, die von 2 oder 3 verschiedenen Amanuenses angefertigt wurde, war der Akademie-Ausgabe zugänglich; vgl. VI 500; siehe auch Kants eigene Aussage (VI 11, 12–15). – Die eingehende Beschreibung der Satzvorlage (v. Emil Arnoldt in seinem Aufsatz: Das Manuskript der ›Religion innerhalb der Grenzen der blossen Vernunft‹ [in: ders. Gesammelte Schriften, Bd. VI (Berlin: Cassirer 1909) S. 41–103] enthält keinen Befund, der zu den hier vertretenen zentralen Thesen in Widerspruch steht.

30. Die Satzvorlage ging aus dem Nachlaß von Rudolf Reicke (1825–1905) in die Staats- und Universitätsbibliothek Königsberg über; vgl. VIII 507.

31. Das genaue Datum ist für unsere Überlegungen ohne Bedeutung; wir folgen der Angabe von K. Vorländer: Immanuel Kant. Der Mann und das Werk (Leipzig 1924) Bd. 2, S. 266; vgl. genauer: A. Warda; Zur Frage: Wann hörte Kant zu lesen auf? in: Altpreußische Monatsschrift 41, 1904, S. 131–135.

32. Vgl. oben Anm. 22, die aus Wasianskis Kant-Biographie zitierte Stelle. Nach Auskunft der Matrikel; vgl. Anm. 19; wurde Ehregott Andreas Christoph Wasianski (1755–1831) am 22. 9. 1772 immatrikuliert. Wasianskis Erinnerung ist erstaunlich exakt; in den Listen der Studenten der theologischen Fakultät der Universität Königsberg (Staatsarchiv Königsberg EM 139b, 25 – heute im Geheimen Staatsarchiv Preußischer Kulturbesitz, Berlin-Dahlem) wird er während der gesamten Zeit seines Studiums aufgeführt; im Wintersemester 1773/74 ist angegeben, daß er bei Kant Metaphysik hört, und zu Stipendia vermerkt ›Convictorium‹. Im Sommer 1774 hört er bei Kant Logik und physische Geographie.

Gewohnheit im hohen Alter abgewichen sein soll. Kant war, wie wir durch seinen Briefwechsel[33] wissen, in der Mitte der neunziger Jahre sehr daran gelegen, seine teilweise seit Jahren gehegten literarischen Pläne auszuführen, so daß er sich mit der mechanischen Arbeit der Anfertigung von sauber geschriebenen Satzvorlagen kaum selber belastet haben wird. Zudem hatte der Einsatz von Abschreibern bei der Unsicherheit der damaligen Verkehrsverbindungen den hoch zu veranschlagenden Vorteil, daß Kant seine ›fertige Arbeit‹ wenigstens in einem ›unsauberen‹ Exemplar[34] bei sich behalten konnte. Umfangreiche singularia wird Kant kaum aus dem Haus gegeben haben.

Schließlich ist ein Dokument erhalten[35], wodurch zweifelsfrei belegt wird, daß Kant auch nach 1795 auf die Unterstützung eines Abschreibers zurückgegriffen hat. Im sogenannten ›Rostocker Kantnachlaß‹ ist die von Johann Brahl angefertigte Abschrift[36] einer Rezension der ersten Auflage der ›Rechtslehre von 1797‹ enthalten. Es handelt sich um die von Friedrich Bouterwek verfaßte Besprechung, die anonym in den ›Göttingischen Gelehrten Anzeigen‹ unter dem Datum des 18. 2. 1797 erschienen ist. Offensichtlich ließ Kant sich die Abschrift anfertigen, um seine zugehörigen ›Bemerkungen‹ auf dem vorsorglich freigelassenen breiten Rand niederschreiben zu können. Rezension und Kants zugehörige Marginalien sind im Band XX, S. 445–467

33. Vgl. z. B. Kant an Schiller, d. 30. 3. 1795 (XII 12, 3–6); Kant an Tieftrunk, d. 13. 10. 1797 (XII 208, 13–19).
34. In diese Richtung deutet eine Äußerung von Kant, die sich auf das zunächst für die ›Berlinische Monatschrift‹ verfaßte zweite Stück der ›Religion innerhalb der Grenzen der bloßen Vernunft‹ bezieht: »Es ist also mein dringendes Gesuch: mein Mspt mir, auf meine Kosten, sobald als möglich, mit der fahrenden Post wieder zuzusenden) weil ich von verschiedenen unter den Text eigenhändig geschriebenen Anmerkungen keine Abschrift aufbehalten habe, sie aber auch nicht gern missen wollte.« (XI 349; Br. 522, Kant an Biester, d. 30. 7. 1792).
35. Uns liegt eine Xerokopie der ersten Seite der Handschrift vor, die Herr Dr. Jügelt (UB-Rostock) freundlicherweise dem Kant-Archiv Marburg übermittelt hat.
36. Benzion Kellermann, der dieses Manuskript im Jahre 1916 im Rahmen der Cassirerschen Ausgabe von Kants Werken, Bd. VII, S. I–XXIX erstmals veröffentlicht hat, scheint keinen Versuch gemacht zu haben, die Hand des Abschreibers zu identifizieren. Auch Gerhard Lehmann übergeht 1942 in der entsprechenden Passage (S. 488f.) seiner Einleitung zu Bd. XX der Akademie-Ausgabe diese Frage mit Stillschweigen. Obwohl Arthur Warda in seiner Besprechung von Bd. VII der Cassirerschen Edition bereits 1917 festgestellt hat, »dass die Abschrift der Rezension herrührt von der Hand des mit Kant befreundeten, auch sonst als Abschreiber tätig gewesenen Akzise-Inspektors Johann Brahl in Königsberg Pr., der in der Geschichte der metakritischen Invasion auch eine kleine Rolle gespielt hat.« (s. Altpreußische Monatsschrift 54, 1917, S. 280). – An Wardas Identifikation ist kein Zweifel möglich, da er diese einerseits auf das der Cassirerschen Edition beigefügte Faksimile und andererseits, wie im letzten Halbsatz des Zitats anklingt, wenigstens auf den Brief Brahls an Scheffner vom 26. 2. 1800 gestützt hat; s. A. Warda (Hg.): Briefe an und von J. G. Scheffner (München/Leipzig 1918) Bd. I.

der Akademie-Ausgabe unter »Bemerkungen zur Rechtslehre« abgedruckt.[37]

Man wird also mit guten Gründen[38] davon ausgehen können, daß die
Satzvorlagen der auswärtigen Drucke insgesamt[39] von Abschreibern angefertigt worden sind.

Diese Generalthese steht in völliger Übereinstimmung mit den Zeugnissen
über den im Februar, März und April des Jahres 1790 erfolgten Druck der
›Kritik der Urteilskraft‹ (KU). In diesem Fall stehen hinreichend detaillierte
Informationen zur Verfügung, um die verschiedenen Phasen der Drucklegung eines Kantischen Werkes rekonstruieren zu können.

Kant hat das insgesamt 101 Bogen umfassende Manuskript der KU aus
Königsberg in vier Sendungen an den Verleger nach Berlin geschickt. Den
Eingang hat de la Garde jeweils gesondert bestätigt.

(1) – Kant an de la Garde, d. 21. 1. 1790: »Ew. Hochedelgeb. überschicke
mit der heutigen fahrenden Post 40 Bogen Mscrpt, In einem Paket sign.
D. L. G. welche nahe an die Hälfte des ganzen austragen; . . . «

37. Zum Zustand des Abdrucks vgl. G. Bayerer: Hinweis auf eine Lücke im Text der
Akademie-Ausgabe von Kants Bemerkungen zur Bouterwek-Rezension. Kant-Studien
1986, S. 338–346.
38. Auch die Überlieferung der letzten von Kant nicht vollendeten Schrift, die später
mit dem Namen ›Opus postumum‹ belegt wurde, liefert zwei Indizien, die weit über das
Jahr 1795 hinausführen:
– Ein paar Bogen sind von unbekannter Hand geschrieben und von Kant eigenhändig
korrigiert worden, s. Erich Adickes: Kants Opus postumum (Berlin 1920; = Kant-Studien
Ergänzungsheft 50) S. 104; vgl. XXII 543, 25.
– Im Konvolut I, das sicher die spätesten Teile enthält, finden sich zwei einschlägige
Eintragungen von Kants Hand: »Worm Amanuensis« (XXI 44,10); »Amanuensis-Worm«
(XXI 72, 1). Die Matrikel; vgl. Anm. 19; lassen nur folgende Identifikation vernünftig
erscheinen: Worm, Frdr. Wilh. Gudnicken ad Roessel Boruss., der am 16. 3. 1799 als Jurist
eingeschrieben worden ist. Die unmittelbar an (XXI 11, 10) anschließenden eigenhändi-
gen Aufzeichnungen (eine Art Inhaltsverzeichnis?) deuten darauf hin, daß Kant weitere
Teile des unvollendeten Alterswerks von Worm abschreiben ließ.
Es ist somit sicher, daß Kant seine Gewohnheit, bei der Redaktion seiner Schriften einen
Amanuensis einzuschalten, auch in hohem Alter beibehalten hat.
Die Tatsache, daß die frühen Biographen – von Wasianskis Notiz abgesehen; vgl. hier
Anm. 22 – über diese Gewohnheit nicht berichten, ist unseres Erachtens ohne Bedeutung,
weil eine derartige Alltäglichkeit nicht als zu tradierendes Gut angesehen worden ist. Da
diese Gewohnheit nahezu unbekannt geblieben ist, wurde sie bisher weder bei den Versuchen, die Konstitution von Kants Schriften zu rekonstruieren, noch bei der Frage nach der
Überlieferung von Kants handschriftlichem Nachlaß als relevanter Faktor in Rechnung
gezogen. – Nach diesen Belegen scheint es uns sinnvoll, wenigstens darauf hinzuweisen,
daß dieser Faktor auch bei der Edition des ›Opus postumum‹ fortgefallen ist; die naheliegenden Konsequenzen: Datierung und Anordnung wurden nicht gezogen.
39. Worunter hier auch die in auswärtigen Zeitschriften erschienenen Aufsätzen zu
verstehen sind; vgl. Tabelle 3.

– de la Garde an Kant, d. 29. 1. 1790: »Ew. Wohlgebohrn sage ich zuförderst den verbindlichsten Dank für die gefällige Rücksicht die Sie auf meine Bitte genommen, indem Sie die Güte gehabt ein Theil des versprochenen Mscrts mir zuzuschiken, welcher nun seit heüte früh in meinen Händen ist.«

(2) – Kant an de la Garde, d. 9. 2. 1790: »Ew. Hochedelgeboren werden ein Packet durch die gestern abgegangene fahrende Post mit 40 Bogen Mspts., als den Rest des Texts, (drey Bogen, die ich nicht Zeit gehabt habe durchzusehen, ausgenommen) erhalten.«

– de la Garde an Kant, d. 16. 2. 1790: »Mit gegenwärtigen habe blos den richtigen Empfang des mir zugesandten Mscrts. vom 41–80ten Bogen anzeigen wollen, welche erst heute vor einigen Stunden angelangt sind, …«

(3) – Kant an de la Garde, d. 9. 3. 1790: »Ew. Hochedelgeb. habe mit der gestrigen fahrenden Post den Rest des Mscrpts, was den Text betrift, bestehend aus 9 Bogen von 81 bis 89, zugeschickt.«

– de la Garde an Kant, d. 16. 3. 1790: (Brief nicht erhalten; vgl. (XI 144: Brief Nr. 412 b))

(4) – Kant an de la Garde, d. 25. 3. 1790: »Vorigen Montag, als den 22 März, habe an Ew: Hochedelgeb. die letzte Versendung des Mscrpts, bestehend aus 10 Bogen Einleitung und Vorrede sammt Titel 2 Bogen, welche doch zusammen kaum 3 Bogen gedruckt ausmachen werden, durch die fahrende Post gemacht (also 2 Tager früher als der mir von Ihnen gesetzte späteste Termin.)«

– de la Garde an Kant, d. 1. 4. 1790: »Den Rest Ihres Mscrts: habe ich richtig erhalten und bitte dafür meinen Dank so wie die aufrichtige Versicherung entgegen zu nehmen, …«

Der Satz der KU begann kurz nach dem 29. Januar 1790 (de la Garde erwartete das an diesem Tag zur Zensur eingereichte Manuskript umgehend zurück) und wurde wenige Tage nach dem 20. April 1790 abgeschlossen. Der Umfang des Buches wurde von Kant vorab[40] auf etwas mehr als 80 Manuskriptbogen veranschlagt. De la Garde berechnete daraufhin den Umfang bei drei ausgedruckt vorliegenden Bogen auf 33 bis 36 Druckbogen. Tatsächlich hat die Erstauflage einen Umfang von 29 5/8 Bogen Text und drei 5/8 Bogen Vorrede, Einleitung und Gliederung.[41] Satz und Druck des insgesamt 534

---

40. Vgl. XI 123, 21–26; diese Vorabschätzung ist ein weiteres Indiz dafür, daß der Text der KU im Herbst 1789 fertig war.

41. Diese Angaben basieren auf einer Autopsie des Exemplars der UB-Marburg: XIV C 221.

Seiten umfassenden Buches zog sich über zwölf Wochen hin. Pro Woche,
d. h. sechs Arbeitstage, wurden demnach ca. 2,8 Bogen[42] bewältigt.

Im Briefwechsel zwischen Kant, de la Garde und Kiesewetter sind auch
Informationen enthalten, die über diese nackten Zahlen hinausführen. – Es
sind zwar die uns wichtigen Details des Verfahrens nicht explizit thematisch,
weil sie – als damals selbstverständlich – nicht eigens ausgeführt werden
mußten. Aus Sprache und Redewendungen des Briefwechsels[43] zwischen
Autor, Verleger und Korrektor geht jedoch eindeutig hervor, daß die Drucklegung in drei Phasen erfolgte: Im 18. Jahrhundert wurde ein Manuskript (a)
bogenweise *gesetzt und umbrochen*, unmittelbar anschließend (b) fand die
Korrektur des Druckbogens anhand von Einzelabzügen statt, schließlich (c)
wurden die Bogen mit dem korrigierten Satz in der für die Auflage (in der
Regel 1000 Exemplare) vorgesehenen Anzahl *ausgedruckt* und der Satz abge-
legt.

Bei einem Werk vom Umfang der KU fanden diese drei Phasen nebeneinander statt: einige Bogen werden bereits gedruckt (c), während andere in der
Korrektur (b) sind, wieder andere gehen erst in Satz (a). Für diese drei Phasen
werden von Kant, de la Garde oder Kiesewetter folgende Termini gebraucht:

zu (a): »abgesetzt« (XI 134,21); »ausgesetzt« (XI 135,20f.) –

zu (b): »in der Korrektur« (XI 134,20; 135,20); »bei der Correctur« (XI
138,24; 139,11f.) –

zu (c): »abgedruckt« (XI 132,26); »fertig« (XI 133,11); »rein abgedrukt« (XI
134,20f.); »gantz fertig« (XI 134,22).

Mit den Ausdrücken ›Probebogen‹ und ›Aushängebogen‹ bezeichnen
Kant, Kiesewetter oder de la Garde (XI 134,18; 143,24; 147,28; 153,27;
155,29) Exemplare derjenigen Bogen, die als ›fertig‹ jeweils umgehend nach
Abschluß der Phase (c) nach Königsberg geschickt wurden und die nach
Abschluß der Drucklegung zusammengebunden ein Exemplar des Buches

---

42. Diese Berechnung zeigt, daß die Druckerei Wegener in Berlin ihre Leistungsfähig-
keit sehr genau gekannt hat. Kiesewetter teilte Kant am 29. 1. 1790, also noch vor Beginn
des Drucks, mit, daß Wegener versprochen habe, »alle 14 Tage 5 bis 6 Bogen zu liefern«.
(XI 126).

43. Wir listen hier nur die Nummern der Briefe auf, unter welchen sie in den Bänden
XI–XIII der Akademie-Ausgabe geführt werden. Sie sind dort mit Ausnahme der erst
später entdeckten Nrn. 405a (siehe Journal of the History of Philosophy 3, 1965, 243–246)
und 413a (s. Kant-Studien 55, 1964, 242–243) abgedruckt und erläutert: Nr. 385, 387, 391,
398, 399, 400, 401, 402, 405, 405a, 406, 407, 408, 409, 412, 413a, 414, 415, 419, 420,
432.

Vgl. zu detaillierteren Darstellungen: N. Hinske, u. a. (Hg.) 1965 – s. Anm. 28 –
S. III–VI und die dort herangezogene Literatur.

ausgemacht hätten[44]. Durch diese Vorablieferung wurde einem Autor, der keine Gelegenheit hatte, den Druck vor Ort zu überwachen, die Möglichkeit verschafft, wenn auch erst post fest, Errata aufzuspüren und noch im Buch selbst vermerken zu lassen. In der Regel geschah letzteres am Ende der separat gesetzten ›Vorrede‹ oder auf einem besonderen Blatt, das hinter der letzten Seite eingebunden werden sollte.

Der Briefwechsel über die Drucklegung der KU enthält auch Informationen, die über die, genannten, terminologisch fixierten hinausführen. Setzer und Korrektor sollten nicht allein auf der Basis der Satzvorlage, dem von Kant durchgesehenen und mit Ergänzungen versehenen Manuskript eines Amanuensis, arbeiten, sondern zugleich besondere Anweisungen des Autors befolgen:

- Kant an de la Garde, d. 21. 1. 1790: »Für den Setzer habe hiebey eine Anweisung beygelegt, auf deren Vollziehung Sie zu sehen belieben werden.«
- Kant an de la Garde, d. 9. 2. 1790: »Ich hoffe der Setzer werde darauf sehen, daß er die mit einem Sternchen * bezeichnete Absätze, wie gewöhnlich, unter den Text setze: dagegen die mit anderen Zeichen bemerkte in den Text einrücken.«
- Kiesewetter an Kant, d. 3. 3. 1790: »Ferner hat mir ein Titel Schwierigkeiten gemacht, der nicht mit dem vom HE. Professor geschickten Zettel stimmen wollte.«
- Kant an Kiesewetter, d. 25. 3. 1790 (= Br. 413a): »Die Ursache, weswegen es nötig ist, dass Sie dieselbe sogleich zu Gesicht zu bekommen, ehe der Setzer sie in die Hände kriegt, ist: dass Sie die eine Note die soviel ich mich erinnere, auf der Seite 2 des Bogens VI der Einleitung (im Manuskript) stehen wird und einen Grundsatz der reflect. Urtheilskraft enthalten sollte, wegstreichen: weil sie dem Orte, wo sie steht, nicht gehörig angemessen ist. Sie ist von meiner eigenen Hand geschrieben und daran nicht zu verkennen, dass ich sie eilig aufgesetzt habe, indem darin auch etwas ausgestrichen ist.«
- Kant an de la Garde, d. 25. 3. 1790: »Hrn Kiesewetter bitte nach Empfang meines letzten Mscrpts die Einleitung zu zeigen, der, nach meiner in beygelegtem Briefe ihm gethanen Anzeige, eine gewisse Note unter derselben in ihrem Beyseyn streichen wird, ehe der Bogen in die Druckerey kommt.«

---

44. Das ›Lexikon des Buchwesens‹, hg. Joachim Kirchner (Stuttgart 1952ff.) gibt zu ›Aushängebogen‹ eine damit exakt stimmende Erklärung: »Bezeichnung für die ersten Reindruckabzüge eines Werkes, die nach erteiltem Imprimatur, vor Beginn des eigentlichen Auflagendrucks, hergestellt und vom Verleger dem Verfasser zugestellt werden, um ihn über den Fortgang und den Ausfall der Vervielfältigung zu unterrichten.«

Vor dem somit in seinen drei wesentlichen Grundzügen analysierten, arbeitstechnischen Hintergrund der auswärtigen Kant-Drucke erscheint nicht der Autor, sondern der jeweilige Korrektor als die verantwortliche, weil letztlich entscheidende Instanz der Drucklegung. Eine Autorkorrektur fand nicht statt.

Die Tatsache, daß wir heute nur im Fall der KU über den nahezu kompletten Briefwechsel zwischen Autor, Verleger und Korrektor verfügen können, ist als historische Zufälligkeit anzusehen und von keiner grundsätzlichen Bedeutung. Es ist Zufall, daß diese Zeugnisse als historische Dokumente überliefert sind; die so erreichbaren Informationen über Hergang und Umstände des Drucks können für sämtliche auswärtigen Drucke als typisch angesehen werden, wie Tabelle 3 für andere, fragmentarische Zeugnisse bestätigt. Die mit ›*‹ gekennzeichneten Arbeiten sind erstmals in Zeitschriften erschienen.

Tabelle 3: Zeugnisse zu den »auswärtigen« Erstdrucken

Kurztitel	Warda-Nummer	›Bogen‹	Korrektor	Kant's Anweisung
KrV, A	59	bekannt[45]	unbekannt	bekannt[46]
*teleol. Prinz.	121	unbekannt	bekannt[47]	bekannt[48]
KU	125	bekannt[49]	bekannt[50]	bekannt[51]
Über eine Entdeck.	132	unbekannt	unbekannt	bekannt[52]
*Ende aller Dinge	153	unbekannt	unbekannt	bekannt[53]
RL	171	unbekannt	unbekannt	bekannt[54]
²RL mit Anhang	173	unbekannt	unbekannt	bekannt[55]
Fakultäten	193	unbekannt	unbekannt	bekannt[56]
Anthropol.	195[57]	unbekannt	unbekannt	unbekannt

45. Nach Abschluß der oben so genannten Phase (c) des Drucks wurden 2 Serien der Bogen in mehreren Sendungen über Berlin nach Königsberg geliefert. Eine Serie der »Aushängebogen« ging an Kant, wie von Verleger Hartknoch am 15. 10. 1780 versprochen: »...; jedoch will ich Ihnen die Aushängebogen, wie wir es nennen, vor Endigung des Drucks auf meine Kosten zuschicken, damit kleine Versehen als Errata hinten angehängt werden, grobe Drukfehler aber umgedruckt, u. die Blätter, auf denen sie stehen, eingeschnitten werden können.« (X 262, 6–10)
Die andere Serie ging gleichzeitig an J. G. Hamann, der sich diesen raschen Zugriff, ohne Kants Wissen, auf das neue Werk wegen seiner vermittelnden Tätigkeit von Hartknoch erbeten hatte, wie aus seinem Brief vom 16. 12. 1780 hervorgeht: »Ist es Ihnen mögl.

Es würde hier zu weit führen, wenn man die beiden anderen, aufgrund bestimmter Indizien ebenfalls als problematisch anzusehenden Fälle: Streit

mir die Hälfte des Abdrucks vor der Hand zukommen zu laßen durch Spener auf meine Kosten, ...« (Hamann's Briefwechsel, vgl. Anm. 6, Bd. IV, S. 249); zu den näheren Modalitäten vgl. Hamann an Hartknoch d. 25. 2. 1781 (Hamann's Briefwechsel, Bd. IV, S. 268 f.).

Aus Kants und Hamanns Briefwechsel von April bis Juni 1781 läßt sich die Dauer der Drucklegung der KrV in der gleichen Weise ermitteln, wie oben zur KU dargelegt. Vgl. die Einleitung von B. Erdmann (IV 584–587).

46. Einen derartigen verschollenen Brief von Kant an Spener oder Grunert, vgl. (X 262, 16–17), wird man aus zwei Gründen annehmen müssen:
– Die seitenmäßige Gegenüberstellung von Thesis und Antithesis der Antinomien geht auf Kant zurück: (IV 14), d. i. letzter Absatz der Vorrede zur ersten Auflage;
– Nach der Durchsicht von etwas mehr als der Hälfte der ›Probebogen‹ schrieb Kant an Spener, d. 11. 5. 1781:
»Der Druck ist so correct ausgefallen, als sich immer erwarten lies. Ein Fehler herrscht zwar durch das ganze Werk, nämlich daß dieienige Stellen, die ich unterstrichen hatte, damit sie mit Schwabacher gedruckt werden sollen, mit solchen lettern gesetzt sind, die sich von den übrigen fast gar nicht unterscheiden, welches mir zwar unangenehm, indessen doch nichts Wesentliches ist.« (X 268).

47. Die Druckvorlage, früher im Besitz der Berliner Staatsbibliothek, war der Akademie-Ausgabe zugänglich; vgl. (VIII 489 f.). Danach besorgte Reinhold die Korrektur des ersten Teils.

48. Mit Brief vom 28. und 31. 12. 1787 sandte Kant seine Abhandlung ›Über den Gebrauch teleologischer Prinzipien in der Philosophie‹ an Reinhold, durch dessen Vermittlung sie im ersten Quartal des ›Teutschen Merkur‹ 1788 erschien. Im Begleitbrief heißt es:
»Die Zwischenzeit habe dazu genutzt um einige Einschaltungen und Noten unter dem Text welche mir nöthig schienen der beyliegenden Abhandlung beyzufügen. Es wird einen guten und sachverständigen Corrector bedürfen um vornehmlich in den Bogen 6 und 7 den Zusammenhang wo die signaturen hinweisen nicht zu verfehlen. Wegen eines solchen bitte ergebenst Erinnerung zu thun; ...« (X 515).

49. Siehe Briefwechsel von Kant mit de la Garde und Kiesewetter; vgl. Anm. 43.

50. Den größten Teil der Korrektur hat Kiesewetter vorgenommen. Da er nach Abschluß des ersten Bogens ›A‹ erkrankte, übernahm Fr. Gentz zwischenzeitlich diese Arbeit; vgl. (V 522 f.).

51. Vgl. die oben zur Drucklegung der KU angezogenen Stellen.

52. Am 29. 4. 1790 schreibt Kant an den zur Frühjahrsmesse nach Leipzig gereisten Verleger Nicolovius:
»Erstlich: Meine Streitschrift wieder Eberhard von jemanden (wenn Sie es selber zu thun Belieben tragen möchten wäre es noch besser) genau durchgehen zu lassen, um die etwa darinn vorhandene Druckfehler, (die sich nämlich, ohne eben das Mscrpt zur Hand zu haben, als solche beurtheilen lassen,) aufzusuchen; ...« (XI 162)
Diese Anweisung bezieht sich zwar nicht auf die Kollationierung zwischen einem Manuskript und dessen Druck; sie zeigt aber Kants reges Interesse am genauen und korrekten Druck.

Schon der Inhalt des Briefes von Kant läßt vermuten, daß Nicolovius am 29. 4. 1790 nicht in Königsberg sondern auf Reisen war. Die Adress-Seite des Briefes, die in der Akademie-Ausgabe – deren usus entsprechend – nicht abgedruckt ist: »An Herrn Nicolo-

der Fakultäten[58] und Anthropologie[59] eingehend erörtern wollte. Es genügt, gezeigt zu haben, daß zwei bisher unbeachtete Fehlerquellen die Ausführung von Kantdrucken negativ beeinflußt haben können: Abschreiber und Korvius Buchhändler jetzt auf der Messe in Leipzig.«, jedoch im Original der UB-Rostock (mss. var 124[10]) eingesehen werden kann, ist eindeutig.

53. Kant sandte die Satzvorlage mit Brief vom 18. 5. 1794 an Biester, das Postscriptum lautet: »Ich habe an einer Stelle dieser Abhandl. den Setzer angewiesen, wie er eine durch des Amanuensis Ungeschicklichkeit in den Text gerathene Note zurecht setzen soll, und bitte ihn darauf aufmerksam zu machen.« (XI 501).

54. Über Umstände und Verlauf der Drucklegung der ›Rechtslehre‹ sind fast gar keine unmittelbaren Zeugnisse überliefert. Nur ein direktes Zeugnis ist an verdeckter Stelle erhalten geblieben. Auf dem Losen Blatt Nr. 17 des früher zur Staats- und Universitätsbilbiothek Königsberg gehörigen Konvolutes ›F‹ findet sich am unteren Rand der zweiten Seite folgende Notiz:
»An Nicolovius. Ob das aparte Blatt Erster Theil das Privatrecht eingelegt ist. Weitläufige Anmerkungen. Correcturbogen zu überschicken.« (XXIII 406, 32–33)
Darin ist – stichwortartig – ein verschollener Brief von Kant an Nicolovius (vgl. XXIII 498: Nr. 733a) der Ende 1796 geschrieben worden sein dürfte, überliefert. Kant wird die Anweisung gegeben haben, daß der Setzer auf das vors Privatrecht gehörige Titelblatt achten solle, und sich, wie üblich, die Übersendung der Correkturbogen, d. i. der *Probe*bogen, erbeten haben.

55. Im sogenannten Rostocker Kantnachlaß befindet sich auch ein Titelblatt-Entwurf zur 2. Auflage der RL, der als solcher bisher nur in der Cassirerschen Ausgabe (Berlin 1914) Bd. V, S. 588 abgedruckt ist (s. o. Anm. 35f.); vgl. das quellenlose Blatt S. 443 von Bd. XX der Akademie-Ausgabe. Der Titelblatt-Entwurf ist von Kants eigener Hand, wie die auf derselben Seite des Blattes befindliche, der Akademie-Ausgabe anscheinend unbekannte Anweisung (s. u. im Text S. 36).

56. Kant an Nicolovius, d. 9. 5. 1798:
»Noch bitte ich den Setzer und den Corrector dahin anzuweisen, daß, da ich wohl hin und wieder das c mit dem k abgewechselt haben mocht z. B. practisch mit praktisch er hierin eine Gleichförmigkeit beobachten möchte und sich nach der Schreibart richten möge die er auf den ersteren Blättern antreffen wird; imgleichen daß ich die Drukfehler frühzeitig zugeschickt erhalte. Gegen Ende dieses Buchs werden sie über einem Abschnitt den Titel finden: »casuistische Fragen« den Sie so abzuändern bitte: »Biblisch = historische Fragen.« (XII 244).

57. Im sogenannten ›Rostocker-Kantnachlaß‹ ist ein eigenhändiges Kantisches Manuskript erhalten, das jedoch aus verschiedenen Gründen nicht als Satzvorlage verwendet worden sein kann; vgl. (VII 355).

58. Die dem Erstdruck und nach ihm allen späteren Ausgaben vorgesetzte Gliederung geht so offensichtlich an der inneren Struktur des Buches vorbei, daß es verwundert, daß kein Herausgeber – soviel uns bekannt ist – darauf aufmerksam gemacht hat: Im ›Allgemeinen litterarischen Anzeiger‹ (Leipzig) ist dagegen unter dem Datum des 11. 12. 1798 Sp. 2040 zu lesen:
»Bei Friedrich Nicolovius in Königsberg ist erschienen:
Immanuel Kant, der Streit der Fakultäten. In 3 Abschnitten. gr. 8. Auf Holländisch Papier 1 Rthlr. 8. Gr. Auf Druck Papier 16 Gr. Vorrede. Geschichts Erzählung der Ursachen von der bisherigen Unterdrückung dieser Schrift. Reskript des Ministers Wöllner an den Verfasser im Jahr 1794 wegen seiner Schrift ›Die Religion innerhalb der Grenzen der blossen Vernunft‹. Antwort des Verfassers auf dieses Reskript.

rektor. Die oben als on-dit angesprochene Meinung, daß Kant am Druck seiner Hauptwerke nur ein geringes Interesse genommen habe, muß unter quellenkritischen Gesichtspunkten korrigiert werden: Die Mitwirkung des Autors ist aus äußeren Gründen auf ein im 18. Jahrhundert (in Preußen) übliches, geringes Maß beschränkt.

2. Von der Sorgfalt und Sachkunde der *Korrektoren* hing es ab, mit welcher Genauigkeit die handschriftlichen Vorlagen gedruckt und veröffentlicht worden sind. Freilich konnte die Verantwortung der Druckerei erst beginnen, sobald der Autor die Satzvorlage aus der Hand gegeben hatte. D. h., diejenigen Fehler und Ungenauigkeiten, die aus den Satzvorlagen stammend in die gedruckten Texte gelangt sind, wird man *Kant selber* zurechnen müssen.

Es liegen uns außer der oben zitierten, wenig präzisen Passage aus Borowski's Biographie keine zeitgenössischen Berichte darüber vor, auf welche Art und Weise Kant seine Überlegungen und Argumentationen bis zu druckreifen Texten entwickelt hat, aber die veröffentlichten Dokumente aus seinem handschriftlichen Nachlaß lassen ein mehrstufiges, mitunter recht langwieriges Procedere erkennen. Man wird sich den Vorgang etwa folgendermaßen vorstellen dürfen:

a) Gedanken, Einfälle und Reflexionen werden anfangs auf später sogenannten ›*Losen Blättern*‹ niedergeschrieben;

b) diese Materialien werden in einem zweiten Arbeitsgang gesichtet, erneut durchdacht und zu einem kohärenten Text auf mehreren *durch Verweiszeichen verbundenen Blättern* oder Bogenlagen verarbeitet;

c) danach wird Kant diesen vorläufigen Aufsatz durch Marginalzusätze oder eingelegte Blätter modifiziert und eigenhändig *ins Reine geschrieben* haben;

d) diese in der Literatur als ›Reinschriften‹ bekannt gewordenen Manu-

---

Einleitung. Beurtheilung der Fakultäten überhaupt. Verhältnisse der Fakultäten.
Erster Abschnitt. Streit der philosophischen Fakultät mit der theologischen. Philosophische Grundsätze der Schrift Auslegung zur Beilegung des Streits.
Zweiter Abschnitt. Streit der philosophischen Fakultät mit der juristischen. Erneuerte Frage, ob das menschliche Geschlecht in beständigen Fortschritten zum Besseren sei?
Dritter Abschnitt. Der Streit der philosophischen Fakultät mit der medicinischen. Von der Macht des Gemüths, durch den blossen Vorsatz seiner krankhaften Gefühle Meister zu sein.«
Diese Gliederung gibt den Gedankengang der Schrift so treffend wieder, daß man Kant selber als deren Verfasser annehmen muß.
Zu dem gesamten Komplex vgl. Reinhard Brandt, Zum Streit der Fakultäten, in: Kant-Forschungen, Band I, Hamburg: F. Meiner 1987.
59. Vgl. VII 355, Anm. 1.

skripte zeugen darüber hinaus von wenigstens einer *weiteren Überarbeitung* durch Kant, ehe er

e) anschließend diese eigenhändigen Vorlagen von seinem Amanuensis sauber *abschreiben* ließ;

f) schließlich wird der Autor an diesen als *Satzvorlage* gedachten Text kontrollierend, korrigierend und ergänzend *letzte Hand* angelegt haben.

Im Anschluß daran geschah die Satz- und Druckausführung. Vor diesem Hintergrund stellen sich zwei, vorwiegend mechanische Arbeitsgänge als Quellen von Mängeln in den Drucktexten dar, wobei jeweils verschiedene Kontrollinstanzen eingeschaltet waren:

1) die Transposition der Kantischen Reinschrift in die Satzvorlage; Kontrolle durch *Kant*;

2) die Übertragung der Satzvorlage in den Satz; Kontrolle durch den *Korrektor* der Druckerei oder des Verlegers.

Obwohl uns heute, wie schon gesagt, fast gar keine Materialien, die diesen Arbeitsgängen unmittelbar entstammen, zur Verfügung stehen, können wir gestützt auf vorliegende Editionen erschließen, daß beide potentiellen Fehlerquellen – den eingebauten Sicherungen zum Trotz – tatsächlich zur Wirkung gelangt sind.

Sieht man den Lesartenapparat der für diese Zwecke allein in Frage kommenden Akademie-Ausgabe durch, dann findet sich eine ganze Reihe von Belegen dafür, daß die *Korrektoren* Setzfehler übersehen haben: Die Satzvorlagen zeigen mehrfach[60] einen gegenüber der gedruckten Fassung besseren Text.

Mit etwas mehr Aufwand läßt sich trotz der desolaten Quellenlage herausfinden, daß *Kant selber* die Arbeit seiner Amanuenses nicht durchgehend sorgfältig überprüft und nachgebessert hat. Greifen wir zunächst auf zwei vorliegende Arbeiten zurück: In einem – unseres Wissens durch die Quellenlage als einzigartig charakterisierten – Fall konnte die Kollationierung von Kantischer *Reinschrift* und *Satzvorlage* vorgenommen werden. *Rudolf Reicke* nahm im zweiten Heft seiner Veröffentlichung von ›Losen Blättern aus Kants Nachlass‹ (Königsberg 1895) die durch das lose Blatt ›F 8‹ – »Ein Doppelblatt in gr. 4⁰, mit Rand, Fragment aus Kants eigenhändiger Reinschrift ›Zum ewigen Frieden‹, als fünfte Lage von ihm selbst am Rande oben mit ›5‹ bezeichnet, mit 46, 41, 42 und 41 Zeilen« – gegebene Gelegenheit wahr, in den Anmerkungen die damals in seinem Besitz befindliche Satzvorlage vergleichend heranzuziehen. Das Ergebnis ist eindeutig: Kant hat einige

---

60. Besonders klare Korrektorfehler sind in den ›Lesarten‹ zur ›Religion innerhalb der Grenzen der bloßen Vernunft‹, vgl. G. Wobbermin (VI 506–515) und zum Aufsatz ›Über den Gebrauch teleologischer Principien in der Philosophie‹, vgl. H. Maier (VIII 489–491) nachgewiesen.

Fehler des Abschreibers übersehen.[61] Ein Beispiel: Auf dem losen Blatt ›F 8‹, das allem Anschein nach zur Stufe c) zu rechnen ist, schrieb Kant: »Auf die Art guarantirt die Natur, durch den Mechanism der menschlichen Neigung selbst, den ewigen Frieden, … « In Fußnote 6 merkt Reicke zu dem Wort »Mechanism« an: »Der Druck hat ›Mechanism in‹; das ›in‹ ist aber durch Flüchtigkeit des Abschreibers, der das ›m‹ aus dem Wort Mechanism auch noch für ›in‹ gelesen hat, und durch Kant's Uebersehen in alle Drucke gekommen; an einer andern Stelle hat Kant das ›in‹ des Abschreibers hinter Mechanism ausgestrichen.« (a. a. O., S. 306 f.)

Ein etwas anders gelagerter Fall erhärtet unsere These: *Erich Adickes* benutzte bei seinen ›Untersuchungen zu Kants physischer Geographie‹ (Tübingen 1911) ein Kollegheft, das früher im Besitz des Herzogs von Holstein-Beck, eines Hörers Kantischer Vorlesungen, gewesen war. »Auf dem Titelblatt des Manuskriptes steht die mit ›F H v Holstein‹ unterzeichnete Notiz: ›Vorlesungen des Profeßor Kant über die Physische Geographie die er mir in den Jahren 1772/3 gehalten zum Andencken dieses großen Mannes von ihm selbst erhalten. Die in diesem Manuscript befindlichen Correcturen sind von seiner eigenen Hand.‹« (a. a. O., S. 19). Aufgrund der Beschaffenheit dieses Heftes und der Art der Kantischen Marginalien ist Adickes »so gut wie sicher«, daß es »nicht im Kolleg nachgeschrieben, sondern von Kants eigenem Manuskript abgeschrieben wurde.« (a. a. O., S. 47 f.). Den Ausführungen von Adickes zufolge hat Kant an dem von drei Händen geschriebenen Kollegheft durchgehend Korrekturen orthographischer und inhaltlicher Art angebracht und trotzdem sind »nicht wenige Versehen stehen geblieben«. (a. a. O., S. 18 Anm. 3; vgl. im einzelnen z. B. S. 51, 2. Absatz; S. 67, 2. Absatz)

Die Frage nach der Fehlerquelle kompliziert sich, wenn zwar Teile von Kants Reinschrift nicht aber die Satzvorlage überliefert sind oder waren. Etwaige Abweichungen zum Erstdruck sind hier sowohl auf die Druckerei, d. h. Korrektor oder Setzer, als auch auf den Abschreiber und Kants Übersehen zurückführbar. Sofern nun eine Reinschrift gegenüber dem Druck den besseren Text bietet, wird man zunächst die Möglichkeit ausschließen wollen, daß Kant selber an der betreffenden Stelle einen Fehler in die Satzvorlage hineingebracht hat. Es hängt dann von der Art der Abweichung ab, ob man eher eine Flüchtigkeit des Amanuensis mit anschließendem Übersehen durch Kant oder eher einen Setzfehler unterstellen soll. Hierzu ein Beispiel: Zum Anhang der »Prolegomena« von 1783 entdeckte Arthur Warda im Nachlaß

---

61. Vgl. auch die Bemerkung von Kiesewetter zur Satzvorlage der Kritik der Urteilskraft vom 3. 3. 1790: »es sind nämlich Stellen im Manuscript, die offenbare den Sinn entstellende Schreibfehler enthalten, …« (XI 138,24 f.).

von Johann Georg Scheffner zwei von Kant eigenhändig beschriebene Folio-bögen.[62] Der erste dieser Bögen enthält Texte aus den oben (S. 25) von uns so genannten Stadien (b) (vgl. XXIII 55,15) und (a) (vgl. XXIII 58–60,21). Beim zweiten Bogen handelt es sich um ein Reinschriftfragment (Stadium c oder d). Die Kenntnis des Autographen gab Warda die Möglichkeit, im Blick auf die Stelle IV 377,20 zu konstatieren: »Zudem findet sich im Druck ein bisher wenig beachteter Fehler, der aber eher auf eine fehlerhafte Abschrift des richtigen Manuscripts (d. h. des zweiten Bogens) als auf ein Versehen des Setzers zurückzuführen ist.« (a. a. O., S. 534)

Warda nahm also an, daß Kants eigenhändige »Moglichkeit der syntheti-schen Erkentnis a priori« (XXIII 62,17–18) vom Amanuensis in eine »Meta-physik der synthetischen Erkentnis a priori« der Erstauflage von 1783 (Exemplar: Universitätsbibliothek Marburg XIV C 219) S. 211 verwandelt worden war. Während dieser Fehler von der Kant-Philologie ohne Kenntnis der Handschriften entdeckt worden war, blieben andere gleichartige Textver-derbnisse unbemerkt.

Als 13. Konvolut des sogenannten »Opus postumum« ist ein einzelner Bogen der Reinschrift zum »Streit der Fakultäten« überliefert. Obwohl *Erich Adickes* schon 1920 darauf hingewiesen hat, daß dieser eine Verbesserung des zuvor bereits in der Akademie-Ausgabe edierten Textes ermöglicht,[63] ist bisher in keiner nachfolgenden Ausgabe der Text des Autographen benutzt oder herangezogen worden.

Ein Vergleich[64] zwischen der Erstauflage und dem Reinschriftfragment zeigt in zwei Perioden ganz eindeutig, daß der Drucktext verderbt ist:

1. Der Gebrauch des Terminus ›Grundlage‹ in dem Nebensatz »ohne daß dabei die moralische Grundlage im Menschengeschlechte im mindestens ver-größert werden darf«; (VII 92,4 f.) allein ist schon seltsam genug, wenn sonst im 2. Abschnitt der Schrift nur von der »moralischen *An*lage« des Menschen-geschlechtes die Rede ist; s. (VII: 83,11, 85,28; vgl. 82,2, 82,25, 84,8, 85,16, 88,13). – In der Reinschrift lautet der Nebensatz: »ohne daß dabey die mora-lische Grund*an*lage im Menschengeschlechte im Mindesten vergrößert wer-den darf« (XXII 619,21 f.).

---

62. Arthur Warda, Ein Bruchstück aus Kants Manuscript zu seinen ›Prolegomena zu einer jeden künftigen Metaphysik‹, in: Altpreußische Monatschrift 37 (Königsberg 1900) S. 533–553.

63. Vgl. E. Adickes: Kants Opus postumum (s. o. Einl. Anm. 11) S. 36 Anm. 1.

64. Im folgenden wird kein Anspruch auf Vollständigkeit erhoben; es finden sich weitere, meist geringfügige Differenzen, die jedoch mittels der Akademie-Ausgabe, we-gen ihrer unangemessenen Art der Information über den Autographen, nicht zu einem eindeutigen Text zu führen sind. Zum ›Streit der Fakultäten« wurde der Text der Akade-mie-Ausgabe mit dem Marburger Exemplar der Erstauflage von 1798 (Signatur XVI C 370) verglichen.

2. Der Schluß des letzten Satzes von Ziffer 10 der Schrift (VII 93,
17–23):
»nämlich daß sie [= die Menschen] das größte Hinderniß des Moralischen,
nämlich den Krieg, der diesen immer zurückgängig macht, erstlich nach und
nach menschlicher, darauf seltener, endlich als Angriffskrieg ganz schwinden
zu lassen sich genöthigt sehen werden, um eine Verfassung einzuschlagen,
die ihrer Natur nach, ohne sich zu schwächen, auf ächte Rechtsprincipien
gegründet, beharrlich zum Bessern fortschreiten kann.«
kann bei Heranziehung der Reinschrift in eine grammatisch einwandfreie
und syntaktisch bündigere Fassung gebracht werden. Man wird mit Orthographie und Interpunktion der ersten Abteilung der Akademie-Ausgabe
lesen müssen:
»nämlich daß sie [= die Menschen] das größte Hindernis des moralischen
Fortschritts, nämlich den Krieg, der diesen immer rückgängig macht, erstlich nach und nach menschlicher, darauf seltener, endlich als Angriffskrieg
ganz schwinden zu lassen sich genöthigt sehen werden, um eine Verfassung
einzuschlagen, die ihrer Natur nach, ohne sich zu schwächen, auf ächte
Rechtsprincipien gegründet, beharrlich zum Bessern fortschreiten kann.«
Vgl. (XXII 621,8–14).
Während nun unter 1. – Ausfall von zwei Buchstaben – eher an einen Setzfehler zu denken ist, wird man unter 2. annehmen dürfen, daß die fehlerhafte
Fassung schon in der Satzvorlage enthalten war. Gleichgültig ob man dazu
neigt, ursprüngliche Fehler des Amanuensis mit anschließendem Übersehen
Kants oder nicht ganz geglückte Eingriffe letzter Hand anzunehmen, die
abschließende Textkontrolle des Autors kann nicht vollkommen fehlerfrei
geblieben sein.

Diese vorgeführten Fälle einer gewissen Nachlässigkeit *Kants* bei der Textkontrolle berechtigen nach unserer Auffassung zu einer vorsichtigen generellen Skepsis gegenüber den Texten der auswärtigen Kant-Drucke. Ein solcher
Vorbehalt wird bei der Rechtslehre durch die lange Dauer ihrer Entstehungs-
geschichte verstärkt; denn die so als wahrscheinlich anzunehmende Zahl der
Stufungen zur Herstellung der Satzvorlage vergrößert entsprechend die Gefahr, daß der *Autor selbst* Fehler und Ungenauigkeiten nicht wahrnimmt.

B. DER ZUSTAND DER DRUCKE DER RECHTSLEHRE

Zu untersuchen ist nun, ob und wenn ja in welchem Maße der Text der
Rechtslehre Aufschluß über eventuell in den oben genannten Phasen aufge-
tretene Textkorrumpierungen liefert. Zu diesem Zweck ist die Genese offen-
sichtlicher Mängel zu rekonstruieren und die Möglichkeit ihres unbemerkten
Eingehens in den gedruckten Text zu erwägen.

Schon einer der ersten Rezensenten der Kantischen Rechtslehre (Neueste Critische Nachrichten, Greifswald, s. o.) bemängelte den offensichtlich schlechten Zustand des Textes. Mit der Bemerkung: »Für die Berichtigung mancher Druckfehler in dem vorliegenden Werk wird hoffentlich der Verleger Sorge tragen« schließt er die Besprechung. Im Band VI der Akademie-Ausgabe hat sich Natorp der verdienstvollen Aufgabe einer Vergleichung von 1. und 2. Auflage gestellt und resümiert: »Im übrigen sind Druckfehler der 1. Aufl. (nicht bloß die in dieser selbst am Schluß bereits verzeichneten) berichtigt, und auch sonst finden sich hin und wieder leichte Verbesserungen. Aber diesen stehen gegenüber mindestens 40 Druckversehen gewöhnlicher Art, außerdem 18 schwerere Fehler, 21 Auslassungen, die sich auf ein oder zwei Wörter bis zu ganzen Satzstücken erstrecken; weiter eine sehr große Zahl interpunctioneller, orthographischer und kleinerer sprachlicher Änderungen (...). Es ist mit Sicherheit anzunehmen, daß Kant an all dem keinen Theil hat, daß seine eigne Sorge um die 2. Auflage sich auf jene einzige Änderung (gemeint ist die Definition von »Läsion« in § 5, s. u. B.L.) beschränkte.« (VI 527) Der Schlußfolgerung ist umstandslos zuzustimmen und auch die Herausgeber Vorländer, Kellermann und Weischedel schließen sich ihr an (vgl. Vorländer MdS S. XLVI f., Cassirer-Ausgabe Bd. VII S. 433 f. und Weischedel-Ausgabe Bd. VIII S. 885). Die Kantische Enthalt-samkeit bez. der Kontrolle der zweiten Auflage mag zwar angesichts der Tatsache, daß ihm die obengenannte Rezension – und damit der Vorwurf einer nachlässigen Drucklegung – vertraut war,[65] verwundern, ist jedoch nicht zu bestreiten.

Wie steht es aber um die *erste* Auflage? Die Bemerkungen des Rezensenten über die zahlreichen Druckfehler läßt sich anhand des Natorpschen Lesartenverzeichnisses unmittelbar verifizieren.

Doch schauen wir uns weitere Mängel der Druckschrift an, zunächst nur die gravierendsten Beispiele:

1) Die zumindest befremdliche Anordnung der Einleitungen und Einteilungen in die Metaphysik der Sitten überhaupt bzw. in die Rechtslehre (warum folgt z. B. auf die letztere – 236 f. – die erstere – 239 f. – ? vgl. Sänger S. 128).[66]

2) Der korrupte Satz in der zweiten Hälfte von § 3 / 247,13 f.

3) Der Einschub in § 6 (Abs. 4–9 / 250,18–251,36, von Buchda 1929 zum

---

65. Kants auszugsweise, eigenhändige Abschrift des ersten Teils der Rezension ist in der neuen Ausgabe der Rechtslehre in der Philosophischen Bibliothek (Bd. 360) abgedruckt.

66. Der Rezensent der Jenaer Allgemeinen Literaturzeitung (Nr. 272, Nov. 1804, S. 297 f.) bemerkt darüber hinaus eine verwirrende Anzahl (5!) von Titelblättern in der Schrift.

erstenmal als fehlplazierte Textpassage diagnostiziert, inzwischen als solche allgemein anerkannt, vgl. Mautner S. 356).

4) Der verbaute Satz in der Anmerkung zu § 9 / 257,22 f.)

5) Die Wiederholungen in den Anmerkungen zu den §§ 15 und 17.

6) Der defekte erste Satz in § 17 Abs. 2 / 268,12f.).

Dies sind Mängel des Textes, die – bei auch nur marginaler Aufmerksamkeit – dem *Autor* während einer kontrollierenden Lektüre seines Werkes aufgefallen sein müßten.

Dazu kommen kleinere Druckversehen, die den Text stellenweise unverstehbar machen (das Fehlen eines »wie« zwischen »ich« und »das« in 253,16 versperrt die Einsicht, daß ich »auch« den »Verstandesbegriff« des Besitzes, »wie« den »Vernunftbegriff« des Mein und Dein, unabhängig von sinnlichen Bedingungen denken soll). Weitere Stellen wären: § B letzter Satz (230,21 f.: »und ob durch die Handlung« – »durch« ist zu streichen[67]); Fußnote zum angeborenen Recht, letzter Satz (238,35 f.: »daß die Grenzlinie, die hier das, was . . . « – die einfachste Korrektur streicht »die Grenzlinie, die«; Vorländer fügt nach »anheimfällt« ein »scheidet« ein, dies gibt nur Sinn, wenn das folgende »unterscheiden« als »auszumachen« o. ä. gelesen wird); § 16: »In diesem Zustand . . . « (muß heißen: Vor diesem Zustand); § 18 Abs. 3: » . . . das Seine wird« (271,31 – muß etwa lauten: » . . . das Seine des Anderen wird.«); § 39 Abs. 2: »Ist die Sache mir abhanden gekommen . . . « (300,33 – muß lauten: » . . . jemandem abhanden . . . «); Allgemeine Anmerkung E 1: der zweite Satz (331,7 f.) ist unvollständig (was ist das »erstere«, welches das »andere« Verbrechen?).

Angesichts dieser, hier nur auf die augenfälligsten – und vor jeder inhaltlichen Interpretation ausmachbaren – Mängel eingeschränkten Auswahl ist kaum anzunehmen, daß Kant die »Correcturbogen«, die er von Nicolovius anfordern wollte (XXIII 406,32)[68], selbst sorgfältig gelesen hat. Wie erwähnt, war die Satzkorrektur bei auswärtigen Drucken (die Rechtslehre wurde in Leipzig gedruckt) ohnehin nicht Sache des Autors, sondern des nahe der Druckerei arbeitenden Korrektors.

Aus zwei der oben genannten Textstücke ergibt sich sogar ein Hinweis darauf, daß deren Entstellung nicht erst beim Satz eingetreten ist, sondern bereits in der Satzvorlage oder in dem Manuskript des Autors enthalten

---

67. Dieses »durch« ist nicht mit den Fällen in der Grundlegung (IV 421,7, 421,19, 434,13) zu vergleichen. Im Gegensatz zu den dortigen Formeln induziert es hier einen grammatisch unmöglichen Satz: es verwandelt »die Freiheit eines von beiden« in einen Akkusativ und nimmt dem Satz damit das Subjekt. In der Rechtslehre taucht ein »durch« in den Formeln des kategorischen Imperativs bzw. des Rechtsgesetzes ohnehin nicht mehr auf.

68. Da dies nur eine private Notiz ist, braucht die Nachricht Nicolovius nicht erreicht zu haben.

gewesen sein muß. § B: »... und ob durch die Handlung Eines von beiden sich mit der Freiheit des Anderen (...) zusammen vereinigen lasse.« Wie schon zuvor bemerkt, läßt sich der Satz mittels Streichung des »durch« anstandslos reparieren. Andererseits wäre er etwa nach »von beiden« grammatisch sinnvoll durch »die Freiheit des anderen nicht aufgehoben werde« o. ä. zu ergänzen. Die Vermutung, daß im Manuskript ursprünglich ein solcher Satz stand, bei dessen Korrektur dann aber versehentlich das »durch« stehengeblieben ist und somit (über die Abschrift des Amanuensis) in den Erstdruck gelangte, ist nicht abwegig, zumal vergleichbare Fälle bekannt sind.[69] Hinzukommt, daß auch der Fehler in der Anmerkung zum angeborenen Recht (238,37) sich analog erklären läßt: Nehmen wir an, der betreffende Satz sollte ursprünglich ähnlich dem oben zitierten Vorländer-Korrekturvorschlag lauten, wurde umformuliert, doch die Streichung des »die Grenzlinie, die« unterblieb versehentlich. Die beiden genannten Korruptheiten weisen folglich darauf hin, daß sie ihren Ursprung nicht in der Setzerei[70] hatten. Sie begründen damit Zweifel an der Genauigkeit von Kants Kontrolle der Druckvorlage selbst. Wir müssen sogar noch weiter gehen: Wird die Fehlplazierung von § 6 Abs. 4–8 zugestanden, so ist in diesem Fall sogar ein bloßes Versehen des Kopisten dezidiert auszuschließen: die Passage muß sich in dessen Vorlage bereits befunden haben[71], denn wer wollte unterstellen, daß dieser eigenmächtig zwei Druckseiten ergänzt hat. Nicht nur die Kantische Kontrolle des Produkts des Amanuensis, sondern auch die Ho-

69. In den Vorarbeiten finden sich zahlreiche Streichungen, die ganz offensichtlich aus einer Änderung der Satzkonstruktion während des Schreibens hervorgegangen sind: XXIII 250,28, 417,18, 418,29; an der erstgenannten Stelle findet sich sogar der oben im Text für die Druckschrift vermutete Fall einer unvollständigen Tilgung. Das in der Rechtslehre viermal sinnwidrig und grammatisch falsch eingefügte »als« (205,11, 253,11, 326,10, 369,8) verweist auf eine jeweils analog zu denkende Genese und ist daher nicht als Eigentümlichkeit eines Kantischen Altersstils anzusehen, wie Natorp und Vorländer unterstellen müssen, wenn sie diese Partikel stehenlassen.

70. Ein typisches Beispiel für einen Defekt, der auf eine Genese in der Druckerei schließen läßt, bietet auch der korrupte Satz in § 9 Anm. Will man ihn retten, so besteht z. B. die Möglichkeit, zwischen »mithin« und »jene Inhabung« den Ausfall eines Satzteiles zu unterstellen: »mithin (..., darin, daß) jede Inhabung«, wobei »mithin« eine Folgerung aus dem Postulat einleitet, etwa der Art: »mithin auch einen solchen, in dessen physischen Besitz er nicht ist«. Da nach »mithin« ein Seitenwechsel in der ersten Auflage folgt (75/76), wird man den Ausfall einer oder zweier Zeilen vermuten.

71. Der Absatz 7 in § 6 verrät damit etwas über den Autor des am Ende der ersten Auflage eingefügten Druckfehlerverzeichnisses: Dieser korrigierte ein »aber« in ein »oder« (251,20). Er hat folglich den § 6 genau gelesen, aber zugleich die Fehlplazierung der Absätze 4–8 nicht bemerkt. Wäre Kant der Autor gewesen, so hätte er den schwersten Defekt seiner Schrift übersehen. Jeder andere – insbesondere der Korrektor der Druckerei – konnte den Text nur mit der Vorlage vergleichen und darüber hinaus Orthographie sowie Interpunktion kontrollieren.

mogenität des jenem zur Abschrift vorgelegten Materials ist unter diesem Gesichtspunkt äußerst fragwürdig.

Im Abschnitt A. 2. wurde eine detaillierte Beschreibung des Zustandekommens einer Kantischen Druckschrift geliefert. Während die Drucklegung selbst weitestgehend der Kontrolle des Autors entzogen war, ist Kant selbstverständlich in die Entstehung der Druckvorlage einbezogen. In den Phasen (a)–(d) und (f) ist seine Mitwirkung offensichtlich. Da sich im Vorangegangenen Anlaß zu der Vermutung ergeben hat, daß schon die Druckvorlage – und darüber hinaus auch die Vorlage des Amanuensis – beträchtliche Mängel aufgewiesen haben muß, ist zu erwägen, ob im Falle der Rechtslehre von einer strengen Befolgung des von den Dokumenten der 80er und frühen 90er Jahre abgelesenen Planes der Herstellung einer Druckvorlage ausgegangen werden kann. Zunächst wäre es – aufgrund der negativen Quellenlage – naheliegend, von einer Kontinuität der Kantischen Arbeitstechnik auszugehen, d. h. anzunehmen, daß Kant nach seiner eigenen Vorlage eine Reinschrift angefertigt (c), diese überarbeitet (d) sowie die vom Amanuensis angefertigte Druckvorlage korrigiert (f) hat. Doch für das Jahr 1796 liegen zumindest drei Sachverhalte vor, die die Berechtigung einer solchen Kontinuitätshypothese in Frage stellen:

Auf der einen Seite ist Kants rasch abnehmende Gesundheit zu beachten: Das Bewußtsein der Begrenztheit der ihm verbleibenden Zeit, seine Vorhaben noch abzuschließen, stellt sich im Jahre 1796 anläßlich seiner zu den körperlichen Gebrechen hinzukommenden »Gehirnkrämpfe«[72] ein und legt eine Rationalisierung des Arbeitsprozesses nahe. Ferner trägt Kant sich seit 1795 mit dem Gedanken, die Vorlesungstätigkeit einzustellen, und am 23. Juli 1796 hat er »zum letzten Mal das philosophische Katheder betreten«[73] – ein Grund dafür war die Absicht, seine literarischen Pläne zu verwirklichen. In die Zeit der Drucklegung fällt drittens die Arbeit an der Tugendlehre: Nur einen Monat nach Erscheinen der Rechtslehre ist die Satzvorlage des zweiten Teils der Metaphysik der Sitten fertig. Die Arbeit an einem größeren Werk während der Drucklegung eines gleichermaßen umfangreichen anderen stellt einen Sonderfall in Kants literarischer Tätigkeit dar; der einzige[74] analoge Fall wäre die zweite (!) Auflage der ersten Kritik und die erste der zweiten (der jedoch offensichtlich unvergleichbar ist).

Auf Verlauf und Wirkung der Kantischen Alterskrankheit wird später

72. Brief an Erhard vom 20. 12. 1799.
73. Vgl. oben Anm. 31.
74. Grundlegung und Metaphysische Anfangsgründe der Naturwissenschaft sind – obgleich in kurzem Abstand erschienen – nicht einschlägig, da erstere ein Jahr beim Drucker Grunert in Halle gelegen hat.

noch einzugehen sein. Zusammen mit den Kantischen Vorhaben der Veröffentlichung weiterer Schriften (auch das »opus postumum« ist schon im Blickfeld, nach 1796 folgt neben der Tugendlehre noch der Streit der Fakultäten – die Gelegenheitsschriften sind hier eher von geringer Bedeutung) gibt die zeitliche Bedrängnis in der Kant sich befindet, einen hinlänglichen Grund für die Infragestellung der Kontinuitätshypothese ab; damit wäre die Behauptung einer eigenhändigen Anfertigung der Reinschrift durchaus beweisbedürftig: Warum sollte der Autor es sich leisten, seine ohnehin knapp werdende Zeit auf mechanische Arbeiten zu verwenden? Als äußerer Indikator kommt hinzu, daß – anders als bei den übrigen größeren Schriften der 90er Jahre[75] – im Falle von Rechts- und Tugendlehre eine größere Menge handschriftlicher Dokumente zu den Phasen (a) und (b) (XXIII 207 ff.), aber keinerlei Überlieferungen von Teilen einer Reinschrift vorliegen. Unter den gegebenen Umständen ist es realistisch anzunehmen, daß die Vorlage des Kopisten ein Manuskript der Phase (b) war. Dessen Zustand hat – was die Anschauung Kantischer Manuskripte generell lehrt – zweifelsohne hinreichend Anlaß zu Mißverständnissen geben können (s. Abschn. E). Als Kantische Kontrollinstanz bleibt damit nur noch die Überprüfung der Abschrift des Kopisten. Inwieweit diese – sofern sie stattgefunden haben sollte – zuverlässig die Übereinstimmung der Druckvorlage mit dem von Kant während der Phase (b) intendierten Text feststellen konnte, wird in Abschnitt D noch zu beleuchten sein.

C. NACHTRÄGLICHE KONTROLLE DER DRUCKSCHRIFT

1. Auch wenn wir davon ausgehen müssen, daß Kant auf den Text der zweiten Auflage selbst keinen[76] Einfluß genommen hat, sondern letzterer direkt aus dem Druck der ersten Auflage hervorgegangen ist, müssen wir prüfen, inwieweit nicht etwa der *Anhang*, welcher zusammen mit der zweiten Auflage erschien, noch Anlaß zur Lektüre der eigenen Rechtslehre hätte bieten können und den Autor auf größere Defekte hinweisen müssen.

Wir finden in jenem Text vier explizite Hinweise auf die Rechtslehre, die eine Lektüre Kants vermuten lassen könnten:

a) »Das Recht der Ersitzung (usucapio) soll nach S. 131 ff. . . . « (363,23).

b) »Kauf bricht Miete (R. L. § 30 S. 129)« (361,17).

c) Der Verweis auf »Rechtslehre § 44« im »Beschluß« des Anhangs (371,27).

d) »Ich sage ja nicht S. 135: daß . . . « (365,25).

---

75. Vgl. die Tabelle 2 im vorigen Abschnitt A.

76. Abgesehen von der schon genannten Veränderung in § 5.

Punkt a) stellt ein wörtliches Zitat aus der Rezension vor, die Seitenangabe stammt folglich von Bouterwek.

Ähnlich b): Die Seitenangabe ist aus der Rezension übernommen – allerdings nicht die Paragraphennummer: aber die ist falsch (einige Herausgeber korrigieren sachgerecht »§ 31«) und daher als Beleg – egal wofür – nicht einschlägig, solange wir die Fehlerquelle nicht kennen.

Dasselbe gilt auch für die dritte Stelle: Der als »§ 44« zitierte Sachverhalt – die Idee der Oberherrschaft – findet sich in der »Allgemeinen Anmerkung A« (318,15 f.) und nicht am benannten Ort (Natorp, Vorländer u. a. haben angesichts dessen »§ 49« notiert und die *Allgemeine* Anmerkung somit implizit jenem Paragraphen zugeordnet, hinter dem sie gerade steht, mit dem sie inhaltlich allerdings nicht mehr zusammenhängt als z. B. mit § 51 oder § 52).

Ausschließlich Punkt d) liefert einen zutreffenden Verweis in den Drucktext (294,18 – Beerbung) welcher nicht von Bouterwek stammt. Hier könnten wir davon ausgehen, daß Kant selbst gezielt in den Text geschaut hat. Doch weitergehende Behauptungen lassen sich daraus nicht ableiten.

Es bleibt noch die Bemerkung über die Definition des Begehrungsvermögens »gleich beim Anfang der Einleitung in die Rechtslehre« (356,12). Da der Rezensent unbestimmt läßt, an welchem Ort der Schrift das Begehrungsvermögen behandelt wird, geht die Angabe wahrscheinlich auf Kant zurück, ist jedoch – streng genommen – wiederum falsch: Direkt über der oben genannten Definition (211,6 f.) steht die Überschrift: »Einleitung in die Metaphysik der Sitten«. Hätte Kant einen Blick in das Buch geworfen, wäre ihm dieser Schnitzer nicht passiert.[77]

Aufschlußreich ist ferner, wie Kant auf die Bouterweksche Frage »Aber was heißt lädieren« (XX 448,13) anläßlich eines Zitats von § 1 reagiert. Die einzige – oben schon erwähnte – sachliche Änderung, die von der ersten zur zweiten Auflage stattfindet, ist in der Tat die Variante in § 5 / 249,1 f.: »Läsion (Unrecht)« wird durch den Passus »Läsion (Abbruch an meiner Freiheit ... kann)« ersetzt. Damit ist das Bouterweksche Problem mit dem § 1 aber nicht adäquat gelöst, denn auch jetzt weiß der Leser in diesem Paragraphen immer noch nicht, was »lädieren« heißt (die Synonymie der beiden Klammerausdrücke war schon in § C *definitorisch* eingeführt worden, daher liefert die Ergänzung bzgl. der Bouterwekschen Frage ohnehin nichts Neues[78]). In Verbindung mit der Tatsache, daß Bouterwek kurz darauf selbst die Stelle in § 5 (»S. 56«) anführt, zeigt die – unzulängliche – Korrektur, daß Kant sich nicht näher mit der betreffenden Textpassage beschäftigt hat.

---

77. Die Definition selbst ist auch bei Bouterwek zu finden.
78. Korrekt wäre die explizite Definition der Läsion in § C, dann ließe sich § 1 problemlos verstehen.

Zuletzt sollten wir noch die Plazierung des Anhangs in der zweiten Auflage beleuchten. Die neueren Herausgeber sind sich – zu Recht – darin einig, daß er als Anhang zur *gesamten* Rechtslehre an das Ende der Schrift gehört, und daß seine Plazierung zwischen Privatrecht und Öffentlichem Recht im Druck von 1798 auf ein Versehen zurückzuführen ist. – Aber wessen Versehen? Sicherlich wird man nicht ohne weiteres Kant dafür verantwortlich machen wollen. Doch es existiert von Kants Hand ein Titelblatt-Entwurf für die zweite Auflage, welcher zusätzlich zum Titel der Schrift (vgl. XX 443) folgenden Hinweis enthält: »An den Setzer. Der Anhang erläuternder Bemerkungen wird S. 159 als noch zum ersten Theil der RL gehörend eingerückt, wo dann über die Seiten laufende Überschriften lauten werden. Rechtslehre I. Th. Anhang, die Paginas aber bis zu Ende des Werks in einem fortgehen.«[79] Unbestreitbar geht also die Plazierung auf Kant zurück; aber selbst Kellermann, als einziger in Kenntnis der Kantischen Anweisung, druckt den Anhang am Ende der gesamten Rechtslehre ab. Nicht bloß angesichts des Bezugs auf das Öffentliche Recht in den Abschnitten 5 und 8 sowie im Beschluß, sondern auch in Hinblick darauf, daß der Titel sich auf die metaphysischen Anfangsgründe insgesamt bezieht, ist dies ein legitimer Eingriff in den Originaltext.

Was ergibt sich aus alledem nun für die Kantische Editionsarbeit? Nicht auszuschließen ist, daß Kant ein Exemplar der Rechtslehre in den Händen hatte (Seitenangabe »S. 135«, s. o.). Was wir angesichts der zuletzt genannten unsinnigen[80] Anweisung jedoch gleichermaßen erkennen können, ist eine mangelnde Kantische Fähigkeit – oder Bereitschaft – an der Herausgabe seines Werkes 1798 mitzuarbeiten. Für die große Disposition des Werkes hatte er post festum genausowenig ein Gespür, wie für die zahlreichen Druckfehler.

2. Werfen wir nun einen Blick in den *Briefwechsel* nach 1796. Schon am 10. Mai 1797 berichtet Jakob aus Halle; »Ein Schottländer Hr. Richardson, welcher in meinem Hause mit Übersetzung[81] Ihrer metaphysischen Anfangsgründe der Rechtslehre beschäftigt ist, zieht mich zuweilen über den

---

79. Vgl. oben Anm. 55.

80. Der Verdacht z. B., daß Kant durch die Plazierung des Anhangs einen ausschließlichen Bezug auf das Privatrecht vortäuschen, und ihn somit vor den Augen der (vornehmlich an Fragen des Staatrechts interessierten) Zensur verstecken wollte (K. Reich, mündlich), findet keine weiteren Belege. Wahrscheinlicher ist eine momentane Unaufmerksamkeit und die Verwechslung der Teile der Rechtslehre mit denen der Metaphysik der Sitten insgesamt.

81. Emmanuel Kant: The Metaphysics of Morals devided into Metaphysical Elements of Law and Ethics. From the German by the Translator of Kants Essays and Treatieses, 2 Vol. London 1799.

Sinn einiger Stellen zu Rathe. Über folgende hab ich ihn nicht befriedigen können: S. 207 Lin. 10 (§ 50, B. L.), wo der Ausdruck Unterhauses uns beiden im Zusammenhange unverständlich ist u. wo wahrscheinlich ein Druckfehler statt findet. S. 220 Z. 3 von Unten steht, daß im Naturzustande der Angriff rechtmäßig sey, welches sich mit der Behauptung, daß im Naturzustande überall kein bestimmtes Recht da sey, nicht zu vertragen scheint.« Die Antwort Kants auf die Jakobschen Anfragen ist nicht erhalten. Wir können aber über den Umweg der Jakobschen Rückantwort vom 8. September Aufschluß erlangen: »Auf Ihr letzteres Schreiben, welches eine Berichtigung der Bedenklichkeiten des Hrn. Richardson enthielt u. das ich ihm mitteilte, habe ich beyliegenden Brief erhalten, welcher eine Stelle aus Lord Montmorres Werke über das Irländische Parlament enthält, u. wodurch Hr. R. eine Äusserung zu berichtigen gedenkt, welche Sie zur Erläuterung der allerdings wohl etwas dunklen Stelle S. 207 gebraucht haben. Da Hr. R. mir Ihren Brief nicht zurückgeschickt hat, u. ich jene Erläuterung vergessen habe; so weiß ich nicht, inwiefern die Stelle zur Berichtigung dienen kann. Ich bitte Sie, mir den Brief gelegentlich zurückzusenden.« Wenn die »Stelle aus Lord Montmorres Werk« (im Kant-Briefwechsel abgedruckt) die Kantische »Äußerung« zum § 50 der Rechtslehre »berichtigen« können sollte, so muß es sich bei dieser um Bemerkungen über Veto-Rechte des britischen bzw. irischen Unterhauses gegenüber dem Oberhaus gehandelt haben, denn deren Verhältnis beschreibt das Montmorre-Zitat Richardsons. Die betreffende Stelle der Kantischen Schrift gibt – man kann es bereits an der Überschrift des § 50 ablesen – mitnichten zu solchen Erörterungen Anlaß. Der Begriff des »Oberhauses« kommt in der gesamten Rechtslehre nicht vor,[82] und für das »Unterhaus« ist mit Jakob an dieser Stelle ein Druckfehler zu unterstellen: Zweifelsohne gibt die Passage nur dann Sinn, wenn der letzte Teil (337,32) etwa lautet: »... heißt die Provinz, welche ... nur eine Besitzung desselben (sc. des Reiches, B. L.) durch seine Untertanen ausmacht...« (vgl. auch den folgenden Satz 338; Druckfehler bei »Untertan« finden sich übrigens noch in 315,29 und 341,29[83]). Ganz offensichtlich hat Kant nicht in das Buch geschaut, als er die Antwort an Jakob schrieb. Es sieht eher so aus, als hätte er den ersten Teil der Anfrage gar nicht verstanden. Die Antwort auf den zweiten Teil (bzgl. des »rechtmäßig« in § 56 / 346,21) war sicherlich kein Anlaß für Kant, das Buch noch einmal zur Hand zu nehmen: Das Problem ist im Brief klar formuliert, und Kant wird die grundsätzliche

82. Daß Kant schon Mitte 1797 meinen kann, seine Rechtslehre behandle irgendwo das »Oberhaus«, wirft ein bezeichnendes Licht auf sein Erinnerungsvermögen (s. u.).
83. Die erste Stelle ist im Druckfehlerverzeichnis korrigiert. Von »Unterthans« zu »Unterhaus« ist es satztechnisch nicht weit: Fliegenkopf bei »n« mit anschließender »Korrektur« (= Tilgung des »t«).

Frage sicherlich aus dem Stegreif beantwortet haben. – Von den weiteren Briefen zur Rechtslehre ist nur noch der an Schütz vom 10. Juli 1797 von Interesse für unsere Zwecke. Er behandelt Einwürfe, die Schütz dem »Hofprediger Schulz« mitgeteilt hat und die das »auf dingliche Art persönliche Recht« betreffen. Wir können auch hier davon ausgehen, daß Kant gerade bei diesem Thema seinen eigenen Text nicht mehr zu Rate zu ziehen brauchte. Die Reflexionen zum Privatrecht (vgl. XIX 332 f.) bezeugen eine langjährige Beschäftigung mit den interessierenden Fragen; die Position, welche Kant in der Metaphysik der Sitten vertritt, war ihm der Sache nach zum genannten Zeitpunkt sicherlich gegenwärtig.[84]

Somit enthält auch der Briefwechsel keinerlei Hinweise, die zu der Annahme nötigen, daß Kant seine Rechtslehre in gedruckter Form mit Verständnis gelesen hat.

3. Von Kantischen Druckschriften nach 1796 findet sich nur noch in einer Veröffentlichung ein Hinweis auf die Rechtslehre: Der erste der »Briefe über die Buchmacherei« (1798, VIII 431 f.), welche an F. Nicolai anläßlich dessen Herausgabe der Möserschen Schriften (vgl. VIII 519) gerichtet sind, bezieht sich auf ein Mösersches Fragment zum Kantischen Gemeinspruch-Aufsatz. Obwohl der Mösersche Text die Kantische Rechtslehre mit keinem Wort erwähnt, finden wir im genannten Brief zweimal ein Pendant zur angegriffenen Gemeinspruch Stelle (VIII 297,20 f.) aus der Rechtslehre benannt (VIII 433,13, vgl. 434,10): »I. Kants metaphysische Anfangsgründe der Rechtslehre, erste Auflage, Seite 192« (= 329). Selbst wenn wir davon ausgehen sollten, daß Kant selber die Parallelstelle herausgesucht hat, setzte dies nicht eine systematische Lektüre des Textes voraus – wo sonst, wenn nicht in der »Allgemeinen Anmerkung« zum Staatsrecht sollte sie zu finden sein? Allerdings ist auch durchaus denkbar, daß Kant diese Arbeit delegiert hat oder auf die Stelle aus der Rechtslehre von anderer Seite hingewiesen worden ist.

Einen Hinweis auf eine eingehende Kontrolle, welche zum Beispiel aufgrund eines Vorwurfs der Unverständlichkeit der Schrift notwendig geworden wäre, kann man somit auch den Druckschriften nicht entnehmen.[85]

84. Das gilt gleichermaßen für die Behandlung derselben Fragen anläßlich der Bouterwek-Antwort.
85. Der einzige Hinweis dieser Art wäre die oben genannte Stelle aus der Bouterwek-Rezension (vgl. oben S. 35).

D. ZU KANTS SENILITÄT IN DER MITTE DER NEUNZIGER JAHRE

Die bislang offengelassene Frage, ob Kant die Druckvorlage der Rechtslehre selbst überprüft hat, und die oben gegebenen Hinweise darauf, daß er die Rechtslehre nach der Drucklegung zumindest an drei Stellen noch einmal gezielt eingesehen haben könnte, nötigen uns zuletzt, einen Blick auf seine geistige Verfassung in der Mitte der 90er Jahre zu werfen, um abschätzen zu können, inwieweit ihm dabei größere Mängel seiner Schrift aufgefallen sein müßten.

Wir verfügen zunächst über zwei einschlägige, der Sache nach kongruente Äußerungen. Im März 1795 schreibt Kant an Mellin: »Mein Alter, welches mich im nächstkünftigen Monat über mein 71tes Lebensjahr hinaus führt, macht mir einen gewissen Mechanism meiner Zeiteintheilung unvermeidlich, nach welchem ich gewissen Arbeiten ohne Unterbrechung, bis ich sie vollendet habe, nachhängen muß: weil sich sonst manches aus dem Gedächtnis verwischt, was ich aufgefasst hatte und es mir schweer wird, da den Faden wieder aufzunehmen, wo ich ihn hatte fallen lassen.«[86] Gut zwei Jahre später berichtet J. F. Abegg in seinem Reisetagebuch von einem Besuch bei Pörschke[87] am 5. Juli 1798: »Kants R. L. ist ihm (sc. Pörschke, B. L.) nicht ganz recht: er räumt der Obrigkeit zu viel ein. Kant lieset seine Schriften nicht mehr, vergißt was er geschrieben, versteht nicht auf der Stelle recht, was er ehemals wollte sagen, aber sein Charakter ist sehr edel.«[88] – Das Nachlassen der Kantischen Gedächtniskraft ist aus diesen beiden Äußerungen unschwer zu erschließen. E. Grünthal kommt im Rahmen seiner lesenswerten Untersuchung über den Prozeß der Kantischen Vergreisung zu dem allgemeinen Resultat, daß »bei Kants geistiger Schwäche vom Beginn seiner Krankheit an der Gedächtnisverlust eine Hauptrolle spielte«.[89] Er diagnosti-

---

86. Im Nachtrag zum Briefwechsel, XXIII 498.

87. Abegg (vgl. Anm. 14) S. 246; K. L. Pörschke war ab 1794 Privatdozent an der Universität Königsberg. Er zählte in den neunziger Jahren zu den engeren Vertrauten Kants und wurde von diesem im Testament vom 27. 2. 1798 (XII 410) für den Fall des vorzeitigen Ablebens des vorgesehenen Testamentsvollstreckers Prof. Gensichen als dessen Nachfolger eingetragen. Er kann somit als zuverlässiger Zeuge gelten.

88. Ganz ähnlich berichtet F. T. Rink in seinen »Ansichten aus I. Kant's Leben«, Königsberg 1805 (Nachdr. Brüssel 1973), S. 106 gelegentlich der Referierung von Kants Verhalten gegenüber Durchreisenden. Kant wurden diese Besuche lästig, weil sie bei der Unterhaltung »von nichts besser ausgehen zu können glaubten, als von seinen (sc. Kants, B. L.) eigenen Schriften, die ihm in den letzten Jahren selbst fremde geworden waren.« Rink hat Königsberg im Sommer 1801 verlassen, seine eigenen Erfahrungen im persönlichen Umgang mit Kant erstrecken sich auf die späten neunziger Jahre.

89. E. Grünthal: Die senile Alterskrankheit I. Kants, in Confinia psychiatrica 14, Basel 1971, S. 36–63; mit demselben Befund bereits am 27. 4. 1924 in der Deutschen Allgemeinen Zeitung, P. Holzhausen: Kants Alterskrankheit.

ziert post festum senile Demenz, ein Krankheitsbild, in welchem dem Verfall der Persönlichkeit der Verlust spezifischer Fähigkeiten vorhergeht und vermutet deren Einsatz im Jahr 1796. In dieses Jahr datiert (gemäß seinem Brief an Erhard vom 20. Dezember 1799) Kant selbst einen merklichen Abbau seiner geistigen Fähigkeiten. Er führt dies auf eine Steigerung der »Luftelektricität« zurück, die er als Ursache seiner »Gehirnkrämpfe« betrachtet und ist von dieser Idee nicht abzubringen. Am 4. August 1800 berichtet er Soemmering, von einer »den Gebrauch meines Kopfs zwar nicht schwächenden aber im hohen Grad hemmenden Unpäßlichkeit«, die er sich durch die »wohl schon 4 Jahre hindurch fortgewährte Luftelectricität« erklärt.[90] Wir können somit für das Jahr 1796 aufgrund der äußeren Dokumente zwei Züge der Kantischen Geistesverfassung nachweisen: Verlust des Gedächtnisses und nachlassende Fähigkeit zur Konzentration.

Nehmen wir Kant beim Wort und wenden die im Mellin-Brief enthaltene Information auf eine mögliche Korrekturlektüre der Rechtslehren-Druckvorlage an, so scheint recht zweifelhaft, daß Kant seine Arbeit an der Tugendlehre zu diesem Zweck unterbrochen hat: Das Zustandekommen jener Schrift hätte sich nicht nur um die Korrekturzeit verzögert, womöglich wäre schon Fertiggestelltes darüber zu Makulatur geworden.

Will man nicht so weit gehen, liefert die Abegg-Notiz Material für die Beurteilung einer möglichen Überprüfung der Vorlage. Da der Gedächtnisverlust sich bereits 1795 ankündigte und 1796 verstärkt einsetzte, ist es angemessen, die Äußerung Pörschkes auch bis auf die Zeit der Drucklegung der Rechtslehre zurückzuprojizieren. Zusammen mit der großen Anzahl von Versuchen der 90er Jahre ist ein – im Nachhinein – getrübtes Bewußtsein der *Form* der endgültigen Version der Rechtslehre eine realistische Hypothese. In jedem Fall ist sie realistischer als z. B. die, welche der eingangs zitierten Iltingschen Behauptung zugrunde liegt, daß Kant »mit nicht mehr ausreichender Kraft« zur *Formulierung* seiner Rechslehre gelangte. Denn Tendenzen einer unspezifischen Senilität, die sich schon bei der Niederschrift auf die

---

90. Die im Erhard-Brief von Kant genannte Quelle (Erlanger Gelehrten Zeitung) liefert keinen Hinweis auf den »Erlanger Katzentod« infolge einer Luftelektrizität. Schon am 24. 1. 1799 berichtet Kant über die »Luftbeschaffenheit«, daher kommt eine Kantische Verwechslung der Gelehrten-Zeitung mit der erst ab 1799 erscheinenden »Erlanger Litteraturzeitung« nicht in Frage. F. T. Rink (s. o. Anm. 88, S. 110) verweist auf einen »Rezensenten eines naturhistorischen Werkes in der Jen. Allg. Lit. Zeitung«. Die Kantische Hartnäckigkeit im Glauben an die Verursachung seiner »Gehirnkrämpfe« durch die »Luftelektrizität« schildert K. Vorländer (Kant, der Mann und das Werk, II S. 315). – Im Brief an Garve vom 21. 10. 1798 datiert Kant den Beginn seiner »Desorganisation« anderthalb Jahre zurück. Mit allen zuvor genannten Daten wird man ihn demzufolge auf den Jahreswechsel 1796/97 ansetzen können.

Sache auswirkt und die Stringenz der Gedankenführung korrumpiert, sind erst in späteren Phasen des opus postumum auszumachen.[91]

E. SKIZZE EINER MÖGLICHEN TEXTGENESE

Vor einer detaillierten Begründung der Texteingriffe im nächsten Teil seien die bisherigen Ergebnisse knapp zusammengefaßt.

Da die buchtechnische Seite des herangezogenen Marburger Exemplars der Rechtslehre an den Stellen, die im folgenden Anlaß zu Textrevisionen geben werden, keine Hinweise auf Fehler beim Satz, eine falsche Erstellung der Bögen (wie z. B. im Fall der Prolegomena) oder andere direkt am Satzbild ablesbare Mängel[92] liefert, müssen wir davon ausgehen, daß der Text der Druckschrift im großen und ganzen mit dem der Druckvorlage übereinstimmte. Da Korrumpierungen der Druckvorlage selbst mit großer Wahrscheinlichkeit auszuschließen sind (u. a. die Paragraphennummern legen eine Abfolge der Textstücke eindeutig fest), bleiben nur die Arbeit des Kopisten wie die Zuverlässigkeit seiner Vorlagen als mögliche Quellen einer Textkorrumpierung übrig.

Versuchen wir daher, uns anhand des überlieferten Materials die Struktur solcher Kantischer Manuskripte vor Augen zu stellen.

Zunächst zwei Hinweise auf die äußere Form derselben: Wie Rink, der Herausgeber der »Fortschritte der Metaphysik«, mitteilt, hat Kant seine Manuskripte »gar oft . . . auf beygelegten Zetteln« ergänzt (XX 258).[93] In der Tat finden wir auch am Rande eines Blattes (LBl F17), welches Versuche zur Tugendlehre enthält (XXIII 406) den Vermerk: »An Nicolovius. Ob das aparte Blatt Erster Theil das Privatrecht eingelegt ist. Weitläuftige Anmerkungen[94]. Correcturbogen zu überschicken«[95], was auf die sukzessive Fertigstellung des Manuskripts einen Hinweis gibt.

---

91. Vgl. oben Anm. 10 zur Einleitung.

92. Auffällig nur die auf eine nachlässige Behandlung beim Satz verweisende Paginierung: Vorrede, Einleitung in die MdS und Einleitung in die RL sind von I–LII römisch, der weitere Text dann von 56–235 arabisch numeriert.

93. Vgl. dazu oben S. 25 f.

94. Die einzigen »weitläuftigen Anmerkungen« die wir in der Rechtslehre finden, sind die (unter dem Namen »Allgemeine Anmerkung«) dem Staatsrecht beigefügten. Da diese sich – wie unter noch gezeigt werden wird – an der falschen Stelle befinden, ist es wahrscheinlich, daß sie nachträglich dort eingefügt wurden.

95. Vgl. Anm. 54. Wenn Kant hier die »Correcturbogen« anfordert, so ist die Rechtslehre schon im Druck (ein anderes Werk kommt zu diesem Zeitpunkt nicht in Frage). Daß er zugleich »weitläuftige Anmerkungen« und ein »apartes Blatt« in den Text eingelegt wissen will, paßt mit den bis 1796 üblichen Modi der Drucklegung nicht zusammen und gibt Anlaß zur Vermutung, daß beim Druck der Rechtslehre abenteuerliche Umstände

Der von Buchda (und Tenbruck) entdeckte Einschub im § 6 (Abs. 4–8) läßt weiterhin eine Eigenschaft der »Zettel«, aus denen das Manuskript zum Teil bestanden haben mag, erahnen. Das aufgrund der sprachlichen Form und der systematischen Disposition als Vorarbeit identifizierbare Textstück (vgl. Mautner) leitet zu der Annahme, daß Teile des Manuskripts auf Blättern notiert waren, deren Rückseiten schon vorher zu anderen Zwecken beschriftet, jedoch (was im Fall jener Absätze 4–8 entweder vergessen oder übersehen wurde) durchgestrichen waren. Eine Kantische *Anordnung* der Zettel aber, möchte man vermuten, läßt sich zumindest in Privat- und Öffentlichem Recht aus der Paragraphenzählung ablesen, welche von Kant stammen müßte. Doch auch daran sind Zweifel angebracht. In den Vorarbeiten finden wir fortgeschrittene Entwürfe zum Privatrecht, in denen zwar das Paragraphenzeichen über einzelnen Absätzen schon eingetragen ist, die Ziffern aber fehlen und offenbar später hinzugefügt werden sollten. Wir können folglich davon ausgehen, daß Kant – in weiser Voraussicht noch einzulegender »Zettel« – auch im Manuskript der Rechtslehre so verfahren ist und das Einsetzen der Zahlen seinem Amanuensis für die Abschrift überlassen hat (dies beinhaltet dann auch die Zahlen der Querverweise)[96]. Die Paragraphennumerierung ist daher kein Indikator einer einheitlichen Kantischen Handschrift.

Halten wir hier nun inne und stellen uns das dem Amanuensis vorliegende Manuskript vor: Unmengen von (seit etwa 30 Jahren[97] gesammeltem) Material werden zusammen mit neuesten Entwürfen (die z. T. auf Rückseiten alter Arbeiten notiert sind) zu einer Rechtslehre zusammengearbeitet, verschiedene Zettel nachträglich eingefügt, Verweiszeichen zu Einschüben angebracht, womöglich werden einzelne Passagen nachträglich durch Alternativentwürfe ersetzt. Dieses Manuskript[98] wird dann dem – sicherlich vertrauenswürdigen – Amanuensis zur Anfertigung der Druckvorlage überantwortet. Selbst wenn dieser das Manuskript in dem Zustand erhielt, in welchem Kant es aus der Hand gegeben hat (was wir nicht wissen), sind

---

geherrscht haben mögen: die Frage stellt sich, ob überhaupt *ein* einheitliches Manuskript zum Verlag gegeben worden ist (obgleich der Brief an Stang vom 19. 11. 1796 – abgedruckt im Katalog der Kant Ausstellung, Gutenberg-Museum Mainz 1974 – dies suggeriert). – Auf Unregelmäßigkeiten beim Druck der Metaphysik der Sitten weist auch der Vorredeentwurf zur Tugendlehre (XII 187) wie die Kantische Ermahnung Nicolovius' (am 9. 5. 1798, vgl. Anm. 56), die »Druckfehler« des Streit der Fakultäten »frühzeitig« zuzuschikken hin. Obgleich Kant auch diese Druckfehler angefordert hat, ist die Gliederung des Werkes offensichtlich mangelhaft wiedergegeben worden, vgl. Anm. 58.

96. Vgl. XXIII 285,32, 313,34, 317,31, 321,6 (dies ist die Parallele zu Rechtslehre § 13!).

97. Eine ausführliche Darstellung der zahlreichen Anläufe Kants zur Herausgabe einer Rechtslehre findet sich in der Edition im Band 360 der Phil. Bibl.

98. Es ist selbstverständlich nicht einmal ausgemacht, ob es sich um ein Manuskript oder mehrere Einzelteile handelte.

Zweifel an der Geschlossenheit seiner Vorlage, wie an der Korrektheit seiner Reproduktion derselben angeraten.[99]

Auch eine – nicht gesicherte – Kantische Kontrolle der Druckvorlage würde angesichts seiner, vornehmlich durch Gedächtnisschwäche gekennzeichneten, mentalen Verfassung in der Mitte der 90er Jahre kaum Fehler in der großen Disposition seiner Schrift festgestellt haben können.[100] Damit wäre aber eine Rückkopplung der Druckschrift an den ursprünglich von Kant intendierten Text nicht mehr vorhanden.

99. Die Äußerung von Lehmann (G. Lehmann: Kants Tugenden, Berlin 1980, S. 4), die Beschäftigung mit den Druckvorlagen und Drucken Kantischer Schriften habe »viel zweifelhaftes Material (Textversetzungen, falsche Einfügungen, Zusätze etc.)« zutage gefördert, könnte, wäre sie materialreich belegt, eine Illustration der möglichen Unglücksfälle beim Abschreiben eines Kantischen Manuskripts der in Frage stehenden Form liefern.

100. Dies gilt – wegen des größeren Abstandes zur Anfertigung eines Manuskripts der Phase b – erst recht bezüglich einer möglichen Probebogen-Kontrolle (vgl. Anm. 71).

II. REKONSTRUKTION DES URSPRÜNGLICHEN TEXTES DER KANTISCHEN RECHTSLEHRE

Jeder Versuch, dem Werk eines Klassikers mit Hilfe von Eingriffen in die Textgestalt zu einer konsistenten Interpretation zu verhelfen, steht im Verdacht, ausschließlich vom subjektiven Unvermögen des Interpreten veranlaßt zu sein, der nicht den Autor zum Sprechen bringen, sondern nur den Text an mitgebrachte Vorstellungen anzugleichen vermag. Die Rekonstruktion der behaupteten ursprünglichen Kantischen Fassung wird sich einem solchen Verdacht entziehen, indem sie sich vornehmlich philologischer Argumente bedient und keine spezielle inhaltliche Interpretation der Rechtslehre voraussetzt, sondern nur formale Aspekte der Darstellungsform des Textes heranzieht.[1]

Die Anknüpfungspunkte für diese Art von Argumentation lassen sich folgendermaßen grob klassifizieren:

a) Der Text enthält neben Aussagen zur Sache explizite Aussagen über seine Komposition (z. B. »Wir haben gefunden..., nun ist noch nötig... zu zeigen...«, § 17). Diese sind – als Hinweise des Autors – in derselben Weise ernst zu nehmen wie seine inhaltlichen Ausführungen.

b) Des weiteren enthält er implizite Aussagen über die Textgestalt – z. B. unmittelbare sprachliche Rückbezüge auf Vorangegangenes (»dagegen«, 250,9; »Alle jene (!) drei...«, § 47) –, die gleichermaßen die Intentionen des Autors über den Textaufbau vorstellen.

c) Indirekte Hinweise ergeben sich aufgrund gängiger Formprinzipien der Darstellung – wird z. B. ein Begriff deutlich erkennbar definiert, so ist anzunehmen, daß diese Stelle dem weiteren Auftreten desselben vorhergehen sollte –, wobei der Kontext selbstverständlich nach möglichen Gründen für die Nichtbeachtung solcher Konventionen zu befragen ist.

d) Die Architektonik des Werkes (u. a. ausgewiesen durch Titel und Überschriften) gibt Hinweise darauf, welche Gegenstände an welcher Stelle behandelt werden sollen – die Bemerkungen zur *Erwerbung* in der

---

1. Dafür setzt sie sich natürlich dem möglichen Einwand aus, die formalen Mängel seien bloß Folge einer nachlässigen *inhaltlichen* Überarbeitung von seiten des Autors (er stellt z. B. bewußt Textstücke um, unterläßt es jedoch, die Anschlüsse zu glätten), d. h. der formal schlechtere Text könnte zugleich die inhaltlich bessere Version »letzter Hand« sein. – Dem dritten Teil dieser Arbeit bleibt es überlassen, vor Augen zu stellen, wie hoch die Beweislast einer solchen These wäre.

*Besitz*lehre (§ 6 Abs. 4–8) sind m. E. aus diesem Grund schon 1929 als fehlplazierte erkannt worden (s. u.).

e) Anlaß zur Überprüfung und Rückversicherungen bezüglich Veränderungen des Textes können Kantische Äußerungen in Werken oder gemäß Vorlesungsschriften aus den 90er Jahren liefern, wobei allerdings stets geprüft werden muß, ob der Autor nicht Gründe für Abweichungen von jenen Auffassungen oder Darstellungsformen gehabt haben kann – letzteres macht die sogenannten Vorarbeiten für diesen Zweck untauglich, da entweder ihr ohnehin vorläufiger Charakter oder (bei den fortgeschrittenen Entwürfen, z. B. XXIII 211 f.) gerade die Tatsache, daß Kant sie *nicht* veröffentlicht hat, gänzlich unausgemacht läßt, ob sie mehr als nur einen Gedankenblitz zum Zeitpunkt ihrer Niederschrift verraten; man wird bestenfalls interpolierend auf Phasen zwischen gleichlautenden Äußerungen schließen können, was für die Rechtslehre allerdings wenig Hilfe verspricht, da aus der Zeit nach 1797 keine einschlägigen Äußerungen überliefert sind.

Die folgende Untersuchung macht vielfach von zitatlosen Verweisen in den Kant-Texten Gebrauch. Das ist nicht nur ein Zugeständnis an die Lesbarkeit, sondern auch dem Sachverhalt geschuldet, daß sich oftmals erst aus dem größeren Zusammenhang unmittelbar Hinweise ergeben, die die vorgetragene Argumentation stützen, ihrerseits aber nur mittels umständlicher Beschreibungen – bisweilen trivialer – grammatischer Details verständlich gemacht werden könnten. Daher ist m. E. ein gewisser Mangel an Ausführlichkeit – mit welchem die Übersichtlichkeit der Untersuchung erkauft wird – bedenkenlos zu vertreten: Die letzte Instanz, welche einen Überzeugungszwang in Richtung auf die vorgetragene These ausüben kann, ist ohnehin ausschließlich der neu- (bzw. wieder-)hergestellte Kant-Text selbst. Die nachfolgenden Detailanalysen können nur den Leitfaden abgeben, mit dessen Hilfe die Evidenz erzeugt wird, daß der Text – im Gegensatz zu dem der Druckschrift des Jahres 1797 – von einem Autor stammt, der in der Lage ist, seine Theorie einem philosophischen Publikum angemessen zu präsentieren.

Der angesprochenen Evidenz steht mitunter eine vermeintliche andere entgegen, deren Schein ich noch exemplarisch anhand der Besitz- und Erwerbungslehre ansprechen möchte: Es ist ein gängiger Topos in der Rechtslehren-Literatur, daß Kant die Bestimmung des Verhältnisses der beiden genannten Theorieteile – wie auch des Status des Sachenrechts – nicht gelungen sei, was man anhand der unentwirrbaren oder elliptischen Ausführungen in der Rechtslehre leicht erschließen zu können glaubt.[2] Wollte man

---

2. Einen anderen Weg gibt es nicht, da uns keine weitere öffentliche Äußerung Kants zum Thema vorliegt. – Das Durcheinander in den Vorarbeiten (sofern nicht der Form des

daraus nun ableiten, daß, da der Text von 1797 in angemessener Weise die genannte Kantische Unsicherheit vor Augen stelle, dieser keinesfalls »verbessert« werden dürfe, so drehte man sich im Kreise: Da der Text in der genannten Hinsicht wirr ist, sind die Kantischen Vorstellungen zum Eigentum unausgereift, was zur Folge hat, daß Kant keine klare Darstellung geben konnte. – Wenn auch die zweite Teilbehauptung ihre Berechtigung haben mag (vielleicht ist eine unausgereifte Theorie tatsächlich keiner klaren Darstellung fähig), so ist die erste in der beanspruchten Apodiktizität schlicht falsch: Nur unter den zwei *zusätzlichen* Prämissen, daß der Autor in der Lage ist, seine Vorstellungen selbst adäquat darzustellen und daß diese Darstellung den Leser tatsächlich erreicht hat, rechtfertigt sich der Schluß vom defizienten Status des Textes auf den der zugrundeliegenden Theorie. Während die Mängel der Darstellung ein gängiges Problemfeld für den Interpreten philosophischer Texte bieten,[3] wird die Erfülltheit der zweiten Bedingung stets stillschweigend[4] vorausgesetzt – im Falle der Kantischen Rechtslehre mußte sie geprüft werden.

Angesichts der oben gegebenen Kriterien für die Texteingriffe sei hier noch daran erinnert, daß Erich Adickes 1889 einen ähnlichen Katalog aufstellte, mit dessen Hilfe er verschiedene Phasen der Anfertigung des Manuskripts der ersten Auflage der Kritik der reinen Vernunft auszumachen versuchte, um damit eine entstehungsgeschichtliche Erklärung partieller Widersprüche in der Schrift zu geben. Die Adickessche These, daß die erste Kritik »aus zeitlich getrennten Stücken zusammengesetzt«

Abdrucks geschuldet) ist selbstverständlich nicht als Beleg dieser These geeignet: Es repräsentiert nur die mannigfachen Wege, auf denen sich der Autor der Theorie nähert, über das Produkt dieses Prozesses vermag es nichts auszusagen.

3. Bei Kant selbst ist man z. B. unaufhörlich damit konfrontiert, daß er sich nicht an die selbst auferlegten terminologischen Festsetzungen hält: Vgl. die Verwendung von »a priori« und »rein« in KrV B 3–5 mit den dort gegebenen Definitionen. Es ist hier jedoch ein leichtes für den Interpreten, den Mangel der Darstellung als einen solchen zu durchschauen und festzustellen, daß die terminologische Nachlässigkeit (zumindest an dieser Stelle) nicht auf einen Defekt der Theorie selbst verweist.

4. In einigen Fällen kann allerdings auch eine erstaunliche Sicherheit bzg. der Kontrolle von seiten des Autors erlangt werden: In seiner Edition von Lockes »Essay Concerning Human Understanding«, Oxford 1975, führt P. H. Nidditch Material an, welches die adäquate Realisierung des Essay zur ausgemachten Sache werden läßt. Unter anderem: »... the terms of the contract with Basset (sc. dem Verleger) make ist clear, that Locke intended to check each part of the ›Essay‹ after it was printed« (mit »printed« sind hier Probeabzüge gemeint, die vor dem Ausdruck in Auflagenhöhe korrigiert werden konnten). Im englischen Druckereiwesen des 17. Jahrhunderts herrschten ohnehin Zustände, die sich in mancher Hinsicht heutigen Vorstellungen beinahe entziehen: »... some authors regularly attended (even resided) at the printing-house during the printing of their work« (S. XVI).

ist,[5] löste eine langanhaltende Diskussion aus, in welcher u. a. Vaihinger und
Kemp-Smith zu den Befürwortern und Paton zu den einflußreichen Gegnern
der entwicklungsgeschichtlichen Interpretationshypothese zählten. Ein zen-
traler Gegenstand der damaligen Kontroverse war, daß jene »patchwork-
theory« den Interpreten in die – zumindest befremdliche – Lage bringt, eine
vom Autor selbst als abgeschlossenes Werk herausgegebene Schrift gleich
einer Sammlung von Fragmenten zu behandeln. – Im Falle der Rechtslehre
ergibt sich ein solches Problem jedoch nicht: Wir gehen gerade umgekehrt
davon aus, daß es sich hier um ein größtenteils in einem Zuge verfaßtes Werk
handelt und machen es uns zur Aufgabe, die von Kant – durch den äußeren
Rahmen der Publikation – als geschlossen deklarierte, aber so nicht realisierte
Druckschrift in der von ihm intendierten Form wiederzugewinnen.

Den Einzelanalysen sei nun eine Skizze der Architektonik der Rechtslehre
vorangeschickt, welche es ermöglicht, den Stellenwert der einzelnen Eingriffe abzusehen.
   Den Text eröffnet eine »Vorrede«, an die sich die »Tafel der Einteilung der
Rechtslehre« anschließt. Sodann folgt die »Einleitung in die Metaphysik der
Sitten«, welche sich (ausweislich z. B. 222,1 f.) auf beide Teile (d. i. Rechts-
und Tugendlehre) bezieht. Ohne Abtrennung durch ein Titelblatt oder eine
leere Seite schließt sich die »Einleitung in die Rechtslehre« an. Auf dieselbe
folgt der Titel »Der Rechtslehre erster Teil. Das Privatrecht«. Der »Zweite
Teil«, »Das öffentliche Recht«, beginnt mit einem weiteren Zwischentitel
beim § 43.
   Die Rechtslehre zerfällt somit in eine »Einleitung« und zwei »Teile«: Privatrecht und öffentliches Recht, welche in der Reihenfolge der Anordnung
aufeinander aufbauen: das Privatrecht setzt den Begriff des Rechts aus der
Einleitung voraus, aus dem Privatrecht wiederum geht das »Postulat des
öffentlichen Rechts hervor« (307), und die Gesetze des öffentlichen Rechts
vermehren die Materie des Privatrechts um die »rechtliche Form des Beisammenseins (Verfassung)« (306).
   Das Privatrecht seinerseits zerfällt in drei »Hauptstücke«: 1) »Von der Art
etwas Äußeres als das Seine zu haben«, 2) »Von der Art etwas Äußeres zu erwerben«, 3) »Von der subjektiv-bedingten Art der Erwerbung durch den
Ausspruch einer öffentlichen Gerichtsbarkeit«. Diese drei Hauptstücke stehen nicht nebeneinander, sondern in einem ihrer Anordnung entsprechenden systematischen Konnex: Das Zweite Hauptstück greift auf die Bestimmungen des ersten (u. a. »intelligibler Besitz«, § 1–7; »allgemeiner Wille«,

---

5. E. Adickes (Hg.): Kritik der reinen Vernunft, Berlin 1889, S. XXI. Die Diskussion ist
knapp dokumentiert bei A. Kalter: Kants vierter Paralogismus, Meisenheim 1975 S. 1–43.

§ 8) zurück, das Dritte Hauptstück fügt in vier Abschnitten (A–D), welche keinen Gattungsnamen tragen, den Erwerbungsmodalitäten des zweiten Hauptstückes zusätzliche, zum Teil abweichende Bestimmungen unter den Bedingungen einer »austeilenden Gerechtigkeit« hinzu (vgl. die Verwendung von Begriffen, welche das Zweite Hauptstück entwickelt: Vertrag, 297,33 f.; Eigentum, 299,7).

Das *Zweite Hauptstück* selbst untersteht einem »Allgemeinen Prinzip der äußeren Erwerbung« (§ 10) und zerfällt in drei »Abschnitte«, welche das *»Sachenrecht«*, das *»persönliche«* und das *»auf dingliche Art persönliche Recht«* zum Gegenstand haben und die Erwerbung »facto«, »pacto« sowie »lege« behandeln. Auch hier finden wir wiederum ein Subordinationsverhältnis der drei Abschnitte: Das persönliche Recht setzt das Sachenrecht insofern voraus, als die – durch den im persönlichen Recht entwickelten »Vertrag« zustandekommende – Veräußerung von Sachen (§ 20–22) das »Eigentum« an diesen auf Seiten des auf die Sache Verzichttuenden als möglich unterstellt. Das »auf dingliche Art persönliche Recht« geht aus einer »Verbindung« der beiden vorangegangenen Erwerbungsmodalitäten hervor (358,3 f.) und zerfällt (abweichend von den anderen beiden) selbst gleichermaßen in drei »Titel«: *»Eherecht«*, *»Elternrecht«* und *»Hausherrenrecht«*, wobei auch hier wieder ein Subordinationsverhältnis vorliegt: Das Hausherrenrecht bezieht sich (282,21 f.) auf das Elternrecht zurück, und dieses setzt das Eherecht als rechtlichen Rahmen der Zeugung der Kinder voraus (280,16).

Zum zweiten Hauptstück, welches abschließend durch einen *»episodischen Abschnitt«* ergänzt wird, bleibt anzumerken, daß nur der erste Abschnitt desselben (das Sachenrecht) Paragraphenüberschriften kennt (die Überschriften im episodischen Abschnitt beschreiben nur die verhandelten Gegenstände); darin zeigt er Ähnlichkeit mit der Besitzlehre (§§ 2, 4–9). Über diese bloß äußerliche Ähnlichkeit hinaus weisen diese beiden Teile weitere Parallelen auf: In beiden finden wir jeweils eine »Exposition«, zwei »Definitionen« und eine »Deduktion« (§§ 4, 5, 6; §§ 16, 11, 17, auffälligerweise haben im Sachenrecht die »Exposition« und die »Definitionen« die Plätze getauscht), sowie einen Abschnitt, der eine »provisorisch-peremtorisch« Problematik behandelt (§ 9; § 15), wobei im Sachenrecht die »Deduktion« und der besagte Abschnitt – wie »Exposition« und »Definition« – in umgekehrter Reihenfolge erscheinen. Während das persönliche Recht noch eine »Deduktion« enthält (§ 19), sind alle genannten Begriffe in dem »auf dingliche Art persönlichen Recht« verschwunden, wobei hier das »Recht der Menschheit« und ein aus diesem hervorgehendes »Erlaubnisgesetz« zu finden sind, welche – wie man vermuten wird – eine ähnliche Argumentationslast wie die vorigen Deduktionen zu tragen haben.

Das Privatrecht schließt nach dem Dritten Hauptstück mit zwei Paragraphen, die zufolge ihrer (gemeinsamen) Überschrift den *»Übergang von dem*

Mein und Dein im Naturzustande zu dem im rechtlichen Zustande über-
haupt« zum Gegenstand haben und äußerlich nicht vom dritten Hauptstück
des Privatrechts getrennt sind.

Das sich anschließende *»Öffentliche Recht«* zerfällt in drei »Abschnitte«:
»Staatsrecht«, *»Völkerrecht«* und *»Weltbürgerrecht«;* auch hier wieder die
gewohnten Unterordnungsverhältnisse: Das Weltbürgerrecht übernimmt
die »Vernunftidee einer friedlichen Gemeinschaft (...) aller Völker auf
Erden« (§ 63) aus dem Völkerrecht, dieses behandelt das Recht der »Staaten«
im Verhältnis zueinander (§ 53). In dem unter diesen dreien umfangreichsten
Abschnitt, dem *Staatsrecht,* findet sich zwischen den § 49 und 50 eine mehr
als die Hälfte des Textes ausmachende *»Allgemeine Anmerkung von den*
rechtlichen Wirkungen aus der Natur des bürgerlichen Vereins«.

Die Rechtslehre endet mit einem – vom Weltbürgerrecht abgetrennten –
»Beschluß«.

Die Rekonstruktion des ursprünglichen Textes wird vornehmlich folgende
Abschnitte der Rechtslehre betreffen:
A. Einleitung in die Metaphysik der Sitten, Einleitung in die Rechtslehre
   (wobei die Einteilungen besondere Aufmerksamkeit finden).
B. Die Besitzlehre (das »rechtliche Postulat der praktischen Vernunft«).
C. Das Sachenrecht (§ 10, §§ 15–17),
D. Das Staatsrecht.

A. ZU DEN EINLEITUNGEN IN DER METAPHYSIK DER SITTEN

1. In der – zu Kants Lebzeiten nicht als in einem Bande vereinigtes Werk
erschienenen – Metaphysik der Sitten finden wir *drei Einleitungen:* die in die
MdS überhaupt, die in die Rechtslehre und die in die Tugendlehre. Die erste
der genannten weist u. a. der Morallehre im Gesamtsystem der Philosophie
ihren Platz zu und gibt deren Struktur an. Die beiden Einleitungen in die
»metaphysischen Anfangsgründe« beziehen sich dann speziell nur auf die
ihnen nachfolgenden Teile – mit einer Ausnahme: Der »Einteilung der
Rechtslehre« folgt noch eine »Einteilung der *MdS überhaupt«* (239–242).
Und es findet sich eine weitere Unregelmäßigkeit: Auf die Vorrede der RL
bzw. MdS folgt eine »Tafel der Einteilung der Rechtslehre«, die (ebenfalls)
ganz offensichtlich fehlplaziert ist; denn zum einen finden wir in den Kantischen Hauptschriften *Einteilungen* stets am Ende der *Einleitungen* zu den
entsprechenden Abhandlungen (vgl. KrV, KpV, KU 1. Einl.[6]) und nicht nach

---

6. Hiervon finden sich zwei Ausnahmen: Die Anthropologie, in welcher sich die Einteilung am Ende der Vorrede findet, wobei allerdings die Vorrede die Einleitung ersetzt,

den Vorreden, zum anderen folgt auf die »*Tafel der Einteilung der Rechts-lehre*« in der MdS nicht sogleich die eigentliche Rechtslehre, deren Einteilung sie darstellt. Weiterhin wird man feststellen, daß in dem *Einteilungsab-schnitt* der Einleitung in die Rechtslehre selbst *keine* Einteilung der Rechtslehre[7] zu finden ist. Im Gegenteil: Der letzte Satz derselben (238,25) kündigt eine solche erst noch an. Da sie in der Folge nicht mehr geliefert wird, bleibt nur die Annahme, daß die eben genannte Tafel, die an dem ihr in der Druckschrift zugewiesenen Ort keine sinnvolle Aufgabe erfüllen kann, ursprünglich hier stehen sollte.[8]

Es befindet sich an dieser Stelle allerdings noch ein störender Textteil (239f.), der die im übrigen nun konsistente Struktur der Einleitung in die Rechtslehre sprengt: die »Einteilung der MdS überhaupt«. Da in der Einleitung in die MdS zwar »von der Einteilung einer Metaphysik der Sitten« (III) gehandelt, eine solche selbst aber nicht angegeben wird, ist der ursprüngliche Platz der fraglichen Textpassage jedoch leicht zu ermitteln. Wir schließen sie folglich an den genannten Abschnitt an: Mit der Einteilung in Rechts- und Tugendpflichten greift sie den Faden desselben unmittelbar wieder auf.[9]

Die Tafel, welche unter dem Titel »Von der Einteilung der Moral als eines Systems der Pflichten überhaupt« das Einteilungskapitel der MdS (218,10f.) nun schließt, ist des weiteren verwunderlich: Die oberste Untergliederung in derselben ist nicht etwa die in ihrer Überschrift angekündigte, sondern *vor* dieser findet sich noch die in Elementar- und Methodenlehre.

Wie man unmittelbar feststellen kann, ist die letztgenannte Einteilung ausschließlich in der Tugendlehre durchgeführt und gemäß Kant auch nur in dieser möglich bzw. notwendig (411). Da wir weder in der Rechtslehre, noch in den uns bekannten Vorarbeiten einen Hinweis darauf finden, daß Kant bis

und der Streit der Fakultäten, wo der Vorrede ein Inhaltsverzeichnis folgt. – Der Druck dieser Schrift ist jedoch kaum als einschlägiges (Gegen-)Beispiel zu werten, da es sich um eine Zusammenfassung dreier, unabhängig voneinander abgeschlossener Arbeiten handelt.

7. Wir finden nur eine »*Einteilung der Rechte*«; vgl. zum folgenden auch Sänger S. 128f. und S. 135f.

8. Vgl. auch die Tafel der Einteilung der Ethik, die zwischen erster und zweiter Auflage vom Ende der gesamten Schrift an das Ende der Vorrede gewandert ist, wo sie genausowenig motiviert steht, wie am vorigen Ort. Auch sie fügt sich der Sache nach vortrefflich an die »Einleitung in die Tugendlehre« an.

9. Sowohl das »nachher« (239,19) als auch der Sachverhalt, daß der Satz, in dem es steht, nicht etwa im Perfekt formuliert ist, zeigen, daß hier die Ableitung des Rechtsbegriffes (§§ B, C) als noch nicht geleistet unterstellt wird. Damit ist das Rätsel aus der Sekundärliteratur (vgl. Haensel S. 11), ob der fehlgehende Vorverweis auf die Entwicklung des »Begriffs des Rechts« eine Lücke des Textes der Rechtslehre erschließen lasse, gelöst: Wenn man das »nachher« auf die Textabfolge beziehen will, dann weist es auf die §§ A–E.

zum Zeitpunkt des Abschlusses der Rechtslehre eine Sittenlehre konzipiert hatte, welche mit der Obereinteilung in Elementar- und Methodenlehre kompatibel wäre[10], und wir daher keinen Anlaß haben, eine Änderung der Konzeption bis zur Arbeit an der Tugendlehre zu unterstellen, wollen wir das Zustandekommen dieser Gestalt der Tafel einem technischen Versehen anlasten: Nehmen wir an, die erste Verzweigung der Einteilung ist um eine Zeile verrutscht, so erhalten wir durch Reparatur den richtigen Plan der vorliegenden Druckschrift:

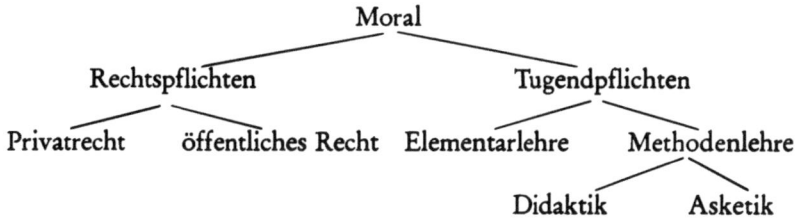

Diese Tafel ist die »Einteilung der Moral als eines Systems der Pflichten überhaupt«, wie wir sie als Gliederungsprinzip der MdS kennen.[11]

10. Wir finden zwar XXIII 396 eine Obereinteilung in Elementar- und Methoden-lehre, doch der Kontext zeigt, daß die hier konzipiert Sittenlehre mit der MdS nichts gemeinsam hat, so daß die Stelle für unsere Frage nicht einschlägig ist.
11. Daß System und Anfangsgründe die gleiche Architektonik haben sollen, geht aus den Überschriften der Einteilungstafeln (210, 492) und der Vorrede (205 f.) hervor. – Zieht man den Aufbau der Tugendlehre und die Tafel der Einteilung der Ethik (492 f.) heran, so gibt sich für die Schrift folgender Plan:
I. Elementarlehre
  1. Teil. Pflichten gegen sich selbst
  1. Buch. Vollkommene Pflichten gegen sich selbst
    1. Hauptstück
    2. Hauptstück
      1. Abschnitt
      2. Abschnitt
      Episodischer Abschnitt
  2. Buch. Unvollkommene Pflichten gegen sich selbst
  2. Teil. Pflichten gegen andere
II. Methodenlehre
Demzufolge wäre die korrekte Überschrift auf S. 421 (analog zu 444):
  »Der Pflichten gegen sich selbst
  Erstes Buch.
  Von den vollkommenen Pflichten gegen sich selbst.
  Erstes Hauptstück«.

Der letzte Absatz der »Einteilung der MdS überhaupt« (nach den drei Sternchen in der Original-Ausgabe, 242,12 f.) bleibt sinnvollerweise[12] als Kommentar zur »Tafel der Einteilung der Rechtslehre« am Ende der »Einleitung in die Rechtslehre« direkt vor dem Beginn der eigentlichen Rechtslehre stehen.

2. Bevor wir zur Gesamtarchitektonik der »Einleitung in die MdS« übergehen, sei zunächst ein Blick in die »philosophia practica universalis« (221,5 f.) geworfen; hier sind zwei Unstimmigkeiten zu beheben: 1) Der 15. Absatz (224, 27 f.) steht unvermittelt an seinem Platz: Absatz 16 schließt an die Erörterung des Pflichtbegriffs aus Absatz 14 an (und dieser ist – wie wir gleich sehen werden – die Fortsetzung der Erörterungen der Absätze 6–8), während hingegen weder 13/14, 14/15 noch 15/16 in irgendeiner Weise sinnvoll aufeinander bezogen werden können; 2) Daß die »Zurechnung« von Handlungen und die mit ihr verbundenen Begriffe (Tat, Person, Sache, etc., Abs. 9–13) zweimal und davon einmal *vor* der dafür grundlegenden Defini-

---

Die Zeilen:
»Der Tugendlehre
Erster Teil.

Ethische Elementarlehre«

sind somit durch »Von den Pflichten gegen sich selbst« zu ersetzen. Die Vermutung von M. Sänger (Sänger S. 131, Anm. 138), daß die Inkompatibilität der Überschriften von 417 und 421 auf eine sachlich mehrdeutige Verwendung des Wortes »Elementarlehre« durch Kant schließen läßt, ist damit die Grundlage entzogen, denn die *durchgeführte* Architektonik verfolgt ein eindeutiges Konzept; daß die barocken Titel bisweilen in Unordnung geraten, ist nicht ungewöhnlich (vgl. z. B. KU: »Anmerkung zum ersten Abschnitte (! muß heißen »Buche«) der Analytik« oder auch das Vergessen eines Titels »Exposition des ästhetischen Urteils« im Überschriftenblock vor § 1). Überhaupt ist der Auffassung Sängers zu widersprechen, daß Kant, »auf diese (welche?, B. L.) Schwierigkeit aufmerksam geworden, eine unzureichende (?, B. L.) Erklärung für die Uneinheitlichkeiten im Aufbau« (Sänger, S. 131) der MdS (gemeint ist das Fehlen einer Methodenlehre in der Rechtslehre) gegeben hat. Sie hält die Unterscheidung von engen und weiten Pflichten in diesem Kontext für nicht einschlägig und stellt dann die Frage, »inwieweit diese (aus der KpV, V 151, kurz vorher zitiert, B. L.) Bestimmung der Methodenlehre auf den Teil der praktischen Philosophie, in dem es nur um die Legalität menschlicher Handlung geht, zutreffen kann«, findet aber keine Antwort. Darauf beschließt (!) sie, die MAdR als Elementarlehre aufzufassen (S. 134), ohne auch den möglichen Inhalt (für den wir auch bei Kant keine Anhaltspunkte finden) der dazugehörigen Methodenlehre bloß andeutungsweise zu erwägen. Da wir letztlich (außer der von mir zur Korrektur vorgeschlagenen Tafel auf 242) *keinen Hinweis* auf, aber ein Kantisches *Argument* gegen die Obereinteilung der Sittenlehre in Elementar- und Methodenlehre haben, nehmen wir an, die Rechtslehre ist gegenüber ebenderselben Einteilung genauso indifferent wie z. B. die MAdNW (vgl. XXIII 374,22 f).

12. Der Begriff des »Naturrechts« fällt zum ersten Mal 237,15; es wäre ungeschickt, seine Einteilung vorher zu liefern.

tion der Zurechnung selbst (Abs. 23) behandelt werden, ist des weiteren nicht unmittelbar einleuchtend.

i) Eine genaue Auswertung dieser Beobachtungen liefert eine erstaunlich einfache Lösung der Schwierigkeiten: Vertauschen wir zunächst Absatz 15 und 14, so sehen wir sofort ein, daß die Anschlüsse der Absätze 13–15 und 14–16 die ursprünglich intendierten sind: Absatz 13 handelt im letzten Satz von äußeren Gesetzen, Absatz 15 erklärt – mit einem »überhaupt«, welches den Rückgriffscharakter dieser Bemerkung andeutet, anfangend – was Kant unter diesen versteht; außer an diesen beiden Stellen ist in der phil. pr. univ. von äußeren Gesetzen nirgends die Rede. Absatz 16 knüpft mit der Erklärung dessen, was »gewisse Handlungen zur Pflicht macht«, sachlich und sprachlich an den Absatz 14 an.

Wie wir oben schon bemerkt hatten, ist die Unterbrechung der Erörterung des Pflichtbegriffs in den Absätzen 7 und 8 sowie 14 und 16 durch die eingeschobenen Absätze 9–13 (und nun noch 15 zusätzlich) äußerst unbefriedigend – denn nicht nur, daß letztere weder an dieser noch an einer früheren Stelle einen systematischen Ort haben (die Absätze 1–8 und 14–22 betrachten vornehmlich die Handlungen und deren Gesetze, das Subjekt kommt nur als den Gesetzen unterworfenes [Abs. 5, 14, 19, 20], nicht aber als handelndes – dem man die Folgen seiner Handlungen zurechnet – in den Blick), sondern auch ihr sachlicher Rückgriff auf Absatz 23 favorisiert ihre Plazierung an einer späteren Stelle.

Es bleiben zur Behebung dieser Unstimmigkeiten unter Berücksichtigung aller bisherigen Feststellungen und der zusätzlichen Beobachtung, daß die Absätze 24–28 einen sachlich geschlossenen Block bilden, nur 2 Möglichkeiten: Eine Anordnung der genannten Passage (Abs. 9–13, 15) direkt nach Absatz 23 oder ganz am Ende der philosophica practica universalis. Die erste Version ist zu favorisieren:

α) Absatz 23 endet mit der Definition des Gerichtshofes (bzw. des Richters). Die Absätze 9–13, 15 handeln vornehmlich von Begriffen, die im Zusammenhang mit diesem stehen: »Person«, »Tat«, »Recht« etc.

β) Absatz 24 schließt sich nicht zwingend an 23 an, seine Definition von »Verdienstlichkeit« über den Gesetzesbegriff stellt aber einen Rückbezug auf *äußere* Gesetze in Absatz 15 dar: sie bezieht sich auf das, »was jemand pflichtmäßig mehr tut, als wozu er gezwungen werden kann« – *erzwingen* kann man nur die Einhaltung der äußeren Gesetze (vgl. §§ C, D).

Wir fügen also die Absätze 9–13, 15, 23 und 24 ein. Nun schließt Absatz 14 (»Widerstreit der Pflichten«) – nur durch eine Anmerkung (Abs. 8) getrennt – an Absatz 7 (Pflichtdefinition) an und die Definition des Gesetzgebers (Abs. 22) geht der Verwendung dieses Begriffes (Abs. 15) vorher.

Die detaillierte Analyse des so erstellten Textes – die hier nicht durchgeführt werden soll – liefert, wenn auch nicht die unumstößliche Gewißheit.

daß dies der ursprüngliche Kantische Text ist (der mehr rhapsodische Charakter eines Kapitels mit dem Titel »Vorbegriffe...« kann den Leser ohnehin eine gewisse Brüchigkeit erwarten lassen[13]), so doch – neben hoher sprachlicher Kohärenz – auch eine klar ersichtliche große Gliederung desselben: der erste Teil (Abs. 1–8, 14, 16–22) handelt von den Handlungen und den Gesetzen, denen jene unterworfen sind; der Rest beschäftigt sich mit der Zurechnung dieser Handlungen zu bestimmten Subjekten und den sich daraus ergebenden Folgerungen.

ii) Zur Versicherung der Legitimität der Versetzung des »Zurechnungsblocks« ziehen wir zwei offensichtliche Vorbilder Kants für die »philosophia practica universalis« heran: Baumgartens »Initia philosophiae practicae primae« von 1760 (XIX 7 ff. im folgenden »BA«) und seine eigene Vorlesung aus dem Wintersemester 1794/95 (»Vigilantius«, XXVII 477 ff.). Vergleichen wir zunächst den Aufbau der beiden Texte. Die Vigilantius-Nachschrift läßt sich folgendermaßen gliedern:

§§	1, 2	systematische Einleitung
§§	3,4	historische Einleitung
§	5	die Kantische Theorie der Imperative
[§§	6, 7]	(die Paragraphennummern fehlen)
§§	8–21	Obligatio
§§	22–36	Coactio moralis (= Einteilung der Sittenlehre) mit Exkurs zur Rechtslehre
§	37	Legislator (Verweis auf BA § 100)
§§	38–52	Praemia, poenae
§§	53–63	Imputation (§§ 62/63: conscientia)
§§	64–65	Einteilung der Sittenlehre
§§	66–70	Rechtslehre
§§	71–137	Tugendlehre
§§	138–148	Moral und Religion

Halten wir fest: Der Text verweist mehrfach auf Baumgartens »Initia« und bezeichnenderweise heißt es im § 64, daß bisher nur die »prolegomena zur Ethic[14], die nunmehr in specie behandelt werden soll«, zur Sprache kamen (vgl. Überschrift BA § 6). Dieser Hinweis und die formale – wenngleich im

---

13. Selbst wenn jetzt einige Wiederholungen (z. B. »erlaubt«, »Tat«, sowie 225,1 und 226,1) Anlaß zu Zweifeln bzgl. der Authentizität des Textes geben und die Vermutung hervorrufen, daß hier vielleicht für den Druck nicht vorgesehene Textpassagen hineingeraten sind, so würde – falls etwaige Vorarbeitenfragmente sicher als solche zu identifizieren sein sollten – die hier vorgeschlagene Umstellung sich zumindest als ein notwendiger Zwischenschritt erwiesen haben, der den Weg zur Rekonstruktion der Kantischen »Urfassung« geebnet hat.

14. »Ethic« meint hier die gesamte Sittenlehre, namentlich Baumgartens »Ethica«, das Lehrbuch, welches dem 2. Teil der Vorlesung zu Grunde liegt.

Umfeld der §§ 22–36 sicherlich nicht ganz zwanglos hergestellte – Parallelität zur Baumgartenschen Schrift reichen aus, um letztere als Vorlage des ersten Teils dieser späten Vorlesung auszuweisen. Hier die synopsis der »Initia philosophiae practicae universalis« (XIX 8):

prolegomena philosophiae practicae
prolegomena philosophiae practicae primae
tractatio

I) Obligatio
    1) in genere
    2) coactio
II) Obligantia
    1) lex
    2) iurisperitia
    3) iuris principia
    4) legislator
    5) praemia
    6) poenae
    7) imputatio
        A) generatim
            . . .
        B) speciatim de conscientia

Eine sklavische Anklammerung der Vorlesung an die Kompendien können wir sicherlich nicht erwarten, dennoch ist sie für die §§ 8–63 des Kollegheftes gut zu identifizieren.

Kommen wir nun zum Drucktext der »philosophia practica universalis« (vgl. BA § 6) der MdS. Von dem Plan der beiden bisher betrachteten Texte finden wir drei fundamentale Abweichungen[15]:
1) Der »coactio moralis«-Abschnitt entfällt,
2) Die Reihenfolge »praemia, poenae« und »imputatio« ist geändert,
3) Zur doppelten Behandlung der Zurechnung gibt es kein Pendant.

Suchen wir zunächst für die beiden ersten Abweichungen eine Erklärung. Die »coactio« hat 1797 ihren Ort im dritten Abschnitt der Einleitung in die MdS. Schon in der Vigilantius-Nachschrift kann das doppelte Auftreten (§§ 22–36 und § 63 u. 64) der Einteilung in Recht und Ethik gemäß der Notwendigkeit von Zwecken für die letztere und der Trennung von äußerem und innerem Zwang verwundern. In der MdS ist die Lehre von der coactio moralis durch die Lehre von der Unterscheidung der Gesetzgebungen nach der Verschiedenheit ihrer Triebfedern ersetzt und macht einen separaten Abschnitt aus.

---

15. Andererseits finden sich penible Parallelen: z. B. ist der Gesetzgeber in allen drei Texten unmittelbar vor dem Block »praemia, poenae, imputatio« angeordnet.

Für Kants Umordnung von »praemia, poenae« und »imputatio« können wir nur eine Vermutung äußern: Allein schon die mehrfache Verwendung des Wortes »Tat« anstelle des allgemeineren »Handlung« in den Abschnitten über »praemia, poenae« der MdS zeigt an, daß Kant die Zurechnung als Voraussetzung von Strafe und Belohnung erkennt (bei Vigilantius sind die Begriffe »Handlung« und »Tat« nicht streng unterschieden: vgl. »Handlung (factum)«, XXVII 564,20, aber: MdS 227,22).

Doch das eigentliche Interesse gilt in unserem Zusammenhang dem dritten Punkt: Wir finden, daß die vermeintliche doppelte Behandlung der »Zurechnung« in der MdS, die wir schon als durch die Sache nicht erzwungen und im Textaufbau störend empfanden, auch im Vergleich mit den Kantischen Vorbildern nicht bestehen kann. Die große systematische Zweiteilung der »philosophia practica universalis« der MdS in der oben rekonstruierten Form findet sich sowohl bei Baumgarten als auch in der Vorlesung. Nehmen wir »praemia, poenae« und »imputatio« zusammen, so entfällt auf diesen Block etwa die Hälfte der Paragraphen der ersten Schrift, in der zweiten haben wir (wenn wir die Abhandlungen zum Recht zwischen § 24 und § 36 – die in der betrachteten Systematik an jener Stelle nicht einschlägig sind – nicht berücksichtigen) etwa dasselbe Verhältnis. Daß die Behandlung der Zurechnung in der MdS quantitativ abgenommen hat (sie macht vom einschlägigen Text – Abs. 4ff. – nicht mal mehr ein Drittel aus), mag daran liegen, daß die Subsumtion der Handlungen unter praktische Gesetze nicht mehr als »imputatio legis« gefaßt wird,[16] sondern der Begriff der Zurechnung eine ausschließlich auf Taten und deren Subjekte bezogene Verwendung erfährt, und daran, daß in den ersten Teil der Abhandlung (vgl. Abs. 5, 8, 18, 20) spezifisch Kantische Lehrstücke zusätzlich zu den übernommenen »Vorbegriffen« hineinkommen.

3. Wie schon oben anläßlich der »Einteilung der Rechtslehre« bemerkt, findet sich in den Kantischen Schriften die Einteilung am Ende der Einleitung. Auch in der Vigilantius-Nachschrift finden wir (neben der im von Baumgarten übernommenen »coactio«-Abschnitt) die eigentliche Einteilung am Ende der »prolegomena« (§ 64) oder, mit dem Baumgartenschen Namen

16. Die »imputatio legis« nimmt allerdings schon bei Vigilantius nur noch wenig Raum ein (vgl. XXVII 562). Daß in diesem Zusammenhang die drei Begriffe »lex prohibitiva«, »lex praeceptiva« und »lex permissiva« fallen, beweist übrigens nicht, daß die Absätze 9–13 der »philosophia practica universalis« nun doch hinter Absatz 8 – in welchem in der Tat die entsprechenden Begriffe gleichfalls vorkommen – verbleiben müssen, denn zum einen ist die Parallele zu Absatz 8 in den §§ 19f. (nicht etwa § 55, der die Gesetzestypen aus § 19 nur wiederholt) zu finden, zum anderen ist die »imputatio legis« in der Formel »und unter Gesetzen steht« (227,23) verschwunden (vgl. XXVII 562,6), welche sich sowohl im Zurechnungsabsatz als auch in Absatz 9 findet.

(BA § 6), »philosophia practica universalis«. Da sich der Einteilungsabschnitt (218 f.) der Druckschrift nicht am Ort der »coactio« befindet (dann müßte er *in* der »philosophia practica universalis« vor dem Gesetzgeber zu finden sein), stellt sich die Frage, warum er nicht auch 1797 am Ende der Einleitung – d. i. zugleich am Ende der »philosophia practica universalis« – steht.

In systematischer Hinsicht ist die vorgefundene Anordnung genauso wenig ausgezeichnet wie die umgekehrte. Weder setzt die Behandlung der Einteilung der MdS (nach den sich hinsichtlich ihrer Triebfedern unterscheidenden Gesetzgebungen) eine über das Maß der ersten beiden Abschnitte der Einleitung hinausgehende Erörterung des Gesetzesbegriffs oder der Zurechnung überhaupt voraus, noch wird in der »philosophia practica universalis« irgendeine Bestimmung des Einteilungsabschnittes näher entwickelt.

Einen ersten Hinweis auf ein dem Drucktext entsprechendes asymmetrisches Verweisungsverhältnis könnte man anläßlich der Bemerkung im Absatz 3 der »philosophia practica universalis« vermuten, daß Begriffe *»beiden Teilen«* der MdS gemein seien, was die Kenntnis der Zweiteilung des Werkes vom Leser erwartet. Doch selbst wenn diese nicht aus Titelblättern und Vorrede hervorginge, brauchte der zeitgenössische Leser die Einleitung dafür nicht: Die beiden Teile waren zu Kants Lebzeiten ohnehin nur separat erhältlich. Auch die Vermutung, daß Kant erst im Anschluß an die Einteilung die Bestimmungen liefern *will*, die beiden Teilen (doch noch) gemeinsam sind, findet keine Stütze, die über die bloße Feststellung eben der faktischen Anordnung hinausgeht.

Es bleibt der Absatz 15 in Abschnitt IV, den wir in die Zurechnungssektion versetzt haben: Hier ist von der »äußeren Gesetzgebung« die Rede. Dieser Begriff scheint auf die im Einteilungsabschnitt gegebenen Definitionen zu verweisen. Allerdings ist zweierlei festzuhalten: Zum einen ist das Interesse an dieser Stelle nicht die Frage der Triebfeder, sondern die nach dem Grund der *Verbindlichkeit* äußerer Gesetze, ein Gegenstand, der von der Triebfedererörterung unabhängig ist, so daß hier der Sache nach nichts aus dem Einteilungsabschnitt als bekannt vorausgesetzt wird. Zum anderen stehen auch in der Vigilantius-Nachschrift die Paragraphen mit der »Betrachtung der verschiedenen Verbindlichkeiten ihrer Natur und Form nach« (§ 17 ff.) – welche die Unterscheidung von »positiven« und »natürlichen« Gesetzen erörtern – *vor* der ersten Einteilung in Rechts- und Tugendlehre (§ 22 ff.). Da das Wort »Gesetzgebung« auch schon im zweiten Abschnitt (216,34) vorkommt und aus Formeln des kategorischen Imperativs bekannt ist, wäre es sicherlich der Sache nicht angemessen, die Stelle 224,27 f. als ausreichenden Hinweis für die Richtigkeit der bestehenden Anordnung der Abschnitte anzuerkennen.

Andererseits finden wir neben den oben schon benannten Vorbildern für

die umgekehrte Anordnung noch einen Hinweis im Text der MdS selbst.
Nicht nur, daß zu aller Gesetzgebung »erstlich« ein Gesetz und »zweitens«
eine Triebfeder gehört (218,11 f.), d. h., das Gesetz vor der Triebfeder zu
behandeln ist, sondern auch der Hinweis in der Klammer des ersten Satzes
des Einteilungsabschnitts gibt einen brauchbaren Beleg für eine Anordnung:
Daß eine Gesetzgebung entweder durch die »bloße Vernunft« oder durch die
»Willkür eines anderen« vorschreiben kann, wird hier gleichsam en passant
angemerkt. Daß mit Letzterem ein »Gesetzgeber« gemeint ist, weiß der
Leser aus der »philosophia practica universalis«, welche – in dem eben
erwähnten Absatz 15 und dem Absatz 22 – den Unterschied von »natürlichen« (durch die Vernunft erkennbaren) und »positiven« (aus der Willkür
eines – von einem natürlichen Gesetz autorisierten – Gesetzgebers hervorge-
henden) Gesetzen darstellt. Zusammen mit dem Vergleich des Vigilantius-
Kollegheftes und der Überlegung, daß man, da die Einteilung bei Kant auch
sonst stets am Ende der Einleitungen zu finden ist, für die Durchbrechung
dieser Gewohnheit eigentlich einen dezidierten Anlaß in Kant ausmachen
können müßte, ist das ein hinreichender Hinweis für die Umordnung der
Abschnitte III und IV.

4. Ist die Vertauschung der Abschnitte III und IV der »Einleitung in die
MdS« zugestanden, ist noch ein Blick auf die beiden ersten Abschnitte ratsam.
    Während Abschnitt I sogleich mitten in die Thematik einsteigt (»Begeh-
rungsvermögen« als Grundvermögen der praktischen Philosophie), leitet
Abschnitt II erst allmählich zur Sittenlehre hin: Wie in den Kantischen praktischen Schriften sonst auch am Anfang üblich (vgl. GMS, KpV, auch KU in
beiden bekannten Einleitungen) wird zunächst der Gegenstand (die Sittenlehre) – hier in seiner spezifischen Differenz zur Naturwissenschaft – näher
bestimmt und ihm im System der Philosophie der Platz zugewiesen. Schon
die bloß oberflächliche Angabe des Inhalts legt so eine probeweise Vertauschung der beiden Absätze nahe.
    Der Versuch, eine durch sachliche Querverweise ausgezeichnete Anord-
nung zu finden, liefert keine Anhaltspunkte: Der zweite Abschnitt, der
vornehmlich die Notwendigkeit der Apriorität des Sittengesetzes expliziert,
ist genauso wenig auf den ersten mit der Analyse des Begehrungsvermögens
als Quelle moralischer Verbindlichkeit angewiesen wie umgekehrt. Auch
wird in Abschnitt II nicht auf die zahlreichen Definitionen aus I rekurriert
(die Wörter »Begehrungsvermögen«, »Wille«, »Lust« z. B. kommen in Abschnitt II nicht, »Willkür« gerade einmal – in einem für ein Verweisungsverhältnis nicht einschlägigen Kontext: 218,2 – vor). Suchen wir nach anderen
Hinweisen, so bliebe zugunsten der gedruckten Anordnung zu erwägen, ob
die Erwähnung von »Naturgesetzen« und den Begriffen von »Raum« und

»Zeit« im letzten Absatz von Abschnitt I einen Anknüpfungspunkt für
den Anfang von Abschnitt II abgibt. Doch das zentrale Thema in dem ersteren ist die »Freiheit« im »inneren« und »äußeren« Gebrauche; daran knüpft
aber wiederum auch die »philosophia practica universalis« (nach unserer
Umstellung nun der Abschnitt III) mit der Erörterung des Freiheitsbe-
griffs direkt an, so daß sich hieraus – zumal aus demselben Grund der Anschluß der »philosophia practica universalis« weder an Abschnitt I noch
an II einen besonderen Vorzug erhält – auch kein hinreichender Aufschluß
ergibt.

Wiederholen wir daher das Verfahren, welches uns in der »philosophia
practica universalis« zur Legitimierung der Versetzung des »Zurechnungsblocks« gedient hat, und suchen ein Vorbild, in dem sowohl für den
Abschnitt I als auch für II ein Pendant zu finden ist. Wir gehen einfach dem
Verweis Kants in die KU (als dem Ort, an dem er sich über die Obereinteilung
»schon erklärt« hat – 217,31) nach. Die von Kant zum Druck gegebene
Version der Einleitung jener Schrift teilt zunächst das Feld der Vernunfter-
kenntnis in zwei Teile (Naturphilosophie, Moralphilosophie), dann wird –
im Rahmen der Kritik einer falschen Einteilung der Philosophie – zum ersten
Mal vom »Begehrungsvermögen« gehandelt, welches im Abschnitt III noch
einmal (wieder im Anschluß an die Einteilung der Philosophie) zur Sprache
kommt. Noch deutlicher wird die Anordnung in der sogenannten »ersten«
Einleitung in die KU (XX 193–251). Die beiden Abschnitte am Anfang
führen die Einteilung der Philosophie vor, dann werden die zu den jeweiligen
Gebieten gehörenden »Vermögen« vorgestellt.

Ohne diese der Sache nach plausible Anordnung des Stoffes in den frühen neunziger Jahren weiter zu verfolgen,[17] halten wir fest: Der Abschnitt II
der »Einleitung in die MdS« führt zur Sittenlehre allererst hin, der Abschnitt I ist – als Analyse des Vermögens, welches auf dem Gebiete der
praktischen Philosophie alle Bestimmungen liefert – schon ein Teil derselben.
Daher ist eine Anordnung in der abgedruckten Reihenfolge bestenfalls durch
den Textbefund ausgezeichnet. Dessen Authentizität als Ausdruck Kantischer Architektonik ist schon anhand von anderen Stellen hinreichend zweifelhaft geworden. Da wir keinen Hinweis auf mögliche Gründe haben, die
Kant zu einer von den vorigen Schriften abweichenden Konzeption der Einleitung veranlaßt haben mögen, können wir auch hier annehmen, daß die
sachlich geforderte Anordnung in der umgekehrten Reihenfolge die seine
ist.

---

17. Die Authentizität der Anordnung des Textes der beiden Einleitungen in die KU
wollen wir hier als selbstverständlich voraussetzen, zumal der Text der KU von 1790 –
soweit ich sehe – keinen Anlaß zu gegenteiligen Vermutungen bietet.

B. DER PLATZ DES RECHTLICHEN POSTULATS
DER PRAKTISCHEN VERNUNFT[18]

1. 1929 und 1949 haben G. Buchda und F. Tenbruck[19] unabhängig voneinander darauf hingewiesen, daß sich im § 6 ein Einschub (Abs. 4–8) befindet, der sowohl der Sache nach als auch wegen des Fehlens von unmittelbaren sprachlichen Anknüpfungen an Voranstehendes wie Folgendes offensichtlich nicht dorthin gehört. Dieser Feststellung ist umstandslos zuzustimmen. Allerdings schließt im Gegensatz zur Auffassung beider Autoren – die dies als zusätzlichen Beweis der Überflüssigkeit des genannten Abschnittes werteten – der verbleibende Text des § 6 sich nicht zufriedenstellend zusammen: Eine vor dem Einschub angekündigte »Aufgabe für die Vernunft«, d. i. zu zeigen, wie »ein Satz a priori möglich« sei (Abs. 3), wird im restlichen Paragraphen nicht geliefert. Es sollte nämlich der »Satz von der Möglichkeit des Besitzes einer Sache außer mir«, »der einen Besitz auch ohne Inhabung als notwendig zum Begriffe des äußeren Mein und Dein statuiert«, ... »(mithin die Voraussetzung[20] der Möglichkeit einer possessio noumenon)« erwiesen werden.

Die in der Überschrift von § 6 angekündigte Deduktion (welche im Absatz 10 – wie es dessen erster Satz ansagt – stattfindet) ist die Deduktion eines *Begriffs* (d. i. nicht eines Grundsatzes), nämlich des Begriffs der possessio noumenon mittels eben jenes in Absatz 3 angekündigten (Grund-)»Satzes« (vgl. Abs. 1). Die Begründung des letztgenannten selbst ist es wiederum – wenn man die Aussagen aus Absatz 9 auf Absatz 6 zurückbezieht –, die als »Aufgabe für die Vernunft« auf dem dort beschriebenen Wege der Abstraktion von allen empirischen Bedingungen geführt werden soll. An welcher Stelle im § 6 wird dieses Verfahren denn nun – nachdem oder bevor es *beschrieben* wurde – *angewandt?* In Absatz 10 offensichtlich nicht! Der angekündigte Aufweis der Möglichkeit eines synthetischen Satzes a priori wird in § 6 überhaupt nicht geliefert – warum auch, denn der synthetische

---

18. Dieser Abschnitt ist eine überarbeitete Fassung meines gleichnamigen Aufsatzes in Brandt 1982. Dort ist in Anmerkung 12 ein sachlicher Fehler zu korrigieren: Das vorletzte Wort »äußere« ist durch »den intelligiblen Besitz äußerer« zu ersetzen.

19. Siehe Tenbruck, schon vorher ist von Buchda 1929 der Hinweis auf diese Textentstellung gegeben worden. Da er sich in einer größeren Arbeit (Buchdas) befindet, die offensichtlich wenig gelesen wurde, mußte diese Entdeckung ein zweites Mal gemacht werden. Die Überlegungen von Buchda laufen – nur weniger ausführlich dargelegt – auf dasselbe hinaus wie die Tenbruckschen. Vgl. dazu: Mautner, S. 356.

20. »possessio noumenon« ist hier als genitivus *subjectivus* zu »Voraussetzung« zu verstehen; d. h.: Wenn der Satz gilt, muß der Begriff der »possessio noumenon« vorausgesetzt werden; vgl. die ähnliche Konstruktion in § 5: »Also muß zufolge...« und 254,30 – den Hinweis auf den diesbezüglichen Irrtum in dem in Anm. 18 genannten Aufsatz verdanke ich T. Pinder, Berlin.

Satz, der im Absatz 10 zur Deduktion herangezogen wird, ist ausdrücklich das rechtliche Postulat der praktischen Vernunft, und das wird in § 6 der Druckfassung als nicht möglich erwiesen, sondern nur bei Gelegenheit seiner Verwendung *zitiert*. Die vermeintliche »Aufgabe für die Vernunft« erweist sich hier bestenfalls als eine für die reproduktive Einbildungskraft: das Vergegenwärtigen des schon bekannten § 2.[21]

In den letzten beiden Absätzen des § 6 wird demzufolge – neben einer Erläuterung des Unterschiedes von theoretischer und praktischer Begründung sowie einer Wiederholung der einschlägigen Aussagen von § 2 und § 4 – nur noch eine »unmittelbare Folge« aus Postulat und Exposition gezogen. – Wo ist da überhaupt Platz für eine Leistung der (praktischen) Vernunft?[22]

2. Wenden wir uns den §§ 3–6 zu, so stellen wir ohne weiteres fest, daß vom Postulat, welches im § 2 aufgestellt wurde, bis zur Buchda-Tenbruckschen Zäsur keine Rede mehr ist – ein Sachverhalt, der nicht zu verwundern brauchte, wenn nicht darüber hinaus der § 5 ganz ausdrücklich derart formuliert wäre, als sei das Postulat noch gar nicht bekannt: »also muß zufolge des § 4 ein intelligibler Besitz als möglich vorausgesetzt werden, wenn (!, B. L.) es ein äußeres Mein und Dein geben soll« – aber das soll es doch geben, wird der Leser unmittelbar zu sich selbst sagen, wenn er den § 2 bereits kennt; die Ableitung des intelligiblen Besitzes ist also fertig, denn mit dem hypothetischen Urteil und der in § 2 gesicherten Notwendigkeit seiner Prämisse *ist*

---

21. Das Argument Tenbrucks für die Möglichkeit des Anschlusses von § 6 Abs. 9 an § 6 Abs. 3 in »4)« seiner Arbeit lautet: »Denn der neunte Absatz knüpft durch seinen Inhalt unmittelbar an das Problem der Deduktion (?, B. L.) eines praktischen Grundsatzes a priori an. Von dieser aber war als Aufgabe am Ende des dritten Absatzes die Rede. Die Notwendigkeit dieser Aufgabe erklärt der Absatz 9 nun, sich dadurch textmäßig wie sachlich unmittelbar anschließend, durch den Hinweis auf die Kritik der reinen Vernunft, nach der ›nämlich‹ (?, B. L.) allen theoretischen Grundsätzen eine Anschauung a priori untergelegt werden muß, und bestimmt dann, daß im Gegensatz dazu ›in diesem praktischen Grundsatz‹ (den eben der Absatz 3 aufstellte) von allen empirischen Bedingungen abgesehen werden muß, ›um den Begriff des Besitzes über den empirischen hinaus zu erweitern‹.« Tenbruck setzt sich mit seiner Behauptung, daß die *Deduktion* eines *Grundsatzes* angekündigt wird in Widerspruch zum Text (Überschrift § 6!) und stellt darüber hinaus nicht die Frage, ob denn eine Begründung der angekündigten Art (d. i. durch »Abstraktion« – nicht nur irgendeine Begründung überhaupt) in § 6 zu finden ist. So kommt er zu der Möglichkeit eines direkten Anschlusses von § 6 Abs. 9 und § 6 Abs. 3. Außer dem Absatz »4)«, der aus ihm gezogenen Folgerung, daß der Text des § 6 durch bloßes Auslassen der genannten Abschnitte in eine konsistente Form gebracht werden könnte und einer auf S. 219 als notwendig behaupteten weiteren Textkorrektur bzgl. § 7, sind alle übrigen Erörterungen Tenbrucks zu unterstreichen. Die Fragwürdigkeit des Anschlusses von § 6 Abs. 9 an § 6 Abs. 3 ist schon von Brandt 1974, S. 264 bemerkt worden.

22. Wohlgemerkt: nicht die Deduktion eines *Begriffs*, sondern der Erweis der Möglichkeit eines *Satzes* a priori war die Aufgabe für die Vernunft.

das Ergebnis restlos erreicht, welches doch erst in § 6 erzielt werden soll![23]
Was bleibt dann aber »synthetisch« aus »Vernunft«-Gründen im § 6 noch zu
erweisen? – Gar nichts; warum sollte es denn auch, wo doch in § 6 (s. o.) in
der Tat nichts dergleichen erwiesen wird.

3. Da nun innerhalb der §§ 1–6 der einzige Ort, an dem die praktische
Vernunft expressis verbis in die Beweisführung eingreift, der § 2 ist, kann
man versuchsweise die (fehlplazierte) Textpassage im § 6 durch eben jenes
Postulat ersetzen, um die praktische Vernunft am angekündigten Ort auch
wirklich in Aktion zu sehen. Denn rückt man den § 2 in der Anlage des
Buches nach hinten, dann wird sofort klar, weshalb im § 5 die Deduktion
noch nicht vollendet ist (das hypothetische Urteil *allein* reicht nicht hin) und
daß die Kantische Behauptung, sie finde erst im § 6 statt, ihren guten Sinn
hat.

Ferner ist damit im § 6 der angekündigte Nachweis auch wirklich anzutreffen: Es wird gezeigt, daß ein synthetischer »Satz a priori möglich« ist.

Damit findet dann auch die Abfolge der drei Fragen zu Beginn des § 6 eine
schlüssige Erklärung: Die Frage »Wie ist ein äußeres Mein und Dein möglich« wird gemäß § 1 beantwortet, indem die Möglichkeit eines intelligiblen
Besitzes aufgewiesen wird, durch den der Gebrauch, welchen ein anderer
von einer Sache außer mir macht, zu einer Läsion meiner Person werden
kann. Die *erste* Frage löst sich also auf in die nach der Möglichkeit eines
intelligiblen Besitzes. Diese *zweite* Frage wiederum ist »zufolge des § 4«
positiv beantwortet, »wenn es ein äußeres Mein und Dein geben soll« (§ 5).
Dieses letztere kann nur ein synthetischer Rechtssatz a priori fordern, und
die positive Antwort auf die *dritte* Frage nach dessen Möglichkeit ist die noch
zu erweisende »Voraussetzung a priori der praktischen Vernunft« (§ 2), an
der letztlich alles hängt: das Postulat.[24]

23. Es sei denn, man hätte einen Hinweis dafür, daß § 6 *noch mehr* erweisen könnte
bzw. sollte (aber was wäre das?), oder man wollte die explizite Vorführung (»eine unmittelbare Folge«) des (gemäß § 5) schon in § 4 als gültig erwiesenen Schlusses (für welchen
dort auch schon die Prämisse – § 2 – nicht mehr fraglich ist) als verbleibende »Aufgabe für
die Vernunft« – und zwar für die *praktische!* (§ 6, Abs. 3) – bezeichnen. B. Tuschling
übersieht in seiner Kritik an der Aufsatzfassung des vorliegenden Abschnittes das diesbezüglich vorgetragene Argument (Tuschling 1987 Punkte »2a–f«) und identifiziert (vgl.
ebd. »6a, b«) die »Aufgabe« mit der Ableitung des »logischen Implikationsverhältnisses«
von »nichtempirischem Besitz« und Postulat, womit er implizit unterstellt, daß Kant
dieselbe Aussage zweimal als gültig erweist: einmal in der »Exposition« (§ 4) und ein
weiteres Mal – unter dem klangvolleren Namen einer »Lösung der Aufgabe für die Vernunft« – im Absatz 10 von § 6 (– wo allerdings jenes »Implikationsverhältnis« weder
begründet noch abgeleitet, sondern expressis verbis aus der Exposition übernommen
wird).
24. Der »Satz von der Möglichkeit eines Besitzes an einer Sache außer mir«, dessen

Hinzuweisen ist nochmals darauf, daß in den §§ 3–5 kein Argumentationsschritt[25] von der Voranstellung des Postulats abhängig war (s. o.), so daß der Versetzung des § 2 von dieser Seite nichts im Wege steht.

4. Selbst wenn die bisherigen Überlegungen nur zu einer schwachen Vermutung Anlaß gäben, daß die Versetzung des Postulats in den § 6 der argumentativen Struktur des Textes angemessen sein könnte, so fänden wir eine Bestätigung der obigen These darin, daß die beiden Textstücke evidentermaßen auch mit Blick aufeinander *niedergeschrieben* worden sind und damit sprachlich aufeinander verweisen: »Die Vernunft will, daß dieses als Grundsatz gelte, und das zwar als praktische Vernunft, die sich durch dieses ihr Postulat a priori erweitert. In einem theoretischen Grundsatz a priori müßte nämlich (zufolge der Kritik der reinen Vernunft) dem gegebenen Begriff eine Anschauung a priori untergelegt, mithin etwas zu dem Begriffe vom Besitz des Gegenstandes hinzugetan werden; allein in diesem praktischen[26] wird umgekehrt verfahren, und alle Bedingungen der Anschauung, die den empirischen Besitz begründen, müssen weggeschafft (...) werden...«. – Daß es die »praktische« Vernunft ist, die das Postulat hervorbringt, ersieht man (so Kant) in der Kontrastierung mit einem »theoretischen« Grundsatz[27], der »nämlich« auf andere Weise begründet worden wäre. Für Kants nachdrückliche Betonung (in § 2 Abs. 3), daß das Postulat

Möglichkeit – gemäß § 6 Abs. 3 – in der Folge gezeigt werden soll, *ist* also, wie in »1)« schon angedeutet, das Postulat, da er a) beweistechnisch dasselbe leistet (d. i. die Voraussetzung der possessio noumenon notwendig macht), b) selbst genauso als möglich erwiesen werden soll(te), wie es das Postulat wird (durch »Abstraktion«) und c) dasselbe beinhaltet: Der Satz »Es ist möglich einen jeden äußeren Gegenstand meiner Willkür als das Meine zu haben« ist (unter Voraussetzung des § 5) in der Tat der »Satz von der Möglichkeit eines Besitzes einer Sache außer mir«.

25. Die Annahme, daß die Verwendung des Begriffs »Gegenstand der Willkür« in § 4 einen Rückgriff auf den § 2 darstellt und so die bestehende Anordnung auszeichnet, setzt voraus, daß der erste Satz von § 2 Abs. 2 den Charakter einer Definition trägt, was angesichts seiner unmittelbaren Einfügung in den Argumentationsgang wenig plausibel erscheint. Des weiteren macht § 4 von den in § 2 gegebenen Bestimmungen des »Gegenstandes der Willkür« keinen Gebrauch: Der Begriff geht inhaltlich nicht über den des »Gegenstandes«, so wie er in § 1 benutzt wird, hinaus.

26. Vorländer sperrt in seiner Ausgabe des MdS (Meiner, Hamburg 1966, S. 60) ohne Angabe von Gründen *hier* »praktischen« – im Gegensatz zum Erstdruck – wohl um eine Symmetrie zu »theoretischen« herzustellen, die in der Tat durch den Wegfall des vorangegangenen Satzes verlorengegangen ist.

27. Sowohl der Sperrdruck der Gegenbegriffe »theoretisch« und »praktisch«, die deutliche Entgegensetzung des »theoretisch« gegen das »praktisch« durch das Wort »nämlich« als auch der deutliche Rückbezug des »diesem praktischen« in § 6 Abs. 9 auf das »Grundsatz« im letzten Satz des § 2 sind auf rein philologische Weise ausmachbare Partikel, die zum Anschluß dieser Absätze nötigen (ganz im Gegensatz zu § 6 Abs. 3 – § 6 Abs. 9!).

eine Befugnis gibt, die »wir aus bloßen Begriffen vom Recht überhaupt nicht
herausbringen könnten«, findet sich im umgestellten Text daher auch der kon-
krete Anlaß: Während wir für den analytischen Rechtssatz nur auf das Axiom
des Rechts zurückgreifen müssen (§ 6 Abs. 2), ist das Postulat ein synthetischer Satz, zu dessen Erweis wir mehr als den »bloßen Begriff« des Rechts
benötigen. Der letzte Absatz von § 2 stellt somit – nach getaner Arbeit – den
Anschluß an die Formulierung der »Aufgabe« (§ 6 Abs. 3) her.

Und auch in einer weiteren Hinsicht fügt sich das Postulat ohne weiteres in
die Architektonik des § 6 ein: Es wird im dritten Absatz als ein »sich über den
Begriff des empirischen Besitzes erweiternder Satz a priori« angekündigt und
in § 2 Abs. 3 sowie in § 6 Abs. 9 wird dann betont, daß es als »Grundsatz der
Vernunft« diese selbst, bzw. den Begriff des empirischen Besitzes[28] erweitert
habe. Außer an diesen drei Stellen, die das Postulat nun geradezu umklam-
mern, ist in den §§ 1–6 von einer »Erweiterung« nicht die Rede.

Es ist damit resümierend festzuhalten: Das Postulat hat seinen systematischen Ort im § 6. Die globale Stringenz der Argumentation (vgl. die
vorstehenden Abschn. 1–3) und die lokale Anknüpfung der Textpassagen
(vgl. diesen Abschn. 4) zeigen gleichermaßen,[29] daß es dort auch seinen
ursprünglichen Platz hatte.

5. Schauen wir uns nun die verbleibenden Paragraphen 1 und 3 am Anfang des Privatrechts an. Wie man unmittelbar feststellen kann, fügt der

---

28. Daß – obgleich im § 6 mehrfach die Rede vom »Besitz« ist – im Postulat (dem Satz
von der Möglichkeit des »äußeren Mein und Dein«) der Begriff des Besitzes keine Rolle
spielt, spricht nicht gegen eine Plazierung des § 2 im § 6, sondern hat seinen sachlichen
Grund darin, daß, da das Postulat Deduktionsgrund des intelligiblen Besitzes ist, in seiner
Ableitung dieser selbst keine Rolle spielen darf. Daß obendrein der »Satz von der Möglichkeit des Besitzes einer Sache außer mir« *derselbe* ist wie der von der Möglichkeit des
äußeren Mein und Dein, wird aus dem parallelen Gebrauch von »Voraussetzung« und
»voraussetzen« in § 5 und § 6 Abs. 3 (vgl. Anm. 20) deutlich.
29. Die Tatsache, daß im § 6 Abs. 10 bei der Durchführung der Deduktion selbst das
Postulat *vor* dem Zitat aus der »Exposition des Begriffs vom äußeren Mein und Dein«
genannt wird, kann übrigens keinen Einwand gegen die umgekehrte Reihenfolge im
Gesamttext abgeben, da allein die logische Struktur des Deduktionsarguments hier die
Voranstellung des Postulats als Prämisse erfordert. – Um nicht den singulären Fall eines
Paragraphen mit einer zweiten Überschrift im Text zu erzeugen, wird »Rechtliches Postu-
lat der praktischen Vernunft« zum ersten Satz des ursprünglichen ersten Absatzes von § 2.
Jenen Satz ganz fortzulassen, verbietet der sich damit ergebende stilistisch – nicht logisch –
etwas rauhe Anschluß der beiden »möglich« in § 6 Abs. 3 und § 2 Abs. 1, welche sich
offensichtlich auf verschiedene »Möglichkeiten« beziehen. In der vorgeschlagenen Form
ist der Anschluß m. E. stilistisch wie logisch bruchlos, so daß auch die Transformation der
Überschrift in den ersten Satz des folgenden Absatzes als Wiederherstellung einer von
Kant intendierten Textgestalt angesehen werden kann. Die Einrückung von § 6 Abs. 9ff.
ist dem Anschluß an § 6 Abs. 6f geschuldet und wird daher nicht übernommen.

§ 3 dem § 1 nichts hinzu. Für die im zweiten Absatz vorgeführte Anti-
omie im Besitzbegriff ist die zentrale Behauptung des § 3 – geradezu als
eine Selbstverständlichkeit – vorausgesetzt. Da die Form des Textes
keinen Hinweis darauf gibt, daß Kant in § 3 womöglich eine Bemerkung
für den § 1 *nach*liefern wollte, scheint § 3 gänzlich redundant. Bestenfalls könnte man vermuten, daß er ursprünglich zwischen Absatz 1 und 2
des § 1 seine Aufgabe erfüllen sollte. Das verbietet der Text jedoch aufgrund von zwei – auch darüber hinaus interessanten – Befunden: Die
ersten beiden Absätze von § 1 bilden eine geschlossene syllogistische Figur
(Abs. 1: Obersatz, Abs. 2 »Etwas...«: Untersatz, »Also...«: Konklusion)[30]; ferner fällt § 3 mit der Benennung des Rechtssubjekts in der dritten Person aus dem sprachlichen Kontext des § 1 heraus: dort finden wir
stets die erste Person. Diese Beobachtung läßt sich aber zugleich auf die
gesamte Besitzlehre ausweiten: Stets finden wir die erste Person (außer an
den Stellen, die aus inhaltlichen Gründen die dritte verwenden – §§ 22 f.
u. 34 f.), und selbst § 5 zitiert § 3 in der Ich-Form. Da sich § 3 folglich weder
systematisch noch sprachlich in den Text einfügt, können wir davon ausgehen, daß er nicht für die Druckschrift bestimmt war, sondern als Vorarbeit zu
werten ist.

C. DER TEXT DER ERWERBUNGSLEHRE
(§§ 10 und 17, §§ 15 und 17, § 31)

1. Ausweislich seiner Überschrift stellt der § 10 das »allgemeine Prinzip der
äußeren Erwerbung« vor. Spätestens in Absatz 4 jedoch kann sich der Leser
des Eindrucks kaum erwehren, nicht die *äußere* Erwerbung im *allgemeinen,*
sondern die Sacherwerbung, speziell die *ursprüngliche* Erwerbung sei das
Thema: Absatz 4 liefert drei »Momente« der *ursprünglichen* Erwerbung und
Absatz 5 nähere Bestimmungen derselben. Schon das »allgemeine Prinzip«
im Absatz 3 scheint sich mit seinem Rekurs auf die »Idee eines möglichen
vereinigten Willens« eher am Sachenrecht als am persönlichen oder gar dinglich-persönlichen Recht zu orientieren. Eine Einschränkung auf das Sachenrecht würde aber andererseits nicht zur Voranstellung des Prinzips als einem
»allgemeinen« vor alle drei Abschnitte passen. Prüfen wir daher den Bezug
des § 10 auf das Sachenrecht im einzelnen.

Absatz 1 definiert die Erwerbung und differenziert zwischen ursprünglicher und abgeleiteter, womit er allgemeine Bestimmungen der Erwerbungslehre liefert.

---

30. Diesen Hinweis, der auch zu Revision des Vorschlags der Zweiteilung des § 1 in
dem in Anm. 18 genannten Aufsatz geführt hat, verdanke ich R. Brandt, Marburg.

Absatz 2[31] scheint – wenn man nur auf die in ihm vorkommenden Wörter achtet – zunächst die *ursprüngliche* Erwerbung zum Gegenstand zu haben. Doch eine genaue Betrachtung zeigt, daß ihm nur die Funktion zukommt darzulegen, daß alles *äußere* Mein und Dein *erworben* werden muß: Eine Gemeinschaft des äußeren *Mein und Dein* kann nicht als ursprünglich gedacht werden. Dann folgt – als Entgegensetzung – eine Erörterung der ursprünglichen Gemeinschaft des *Besitzes,* die aber nicht in ihrer spezifischen Funktion, die sie als Argumentationsmittel im Sachenrecht wahrnimmt, behandelt wird: Daß sie Bedingung der Möglichkeit der *ursprünglichen* Erwerbung ist, erfährt man erst in § 13. Von der ursprünglichen Erwerbung ist folglich nur im ersten Satz von § 10 Abs. 2 die Rede, und dort wird nur behauptet, daß – obwohl ein ursprüngliches äußeres *Mein und Dein* unmöglich ist – es eine solche gibt. – Alles in allem nur Bemerkungen, die den Rahmen einer allgemeinen Einleitung in die Erwerbungstheorie nicht sprengen.

Im Absatz 3 wird das in der Überschrift des Paragraphen angekündigte Prinzip der *äußeren* Erwerbung gegeben. Die oben angesprochene Vermutung, dieses Prinzip sei eigentlich das der *ursprünglichen* Erwerbung, läßt sich leicht ausräumen: Schon in einem früheren Entwurf finden wir einen, zweifelsfrei als – unvollständigen[32] – Vorläufer des Prinzips erkennbaren »Grundsatz«, der uns zeigt, daß das »allgemeine Prinzip« ausdrücklich als »allgemeines« zu verstehen ist: »Grundsatz. Was ich einstimmig mit Gesetzen der äußeren Freyheit (folglich als erster) in meine Gewalt bringe und wovon ich nach einem allgemeinen Gesetze (des collectiv-allgemeinen Wil-

---

31. Im § 10 Abs. 2 ist ein (Setz-)Fehler zu korrigieren. Wir finden viermal den Begriff einer »communio« in Klammern zur Erläuterung vorhergegangener Begriffe. Im ersten Fall heißt es: »Gemeinschaft des Mein und Dein (communio)«, im zweiten: »ursprüngliche Gemeinschaft (communio mei et tui originaria)«, im dritten »uranfängliche Gemeinschaft (communio primaeva)« und im vierten »(communio derivativa)«, was sich auf eine »abgeleitete Gemeinschaft bezieht. Weiterhin erfahren wir, daß »der Zustand einer Gemeinschaft des Mein und Dein (communio) nie (!) als ursprünglich gedacht werden« kann, der »Besitz eines äußeren Gegenstandes aber ursprünglich und gemeinsam sein« kann. Eine ursprüngliche Gemeinschaft des *Besitzes* »(communio possessionis (!) originaria)« – ein »ursprünglicher Gesamtbesitz« – begegnet uns dann in der Tat auch in § 13. Was soll aber eine »communio *mei et tui* originaria« sein, die man sich doch »nie« denken kann? Bloß formal betrachtet bieten die vier »communio« ebenfalls ein schiefes Bild. Ist in den letzten zwei Fällen der Klammerausdruck der lateinische Terminus für die gerade erwähnte »communio«, so fehlt im ersten gerade der Teil, der im zweiten über den deutschen Begriff hinausgeht: »mei et tui«. Da – wie eben gezeigt – der Drucktext in der vorliegenden Form nicht stimmig ist, fügen wir die drei Worte aus der zweiten in die erste Klammer ein. Dann wird auch die »Textkorrektur« von Natorp überflüssig: ». . . obwohl der Besitz (!) einer Sache ursprünglich und (Natorp: »nur«) gemeinsam sein kann«. Nun ist der Text sowohl intern konsistent als auch mit § 13 kompatibel (s. o.).

32. Der Bezug auf das Postulat des Vermögens fehlt.

lens in der Idee) *will*, es solle mein sein, das ist mein. Hier sind lauter
Verstandesbegriffe vom Besitz und dem Gegenstande der Willkühr als nou-
men betrachtet, nicht als sinnliche Willkühr des im Raum bestimmten
gegebenen Objekts. – Dieser Grundsatz gilt für alle äußere Erwerbungen
(sowohl im Sachen- als persönlichen als auch dinglich-persönlichen Recht)«
(XXIII 315,24 f.). Obgleich dreifach Bestimmungen des Sachenrechts bemüht werden (nachdrücklicher als in § 10: die *Idee* der kollektiv-allgemeinen
Willkür, »als erster in meine Gewalt bringe« und das »im Raum bestimmt
gegebene Objekt« – nicht etwa in der *Zeit*, vgl. § 4), bezieht sich der Grundsatz nach Kant expressis verbis *auf alle drei* Klassen äußerer Gegenstände.
Schon in der Besitzlehre begegnet dem Leser diese paradigmatische Verwendung von Bestimmungen des Sachenrechts für Gegenstände aller drei Klassen: »Etwas Äußeres aber würde nur dann das Meine sein, wenn« der
»Gebrauch, den ein Anderer von der Sache (!) macht...« (§ 1); »Im Besitze
eines Gegenstandes muß derjenige sein, der eine Sache (!) als das Seine...«
(§ 3); und im § 6 ist die Rede vom »Satz von der Möglichkeit des Besitzes
einer Sache (!) außer mir...«. In diesen Fällen kann man gleichermaßen
nicht mit der Möglichkeit rechnen, daß z. B. das persönliche Recht ausge-
klammert werden soll, zumal der in den Paragraphen 1–6 entwickelte Begriff
der possessio noumenon auch im persönlichen Recht explizit Verwendung
findet (§ 19). Aufgrund dieser Befunde und der dadurch wohlbegründeten
Annahme einer Kantischen Verwendung von Sachenrechtsbestimmungen
mutatis mutandis kann man § 10 Abs. 3 nicht als zum Sachenrecht gehörend
betrachten,[33] sondern wird die ersten drei Absätze des § 10 zufolge der vorgefundenen Architektonik und der Überschrift des § 10 mit Kant als *allgemeine* Einleitung in die Erwerbungslehre zu verstehen haben.
An diese schließt sich dann eine Aufgliederung speziell der *ursprünglichen*
Erwerbung an, die sachlich nicht zu erwarten wäre, doch durch ein auf den
ersten Blick plausibles »also« scheinbar bruchlos an das Vorangehende an-
knüpft. Einer genaueren Prüfung hält dieser Anschluß aber nicht stand: Aus
der äußeren Erwerbung im allgemeinen die Momente der *ursprünglichen*
direkt und ohne jede weitere Vermittlung abzuleiten – bloß durch das
genannte »also« verbunden – ist sowohl inhaltlich unmöglich[34], als auch

---

33. Im Rahmen der inhaltlichen Analyse im dritten Teil wird sich erweisen, daß das
»Allgemeine Prinzip der Erwerbung« tatsächlich in allen drei Hauptstücken die Darstellung strukturiert.
34. Wie kann der Leser z. B. wissen, daß »also« die »Apprehension« eines Gegenstandes »der keinem angehört« das erste Moment der ursprünglichen Erwerbung abgeben
wird? Bis zu dieser Stelle weiß er bloß, daß letztere sich nicht von seinem Seinen eines
anderen ableitet (§ 10 Abs. 2). Unterstellt man, daß er auch ohne nähere Bekanntschaft
mit der ursprünglichen Erwerbung das »also« nachzuvollziehen in der Lage sein soll, so
ergibt sich unmittelbar die Frage, warum Kant es für nötig befindet, ihn in § 14 Abs. 1

angesichts der Tatsache, daß erst in der Folge mit erheblichem Aufwand
sowohl eine Exposition als auch eine Deduktion des letzteren Begriffs vorgenommen wird, zumindest befremdlich. Zum anderen muß es verwundern,
daß hier (in dem *alle drei* Abschnitte der Erwerbstheorie einleitenden Paragraphen), wie aus den letzten 4 Zeilen von § 10 Abs. 4 hervorgeht, die
Ableitung des intelligiblen Besitzes an einer ursprünglichen erworbenen *Sache* schon abgeschlossen ist[35] (»der Schluß vom sensiblen auf den intelligiblen Besitz«), obgleich das Sachenrecht, welches im Prinzip vornehmlich
diese zum Gegenstand hat (vgl. § 17, Abs. 1), noch gar nicht angefangen
hat.[36]

2. Der erste Verdacht, der sich aus diesen Beobachtungen ergibt, bestätigt
sich bei näherer Untersuchung: Der Absatz 4 gehört in den Deduktionspara-
graphen[37] des Sachenrechts. In Absatz 2 von § 17[38] war davon gesprochen

dann doch genau über die sachliche Berechtigung eben dieses »also« zu unterrichten; und
das übrigens, obwohl in der Folge nun gar keine Verwendung mehr davon gemacht wird:
Die einzige Stelle, die sachlich notwendig und explizit auf die Form einer Besitznehmung,
die dem Gesetze der äußeren Freiheit gemäß ist, Bezug nimmt, ist § 10 Abs. 4.
    35. Obgleich der Sache nach zunächst durchaus adäquat, kann die Vermutung, § 10
Abs. 4 sei bloß als Programm für das folgende Sachenrecht aufzufassen, angesichts der
apodiktischen Formulierung des letzten Satzes (»da (!) alle diese Aktus rechtlich sind (!)«)
nicht bestehen, zumal das folgende Sachenrecht keine Argumentation enthält, die den
Schlußsatz selbst überhaupt zu begründen beansprucht, so daß das »Programm« letztlich
doch seine einzige Durchführung bliebe. Hinzu käme ferner, daß unter dieser Annahme
die schon genannten Probleme bestehen blieben: Warum ein spezieller Bezug auf das
*Sachen*recht noch vor der Einteilung der Erwerbungslehre; woher bezieht das »also« seine
Berechtigung; weshalb überhaupt noch das Sachenrecht in der Folge, da hier de facto doch
alles notwendige abgeleitet ist?
    36. Daß es sich in § 10 Abs. 4 auch wirklich um die Momente der ursprünglichen
Erwerbung handelt und nicht etwa um einen Druckfehler (»ursprünglich« statt »äußere«),
sieht man daran, daß die *Apprehension* weder im persönlichen noch im auf dingliche Art
persönlichen Recht als erstes Moment der Erwerbung auftreten kann. Daher ist selbstverständlich auch der »Schluß vom sensiblen auf den intelligiblen Besitz« nur im Falle des
Sachenrechts überhaupt Gegenstand der Erörterung. Siehe auch allgemein zum Zustand
des § 10: Mautner S. 358. – Alle Mängel, die Mautner dort angibt, werden übrigens nach
unserem Texteingriff verschwunden sein.
    37. Daß also gerade wie im Falle der §§ 2 und 6 ein Teil der »Deduktion« am falschen
Ort steht (so die Behauptung), ist zwar befremdlich, spricht aber ohne weitere Hinweise
weder für noch gegen die These der Umstellung. Spekulationen über mögliche Gründe,
die Kant dazu bewogen haben können, eine Umstellung des schon fertiggestellten Textes
selbst vorzunehmen, mögen zwar plausible Züge enthalten, finden aber – soweit ich sehe –
keine überzeugende Basis. Eher ist m. E. an eine Fehlplazierung von »Zetteln« später
Änderungen dieser eng zusammenhängenden Komplexe zu denken (der Anschluß § 10
Abs. 3–4 bietet sich für eine Fehlplazierung durch fremde Hand geradezu an!).
    38. Der erste Satz ist erst nach der Korrektur eines offensichtlichen Abschreib- oder
Setzfehlers verstehbar: Nach »Besitzes« ist sinngemäß »nicht den der Inhabung oder

worden, daß »das Absehen von diesen sinnlichen Bedingungen des Besitzes«
zu einem »Verhältnis einer Person (dem Erwerber, B. L.) zu Personen« (die
von der Nutzung des Gegenstandes ausgeschlossen werden sollen) führt,
nämlich dazu, »alle durch den Willen des ersteren, sofern (!) er (a) dem
Axiom der äußeren Freiheit, (b) dem Postulat des Vermögens und (c) der
allgemeinen Gesetzgebung des a priori als vereinigt gedachten Willens gemäß
ist, in Ansehung des Gebrauchs der Sachen zu verbinden...«. Diese drei
Forderungen, denen (zufolge des allgemeinen Prinzips der äußeren Erwerbung) eine jede rechtmäßige Erwerbung »gemäß« sein muß, werden in der
Tat nicht etwa im verbleibenden Text des § 17, sondern ausschließlich in § 10
Abs. 4 für den Fall der bis § 17 entwickelten ursprünglichen Erwerbung als
erfüllt nachgewiesen:

a) Die Apprehension ist mit dem Axiom des Rechts in Übereinstimmung,
wenn sie niemanden lädiert, d. i. an einem Gegenstand vorgenommen wird,
»der keinem angehört«.

b) Die »Bezeichnung des Besitzes dieses Gegenstandes und des Aktes
meiner Willkür, jeden anderen davon abzuhalten«, ist der Beweis meines
Vermögens, von dem Gegenstand als Objekt meiner Willkür Gebrauch zu
machen.

c) Die Zueignung als »Akt eines äußerlich allgemein gesetzgebenden Willens (in der Idee), durch welche jedermann zur Einstimmung mit meiner
Willkür verbunden wird«, ist »der allgemeinen Gesetzgebung des a priori als
vereinigt gedachten Willens gemäß«. Der letzte Satz von § 10 Abs. 4 ist dann
in der Tat ein würdiger Abschluß einer Deduktion, welche (so § 17) aus den

---

Detention« einzufügen und das fünf Wörter vorher befindliche »den« durch »der« zu
ersetzen. Ohne Korrektur gibt der Satz keinen Sinn (vgl. Vorländer, MdS S. 80 Anm.).
Zumindest ist die Klammer »(der gleichsam fortdauernden Apprehension)« nicht eine
Erläuterung des vorangegangenen Begriffes des »nicht empirischen Besitzes«, sondern
eine des Gegenbegriffs des »empirischen Besitzes« (vgl. dazu die ähnliche Formulierung:
XXIII 217,28f.!). Wollte man, um diese Sinnwidrigkeit zu beheben, das betreffende
»nicht« streichen, würde der gesamte Satz verderbt; die Ersetzung von »den eines nicht«
durch »nicht den eines« ist gleichermaßen unbefriedigend, da der Satz dann eine Alternative ausschlösse, die sich gar nicht stellt: »außer mir« kann nicht einen anderen Ort und
nicht einen empirischen Besitz bedeuten. Es bleibt letztlich nur die Möglichkeit, die
Klammer auf einen Begriff zu beziehen, der aus drucktechnischen Gründen entfallen ist
(siehe obigen Korrekturvorschlag). Diese Lösung gewinnt auch dadurch zusätzlich an
Glaubwürdigkeit, daß zwischen »Besitzes« und der nachfolgenden Klammer in der Erstausgabe ein Zeilenwechsel (S. 93, 2/3) stattfindet, der z. B. den Verlust der Zeile ermöglicht haben kann. Der gesamte Satz ist nach der Korrektur klar gegliedert: Zunächst wird
der Begriff des »außer mir« – nicht räumliche Trennung, sondern bloße Unterschiedenheit
vom Subjekt – und dann der des »nicht empirischen Besitzes« – nicht Detention, sondern
bloßes »in der Gewalt haben« – erörtert. Diese beiden Begriffe sind es, die im Zentrum des
letzten Satzes vom § 17 Abs. 1 stehen und hier – übrigens auf ganz ähnliche Weise wie in
§ 7 (253,8f.) – nochmals erläutert werden.

»empirischen Bedingungen der Besitznehmung« das äußere Mein und Dein,
die possessio noumenon, ableiten will: »Der Schlußsatz: Der äußere Gegenstand ist mein, vom sensiblen auf den intelligiblen Besitz (wurde, – »da alle
diese Actus rechtlich sind«, B. L.) richtig geführt.«

Erst mit der Anknüpfung des § 10 Abs. 4 wird daher auch der Verweis in
Absatz 1 von § 17, daß die possessio noumenon aus den »beiden gegebenen
Stücken«: »Titel« und »Erwerbungsart« folge, nachvollziehbar. Ohne jenen
Abschnitt käme die »Erwerbungsart« im Haupttext des § 17 gar nicht mehr
vor. Dies gilt gleichermaßen für die rückbezügliche Information, die der
letzte Satz des § 19 enthält: Die Behauptung, daß die Deduktion des Sachenrechts die »Lehre von der Erwerbung durch Bemächtigung der äußeren
Sache war«, gibt nur dann einen Sinn, wenn im Text der Deduktion überhaupt von der Besitznehmung die Rede ist. Diese finden wir jedoch nicht in
§ 17 Abs. 2 – welcher nur vom Besitz selber spricht –; nur § 10 Abs. 4 widmet sich der speziellen Erwerbungsart des Sachenrechts und bringt damit die
Deduktion, d. i. die Ableitung der possessio noumenon bezüglich einer
bestimmten Sache, zum Abschluß. Die Versetzung von § 10 Abs. 4 in den
§ 17 löst somit zwei Probleme: den unangemessenen Bezug von § 10 Abs. 4
auf das Sachenrecht und das Fehlen eines mehrfach angezeigten Deduktions-
schrittes in § 17.

3. Nach dieser Wiederherstellung des Textes der Deduktion (§ 17) bleibt in
§ 10 der 5. Absatz stehen, der dort der Sache nach aus demselben Grunde wie
Absatz 4 nicht hingehört. Er scheint sich recht gut an den umgestellten Passus
anzuschließen; es böte sich also an, ihn in den § 17 mitzunehmen. Dagegen
spricht (neben der daraus resultierenden Überladenheit des Deduktionspara-
graphen) unter anderem folgende Beobachtung:

Für den Buchda-Tenbruckschen Einschub in § 6 wurde bisher noch keine
Verwendung angegeben. Eine Betrachtung des letzten Satzes von § 10 Abs. 5
und des Anfangs der fraglichen Textpassage aus § 6 ergibt, daß sich die
Aneinanderfügung dieser beiden Stücke sowohl der Sache nach als auch, was
die sprachliche Kompatibilität anbetrifft, geradezu aufdrängt: »...Denn die
Erwerbung eines öffentlich rechtlichen Zustandes durch die Vereinigung des
Willens Aller zu einer allgemeinen Gesetzgebung wäre eine solche, vor der
keine vorhergehen darf, und doch wäre sie von dem besonderen Willen eines
jeden abgeleitet und allseitig: da eine ursprüngliche Erwerbung nur aus dem
einseitigen Willen hervorgehen kann. Auf solche Weise ist z. B. die Besitzung
eines absonderlichen Bodens ein Akt der Privatwillkür, ohne doch eigenmächtig zu sein. Der Besitzer fundiert sich auf dem angeborenen Gemein-
besitze des Erdbodens und dem diesem a priori entsprechenden allgemeinen
Willen eines erlaubten Privatbesitzes auf demselben...« (Sperrungen des
Erstdrucks). Das gibt einen guten Sinn: Die Erörterung der ursprünglichen

Erwerbung schließt mit dem Hinweis auf zwei Bestimmungen derselben; diese beiden werden dann am Bodenerwerb illustriert.

Sehen wir uns den so erhaltenen Gesamtkomplex § 10 Abs. 5/§ 6 Abs. 4–8 an, so stellen wir unschwer fest, daß es sich hierbei um eine wohlkomponierte Abhandlung der ursprünglichen Erwerbung handelt, nur – alles was an Erörterungen vorkommt, ist an anderen Stellen der Schrift (ausführlicher und in einer z. T. abweichenden Weise) ebenfalls abgehandelt:

Das Pendant zu »Die ursprüngliche Erwerbung eines äußeren Gegenstandes der Willkür heißt Bemächtigung« finden wir in § 14; die Behauptung, daß diese »nicht anders als an körperlichen Dingen« stattfinden kann, steht in dem Absatz zwischen § 17 und § 18,[39] die dann folgenden Passagen über »Einseitigkeit« und »Allseitigkeit« finden ihre Parallele in § 14; der Begriff des »Gemeinbesitzes«, dieses Wortes kommt wie das der »Besitzung« nur in diesen Passagen der Schrift vor,[40] dem die Anmerkung der fraglichen Textpassage gewidmet ist, wird der Sache nach in den §§ 13 und 14 erörtert. Sogar das »beati *possidentes*« hat seinen Platz – allerdings dort, wo es hingehört: in der *Besitz*lehre, § 9.

Die Tatsache, daß alles was das betrachtete Textstück behandelt, auch sonst an anderer Stelle im Text – in abweichender Terminologie – vorhanden ist, kann uns dazu veranlassen, es guten Gewissens in den großen Zettelkasten der Vorarbeiten[41] zu verbannen – vielleicht handelt es sich um vor der Erstellung des Manuskripts der Druckfassung beschriebene Rückseiten der Manuskriptblätter, die versehentlich abgedruckt wurden.

4. Werfen wir nun einen Blick auf die §§ 15–17 insgesamt. Zunächst ist die – sicherlich von Kant nicht beabsichtigte – Verdoppelung der Bemerkungen zu den verschiedenen Modi der Erwerbung (§ 15 Anm., § 17 Anm.) auffallend.

Doch auch die Inhalte und Überschriften der Paragraphen geben zu Zweifeln an deren Authentizität Anlaß: Folgt im ersten Hauptstück auf Exposi-

39. Dieser Abschnitt ist wegen seines vorwiegend definitorischen Charakters an den § 11 anzuschließen, zumal er als Schlußabschnitt des Sachenrechts keine ersichtliche Funktion erfüllt und obendrein sowohl die oben im Text angesprochene Behauptung als auch die in ihm gelieferte Definition des Eigentums in § 12 bzw. in § 17 Anm. als bekannt vorausgesetzt werden. Auch drucktechnisch paßt er nicht ins Bild: Er ist mit Einzug in kleinen Lettern gedruckt und mit zwei Sternchen vom § 17 abgetrennt: Offensichtlich eine heimatlose Anmerkung, die sich ferner nicht (wie § 12ff.) auf den Boden, sondern auf äußere Sachen überhaupt bezieht.

40. Auch der Begriff der »Erwerbung eines öffentlich rechtlichen Zustandes« kommt nur an dieser Stelle vor. Überdies widerspricht der vorletzte Satz von § 6 Abs. 5 direkt § 13 Abs. 2, was auf die Zugehörigkeit zu verschiedenen Konzeptionen hinweist.

41. Daß unter anderem in den fraglichen Passagen noch nicht zwischen Erwerbs- und Besitztheorie unterschieden wird – sonst wäre das »beati *possidentes*« (vgl. § 9 Anm.) nicht in einem Abschnitt über die *Erwerbung* zu finden –, bestätigt diesen Verdacht.

tion und Deduktion (§§ 4–6) die »provisorisch-peremtorisch«-Erörterung, so finden wir letztere hier (Überschrift § 15) *vor* diesen beiden. Darüber hinaus tut man sich schwer,[42] in § 16 eine »Exposition« zu finden, wo der Paragraph von der ersten Zeile an[43] direkt auf die »peremtorisch-provisorisch«-Frage zusteuert (vgl. § 9). Eher scheint der § 15 die gesuchte Exposition zu enthalten, da dieser, bevor er in Absatz 3 auf das in der Überschrift genannte Thema kommt, mit einer Erläuterung von empirischem und Vernunfttitel der Erwerbung anhebt, welche der Sache nach zunächst auch mit dem Wort »Exposition« – wie es in den §§ 4 und 5 gebraucht wird – benannt werden könnte. Versuchte man voreilig, die genannten Beobachtungen für eine neue Anordnung der einzelnen Textpassagen heranzuziehen, so läge eine Version der Form: § 15 (als Exposition), § 17 (als Deduktion) und dann § 16 (als »peremtorisch-provisorisch«-Erörterung) nahe. Die befremdliche Verdoppelung in den Anmerkungen zu §§ 15 und 17, sowie die der »peremtorisch-provisorisch«-Erörterung in §§ 15 und 16 bliebe dabei allerdings bestehen. Auch wäre die dadurch beibehaltene Parallelität zur Besitzlehre – was die Verhältnisse von Exposition und Deduktion anbetrifft – nur eine scheinbare. Betrachten wir die Bezugsobjekte der Termini »Definition«, »Exposition« und »Deduktion« in den beiden Systemteilen:

Besitzlehre:	Exposition:	äußeres Mein und Dein (§ 4)
	Namenerklärung (Nominaldefinition):	äußeres Mein und Dein (§ 5)
	Sachenerklärung (Realdefinition):	äußeres Mein und Dein (§ 5)
	Deduktion:	Begriff des bloß-rechtlichen Besitzes (§ 6)
Sachenrecht:	Nominaldefinition:	Recht in einer Sache (§ 11)
	Realdefinition:	Recht in einer Sache (§ 11)
	Exposition:	Begriff der ursprünglichen Erwerbung (§ 16 Überschrift)
	Deduktion:	Begriff der ursprünglichen Erwerbung (§ 17)

---

42. Die Schwierigkeiten mit dem Text der §§ 15 ff, erschließen sich allerdings nur dann, wenn man den dortigen Versuch unternimmt, diese Kantischen Erörterungen als eine Argumentation mit dem Anspruch auf allgemeine Zustimmung der Gelehrten zu rekonstruieren. Mir ist aus der Kant-Literatur bislang kein derartiger Versuch bekannt geworden. Wenn überhaupt, begnügt man sich mit der Vorstellung einer »Beweisführung«, die bestenfalls aufgrund der Tatsache, daß sie sich als die »Kantische« ausgibt, Beachtung erhoffen kann.

43. Daß das Wort »peremtorisch« erst im 2. Absatz vorkommt, tut dieser Tatsache keinen Abbruch.

Unmittelbar fällt die Anordnung der (vermeintlichen) »Exposition« *nach* den Definitionen auf, wie auch der Bezug der »Exposition« auf den »Begriff« (»ursprüngliche Erwerbung«) der *Deduktion* und nicht auf das »Recht in einer Sache«. In der Besitzlehre führt die »Exposition« zur »Sacherklärung« des äußeren Mein und Dein und stellt die Notwendigkeit des intelligiblen Besitzes für dieses Mein und Dein heraus (§ 5),[44] wonach die »Deduktion« (§ 6) die Wirklichkeit jenes intelligiblen Besitzes erweist. Dementsprechend müßte in einer analog zur Besitzlehre konstruierten »Exposition« des Sachenrechts diese *vor* der »Realdefinition« (in § 11) zu finden und die des Rechts in einer Sache« sein, welche die »ursprüngliche Erwerbung« als Bedingung der Möglichkeit eben dieses Rechts herausstellt und damit zum Gegenstand für die »Deduktion« macht.

Es gibt darüber hinaus eine Unstimmigkeit in der Terminologie der §§ 15 und 17, die zu einem anderen Lösungsvorschlag motiviert: Trennt § 17 strikt »Titel« und »Erwerbungsart« (klassisch: »titulus«-»modus«[45]), so faßt § 15 die diesen beiden Begriffen zugeordneten Bestimmungen unter dem des »empirischen Titels« zusammen. Berücksichtigt man, daß die Einteilung in »titulus-« und »modus adquirendi« des § 17 sich ganz offensichtlich auf die §§ 13 (= »titulus«, 260,5) und 14 (Erwerbungsart) bezieht, und die Einteilung in »Vernunft-« und »empirischen Titel« des § 15 quer zur sonstigen Architektonik des Sachenrechts steht, so erhärtet sich der Verdacht, daß § 15 und die §§ 17, 16 alternative Entwürfe für dasselbe Systemstück sind, der sich bereits allein aus einer bloßen Projektion des § 15 auf die §§ 17, 16 ergibt: § 15 Abs. 2 = § 17 Abs. 1; § 15 Abs. 3, 1. u. 2. Satz = Deduktion in § 17; § 15 Abs. 3, 4 = § 16; § 15 Anm. = § 17 Anm. Hinzu kommt, daß sowohl § 15 Anm. als auch § 16 jeweils mit einer Formel enden, die als Schlußbemerkung des Sachenrechts gelesen werden kann. Da sich § 17 sowohl wegen der titulus-modus-Einteilung als auch durch den Rekurs auf das allgemeine Prinzip der äußeren Erwerbung aus § 10 als zur Konzeption der Druckschrift gehörend erweist, wird man davon ausgehen, daß es sich bei § 15 (incl. Anmer-

44. Offensichtlich gehört die Passage »und aus der . . . hervorgeht« in § 5 Abs. 1 hinter das *zweite* »zureicht« dieses Absatzes: die *Namenerklärung* geht, wie man unmittelbar feststellen kann, direkt aus der Definition im § 1 hervor. Erst für die *Sacherklärung* (mit dem Bezug auf das *Fehlen* des empirischen Besitzes) wird die »Exposition« herangezogen (vgl. das fast wörtliche diesbezügliche Zitat aus § 4a in der Sacherklärung). Die logische Abfolge wäre demzufolge: Namenerklärung, Exposition, Sacherklärung, Deduktion; diesem trägt die Formulierung in § 5 Abs. 1 Rechnung: »würde (d. i. wenn man sie an dieser Stelle vornehmen will, B. L.) sein«.

45. Diese Einteilung war zumindest im 18. Jahrhundert weit verbreitet; vgl. F. Hoffmann: Die Lehre von titulus und modus adquirendi, Wien 1873. – Der Gebrauch des Wortes »titulus« zur Bezeichnung einzelner Abschnitte eines Werkes ist in der juristischen Literatur jener Zeit unabhängig von der obigen Bedeutung (vgl. die drei »Titel« des »Auf dingliche Art persönlichen Rechts«).

kung) um einen früheren Entwurf handelt, der versehentlich – und unter
einer falschen Überschrift – in die Druckschrift geraten ist. Da § 16 die
»provisorisch-peremtorisch«-Problematik behandelt und die Anmerkung
von § 17 (im Unterschied zu der von § 15!) auf diese nicht zurückgreift,
bietet sich eine Umordnung von §§ 16/17 an, welche, durch die Parallelität
zum internen Aufbau sowohl des § 15 als auch zur Besitzlehre (vgl. § 9 am
Ende derselben!) und durch systematische Forderungen[46] nahegelegt
wird.

Wir nehmen folglich an, daß die von Kant zur Zeit der Erstellung
des Manuskripts intendierte Version die Gestalt hatte: ... § 14, § 17 (Deduktion), § 16 (peremtorisch-provisorisch), entfernen daher § 15, versehen § 16 mit dessen Überschrift und vertauschen die §§ 16 und 17 in Anordnung und Numerierung; »§ 15« und die Überschrift des alten § 16 entfallen.

Daß der sachlich mit der verbleibenden Erwerbungstheorie kompatible
und über den belassenen Text derselben hinausgehende letzte Satz der Anmerkung zu § 15 aus der Druckschrift verschwindet, mag auf den ersten
Blick hart erscheinen, ist aber – da *eine* der Anmerkungen zu § 15 oder § 17 in
jedem Falle nicht für die Endfassung gedacht war – unvermeidlich, wenn man
sich – wie oben als notwendig dargelegt – für die Beibehaltung der §§ 16 und
17 entscheidet. Die im genannten Satz gegebene Information geht dem Leser
der *gesamten* Rechtslehre aber gar nicht verloren: Der § 61 des Völkerrechts
liefert sie gleichermaßen.[47]

5. Die Erwerbungstheorie zerfällt in drei Abschnitte, ergänzt um einen
»episodischen Abschnitt« von der »Idealen Erwerbung«. Diese drei Abschnitte behandeln die Erwerbung »facto«, »pacto« und »lege«. Am Ende
des dritten Abschnittes finden wir die »Dogmatische Einteilung aller erwerblichen Rechte aus Verträgen« (§ 31). Wie man unmittelbar feststellen kann,
bezieht sich dieser § 31 ausschließlich auf den *zweiten* Abschnitt, die Erwerbung durch Vertrag (»pacto«); sowohl die »Einteilung« als auch die Fragen

---

46. § 16 behandelt den schon in § 9 antizipierten Fall, daß die ursprüngliche Erwerbung nicht unmittelbar in den bürgerlichen Zustand mündet, welcher ein *zusätzliches*
Rechtsproblem zu dem des § 17 hinzufügt; § 15 (der die Problematik von § 16 und § 17
gemeinsam behandelt) schließt die provisorische Erwerbung daher an die Deduktion
an.
47. Wie schon die Einschübe in § 6 und § 10, faßt auch § 15 hiermit Dinge zusammen,
die in der Systematik der Druckschrift an verschiedenen Stellen zu finden sind (dasselbe
gilt für die »provisorisch-peremtorisch« Problematik, die im Unterschied zu früheren
Versuchen – s.o. Abschnitt 3 Ende und die einschlägigen Vorarbeiten in XXIII – im § 9
und im § 16 von der eigentlichen Deduktion abgetrennt wird).

nach Geld und Buch sind ausschließlich diesem Thema zugeordnet. In der Einteilung der Verträge ist folgerichtig z. B. der Ehevertrag nicht enthalten, denn das Recht auf den Gatten wird nicht »pacto«, sondern »lege« gestiftet.

Somit ist der § 31 entweder als Anmerkung zum *zweiten* Hauptstück über die Erwerbung zu lesen oder als Ergänzung bzw. integraler Bestandteil des zweiten Abschnittes. Seine Anordnung zwischen dem »auf dinglich Art persönlichen Recht« und dem »episodischen Abschnitt von der idealen Erwerbung« ist sachlich nicht gerechtfertigt.

Wir haben ihn daher an die Stelle zu setzen, die ihm auf Grund seiner systematischen Funktion zukommt: als Erläuterung der Vertragslehre des zweiten Abschnittes[48] an das Ende desselben und benennen ihn »§ 21a«; die Überschrift »§ 31« entfällt.

D. DER TEXT DES STAATSRECHTS

1. Selbst nach mehrfacher genauer Lektüre des Staatsrechts der Rechtslehre ist kein nachvollziehbarer sachbezogener Aufbau dieses Abschnittes aufzuspüren: Daß in den §§ 43 und 44 (noch) nicht vom Staatsrecht, sondern vom öffentlichen Recht überhaupt (und von dessen drei Unterabschnitten – von denen eben einer das Staatsrecht selbst ist) gesprochen wird, ist für ein Buch des peniblen Systematikers Kant zwar schon verwunderlich, wenngleich auch nicht sonderlich störend. Doch daß nach § 45 (in dem der Begriff des Staates definiert wird, und der damit das eigentliche Staatsrecht erst eröffnet) selbst bei größter Mühe kein roter Faden der Argumentation mehr aufzufinden ist, nötigt selbst schon dem Interpreten (und nicht bloß dem Historiker) der sich eigentlich nur um die Geltungsgründe der Theorie bemühen will geradezu Erklärungen der Textgenese auf. Nicht zuletzt das Staatsrecht mag manchen Leser der Kantischen Rechtslehre zu einer Theorie der Entstehung dieses Werkes animiert haben: Ist vielleicht das ganze Buch ein in großer Hast erstelltes »patchwork« aus Elementen des großen Zettelkastens der sich immerhin über dreißig Jahre hinziehenden Vorüberlegungen zur Rechtslehre?

In der Tat, das eigentliche Staatsrecht (§§ 45–52) liest sich gerade so, als wäre es paragraphenweise aus voneinander unabhängigen und in sich argumentativ stimmigen »Zetteln« zusammengesetzt: Es beginnt mit der Defini-

---

48. Zur Zugehörigkeit der »dogmatischen Einteilung« zum Vertragsrecht vgl. Achenwall, jus naturae p. I. §§ 165–257, wo die von Kant benannten Vertragstypen gleichfalls innerhalb des Vertragsrechts zu finden sind.

tion des Staates (§ 45) und der in ihm enthaltenen drei Gewalten, dann (§ 46) folgt die Beschreibung und Analyse der gesetzgebenden Gewalt, bevor wir – ganz unvermittelt – (in § 47) etwas über die Gründung des Staatswesens erfahren. Warum jener § 47 mit der Formel »Alle jene drei Gewalten« beginnt, ist darüber hinaus nicht einzusehen, da im vorherigen § 46 nur von *einer* Gewalt gehandelt wurde. Es schließt sich – durch ein völlig unmotiviertes »also« eingeleitet – erneut eine Analyse des Verhältnisses der drei Gewalten an (§ 48), nach welcher dann die Regierungsgewalt und die Gerichtsbarkeit einer Betrachtung, die mit einer Bemerkung über die rechtlich-praktische Notwendigkeit aller drei Gewalten endet, unterzogen werden (§ 49). Darauf folgt die »Allgemeine Anmerkung« – nicht etwa am Ende, sondern bereits nach dem zweiten Drittel der Abhandlung, auf die sie sich insgesamt ergänzend bezieht: Die Bemerkungen zur Veränderung der Staatsverfassung in »A« greifen z. B. sachlich auf die noch folgenden §§ 51 und 52 zurück. Daran schließt sich der § 50 mit einer Erörterung des »Verhältnisses des Bürgers zum Vaterlande und zum Auslande« an,[49] bevor – wiederum ganz unvermittelt – die Staatsformenlehre in § 51 ihren Platz findet. Der § 52, welcher sich mit der Veränderung der Staatsform beschäftigt, nimmt die Überlegungen des vorangegangenen Paragraphen durch ein »Der Geschichtsurkunde dieses Mechanismus nachzuspüren...« auf und stellt damit letztlich den einzigen plausiblen Anschluß eines Paragraphen an einen anderen im gesamten Staatsrecht dar: Obwohl das »dieses Mechanismus« zunächst einen Rückbezug auf den Staatsgründungsvorgang vermuten lassen könnte, verweist es letztlich doch korrekt auf das »Maschinenwerk« des Staates aus § 51. – Alles in allem handelt es sich hier dennoch um einen Text, der in dieser Form sicherlich nicht in einem Stück von Kant verfaßt worden ist.[50]

2. Wir werden sehen, daß sich in der Tat eine Anordnung der Paragraphen angeben läßt, die dem Staatsrecht sowohl einen klar gegliederten Aufbau verschafft als auch die oben als sachlich nicht berechtigt herausgestellten Anschlüsse in einen adäquaten Kontext stellt, so daß wir davon ausgehen müssen, daß es sich um die ursprünglich von Kant herrührende Version des Abschnittes handelt.

Zunächst suchen wir einen Anschlußpunkt für den ersten Satz von § 48: Wenn dieser gefunden ist, ergibt sich das weitere Vorgehen von selbst.

---

49. Dieselben Unstimmigkeiten im Umfeld der »Allgemeinen Anmerkung« konstatiert auch Berkemann S. 140.
50. Man vergleiche auch Vorländer, MdS S. XXX ff., der bei der Rekonstruktion des »Gedankengang(es) der Schrift« relativ hilflos die Sprünge und Brüche zu kaschieren versucht.

Die Überlegung, die jenes »also« in § 48 rechtfertigt, findet sich im § 45: Die Ableitung der drei Gewalten in Analogie zum praktischen Vernunftschluß ist es, welche unmittelbar ergibt, daß 1) die Gewalten sich gegenseitig zur Vollständigkeit komplettieren, 2) einander untergeordnet sind und 3) durch Vereinigung dieser beiden Verhältnisse »jedem Untertan sein Recht erteilen« (darlegen, was »rechtens ist« wie es im Falle des Vernunftschlusses hieß).

Sind diese drei Gewalten in ihrem Verhältnis zueinander bestimmt (§§ 45, 48), können sie in der Reihenfolge, in der sie aufgeführt wurden, einzeln abgehandelt werden: Die Gesetzgebung (§ 46), die Regierung (§ 49) und die Gerichtshöfe (ebd.). Die vier letztgenannten Paragraphen (45, 48, 46, 49) bilden in der angegebenen Reihenfolge den Anfang des Staatsrechts.

Die technische Seite der bisherigen Eingriffe in den Text läßt sich folgendermaßen beschreiben: Zum einen wurde § 48 vor den § 46 gezogen, zum anderen § 49 aus seiner ursprünglichen Position entfernt und hinter § 46 gesetzt; letztlich haben wir also nur zwei Paragraphen verschoben. Automatisch ist damit aber auch schon der Defekt des in der Luft hängenden Anschlusses des ersten Satzes von § 47 repariert: »Alle jene drei Gewalten« werden in der Tat im letzten Absatz von § 49 (hinter dem § 47 nun steht) zusammenfassend gewürdigt.

Entfernen wir nun noch die »Allgemeine Anmerkung« und den § 50 von der Stelle, an der sie sich befinden, so ergibt sich mit §§ 47, 51 und 52 eine schlüssige Argumentationskette und insgesamt ein sowohl sachlich[51] als auch sprachlich befriedigendes Staatsrecht.

Da die »Allgemeine Anmerkung« (die, wie schon oben angedeutet, auf § 52 »zurückgreift«) und § 50 an keiner Stelle sinnvoll in den Gang der Argumentation einzubringen sind, belassen wir beide Teile in der Anordnung, in der sie sich zueinander befinden, benennen den § 50 in »Anmerkung F« um und fügen sie an das Ende des gesamten Staatsrechts. Der Sachverhalt,

---

51. Daß die Vertauschung der Reihenfolge von § 48 bzgl. der §§ 46 und 49 inhaltlich unproblematisch ist, da aufgrund der jeweils in ihnen verhandelten Inhalte keine Verweisungsverhältnisse bestanden haben können, die durch die Umordnung zerstört wurden, liegt auf der Hand. Eine vermeintliche Schwierigkeit, die man bei der Anordnung von § 48 und § 47 vermuten könnte, will ich noch explizit ausräumen: Es scheint zunächst, daß der Begriff der »Würde« in § 47 eingeführt und in § 48 dann als bekannt verwandt wird: In § 48 lautet die entsprechende Stelle: »Von diesen drei Gewalten in (!) ihrer Würde betrachtet, wird (!) es heißen . . . «. Einerseits setzt die Formulierung »wird« aber nicht voraus, daß der Leser schon etwas über die »Staatswürden« erfahren hat, zum anderen werden die Gewalten nicht (wie in § 47) *als* »Würden«, sondern nur unter dem Aspekt (*in* ihrer«) der Würde betrachtet. Darüber hinaus ist in § 47 auch nichts zu erfahren, was das Verständnis der Formel aus dem § 48 irgendwie erleichtert: Der Begriff der Würde wird *in beiden* Paragraphen gleichermaßen vorausgesetzt, woran man erkennen kann, daß sich aus dem Gebrauch dieses Wortes keine Kriterien für ihre Anordnung gewinnen lassen.

daß die sich so ergebende letzte Anmerkung »F« schon thematisch in das
Völkerrecht hinüberleitet, gibt diesem Vorgehen zusätzliche Plausibilität.[52]

3. Bringen wir, nachdem wir nun gute Gründe haben anzunehmen, daß die
Anordnung der Paragraphen *im* Staatsrecht nicht Kant selbst zuzuschreiben
ist, auch noch die §§ 41–44 in Ordnung. Offensichtlich gehören sie alle sachlich zusammen und *vor* – nicht *in* – das Staatsrecht. Sie betrachten das
Verhältnis Naturzustand – Rechtszustand (41, 42, 44) und geben eine Gliederung des *gesamten* öffentlichen Rechts (43). Der vermeintliche doppelte
Übergang vom nicht-rechtlichen in den rechtlichen Zustand (§ 42 u. § 44;
§ 41 hat nicht direkt den Übergang zum Thema, sondern behandelt in
Abweichung von seiner ihm mit § 42 gemeinsamen Überschrift nur die beiden Zustände als solche) macht stutzig: Was soll § 43 zwischen den §§ 42 und
44? Letztere gehören unmittelbar zusammen: Der erste der beiden endet mit
der Behauptung, daß im Naturzustand niemand vor Gewalttätigkeiten sicher
sei, eine Aussage, die am Anfang dieses Paragraphen als »*analytisch aus dem
Begriff des Rechts*« zu entwickeln angekündigt wurde. § 42 enthält aber eine
solche Ableitung selbst nicht; in ihm wird nur, gleichsam heuristisch, eine
eher anthropologische denn rechtstheoretische Bemerkung angeführt (jeder
kennt »die Neigung der Menschen überhaupt«). Die eigentlich rechtstheoretische Begründung (»aus dem Privatrecht im natürlichen Zustande« hervorgehend) liefert erst der § 44. Er nimmt den Gedanken des letzten Satzes von
§ 42 Abs. 1 wieder auf, wenn er die »Maxime der Gewalttätigkeit« a priori
aus der »Vernunftidee des nichtrechtlichen Zustandes« ableiten will. Es
ergibt sich demgemäß mit den §§ 41, 42, 44; 43 eine stimmige Einleitung –
nebst Einteilung (§ 43) – in das öffentliche Recht, welche dessen drei Abschnitten in der angegebenen Reihenfolge vorangestellt werden muß. Der
Abdruck von § 41 und § 42 *vor* dem öffentlichen Recht sowie von § 43 und
§ 44 *im* Staatsrecht kann, genau wie die interne Anordnung des Staatsrechts
selbst, wohl kaum Kant zugeschrieben werden.[53]

---

52. Der Sachverhalt, daß § 50 eine Überschrift trägt, verleiht ihm rein äußerlich schon
eine größere Ähnlichkeit mit den Anmerkungen des öffentlichen Rechts als mit dessen
Paragraphen. Da die »Allgemeine Anmerkung« als einzige für die »weitläuftigen Anmerkungen« in Frage kommt, spricht XXIII 406,32 dafür, daß sie nachträglich – an der
falschen Stelle – eingefügt worden ist. Sowohl Prolegomena, KU wie die Religionsschrift
kennen »Allgemeine Anmerkungen« nur am Schluß größerer Abschnitte. – Vgl. auch den
etwas anders gelagerten Fall des ersten Abschnittes des Streites der Fakultäten; dazu die
Einleitung von K. Reich in der Ausgabe bei Meiner, Hamburg 1959 S. XIV.
53. Während § 44 (vormals § 43) als Einleitung und Einteilung des öffentlichen Rechts
in den Text desselben gehört, mag man für die §§ 41–43 (44) Bedenken anmelden. Da in
der Erstausgabe jedoch ein separates Titelblatt des öffentlichen Rechts fehlt und das des
Privatrechts nachträglich eingefügt worden ist (vgl. XXIII 406,32), wird man vermuten

4. Um die Paragrapheneinteilung des restlichen öffentlichen Rechts zu erhalten, bietet es sich an, bei der vorzunehmenden Neunumerierung der
Paragraphen den durch die Umfunktionierung des § 50 zur Anmerkung »F«
entstandenen Überschuß an Paragraphennummern durch die sich sachlich
anbietende Aufteilung des § 49 kompensieren: Dessen erste zwei Absätze
handeln von der Regierungsgewalt, der folgende von der richterlichen. Dieser wird zusammen mit dem Schlußabsatz einen neuen Paragraphen bilden,
so daß der Gewaltenlehre in der Anlage des Staatsrechts auch ein formales
Äquivalent zukommt: drei Gewalten – drei Paragraphen.

Daß die hier vorgenommenen Vertauschungen der Paragraphen nicht beliebig durchgeführt werden könnten, ohne dem Text zusätzliche formale
Mängel zuzufügen, ist leicht zu sehen: Die Zahl der 12! (etwa 10^8) Möglichkeiten, die betrachteten Paragraphen anzuordnen, reduziert sich unter
sachlichen Gesichtspunkten im Rückblick sehr rasch: Daß z. B. die §§ 41–44
vor den anderen plaziert werden müssen, ist genauso selbstverständlich wie
die Feststellung, daß § 45 mit seiner Definition des Staates und der Gewaltenteilung von allen folgenden vorausgesetzt wird. Des weiteren sind die
oben herangezogenen Anschlüsse (»also« und »jene drei Gewalten«) nur in
der angegebenen Weise zu rechtfertigen.

Geben wir zusammenfassend die neue Reihenfolge der ersten zwölf Paragraphen des öffentlichen Rechts an: 41, 42, 44, 43; 45, 48, 46, 49 Abs. 1, 2, 49
Abs. 3, 4, 47, 51, 52; Anmerkung, 50.

E. ZUSAMMENSTELLUNG ALLER GRÖSSEREN TEXTEINGRIFFE
(gemäß der in Band 360 der Philosophischen Bibliothek
vorgelegten Neuedition der Metaphysischen
Anfangsgründe der Rechtslehre)

1) »Tafel der Einteilung der Rechtslehre« vom Ende der Vorrede an das
   Ende der »Einteilung der Rechtslehre« (238) gesetzt.
2) Die vier Abschnitte der »Einleitung in die MdS« in der Reihenfolge II, I,
   IV, III angeordnet.
3) In der »philosophia practica universalis« Absätze 14 und 15 in der Reihenfolge vertauscht und den Block der Absätze 9–13 und 15 geschlossen
   hinter Absatz 23 plaziert.
4) Die »Einteilung der MdS überhaupt« (239ff.) aus der »Einleitung in die
   Rechtslehre« entnommen und an den Abschnitt »Von der Einteilung
   einer MdS« (218,10 f.) angeschlossen, – der letzte Absatz der »Einleitung

dürfen, daß ersteres zwischen den §§ 40 und 41 vergessen wurde. – In den drei Hauptstücken des Privatrechts haben die §§ 40–43 (44) jedenfalls keinen systematischen Ort.

in die Rechtslehre« (242,12f.) bleibt allerdings am vorgefundenen Ort.

5) Titelblatt: »Erster Teil. Metaphysische Anfangsgründe der Rechtslehre« vor den Abschnitt »Einleitung in die Rechtslehre« eingefügt.[54]

6) Text von § 2 tritt in § 6 an die Stelle der Absätze 4–8, die aus der »Rechtslehre« ausgeschieden werden, die Kennung »§ 2« entfällt.[55]

7) § 3 (Überschrift und Text) wird ausgeschieden.

8) § 10 Abs. 4 in § 17 als Absatz 3 eingefügt, § 10 Abs. 5 ausgeschieden.

9) Von § 15 Text und Anmerkung ausgeschieden, Text von § 16 mit Überschrift von § 15 (Kennung § 16 entfällt) nach § 17 eingeordnet, die §§ 17 und 15 umnumeriert in 16 und 17. Kennziffer § 15 nicht mehr vorhanden.

10) Die bezugslose Anmerkung zwischen § 17 und § 18, 270,10f. an § 11 angeschlossen.

11) »Dogmatische Einteilung aller erwerblichen Rechte aus Verträgen« (§ 31) als »§ 21a« an das Ende des Abschnittes »Persönliches Recht« gesetzt. Die Kennung »§ 31« entfällt.

12) Zusätzliches Blatt »Der Rechtslehre zweiter Teil. Das öffentliche Recht« nach § 40 eingefügt.

13) § 14 und § 43 aus dem Abschnitt »Staatsrecht« in den nach vorstehender Ziffer 12 neu entstandenen Abschnitt des allgemeinen Einleitungsteiles »Öffentliches Recht« vorgezogen und neu numeriert in §§ 43, 44.

14) Neuordnung der §§ 46–50: Text von § 50 mit vor § 50 stehender Überschrift als neue Anmerkung F zusammen mit den Anmerkungen A–E nach § 52 an das Ende des Abschnittes »Staatsrecht« gestellt. Aus den §§ 48, 46, 49 Abs. 1 u. 2, 49 Abs. 3 u. 4, 47 werden die §§ 46, 47, 48, 49, 50.

Der so wiederhergestellte Text ist in formaler Hinsicht (gemäß den am Anfang der Darstellung der größeren Eingriffe gegebenen Kriterien) konsistent.[56] Darüber hinaus läßt sich die weitergehende Auffassung halten, daß er

---

54. »5« und »12« wurden im Text nicht näher erörtert, sie verstehen sich von selbst.

55. Die Überschrift »Rechtliches Postulat der praktischen Vernunft« wird in den Text hereingezogen, da sonst der singuläre Fall erzeugt würde, daß innerhalb eines Paragraphen zwei Überschriften auftreten (vgl. Anm. 29).

56. Da sich die Eingriffe in den Text nicht nur auf Versetzungen einzelner Passagen innerhalb der Schrift beschränken, sondern auch Teile aus ihr entfernt haben, mag der Verdacht naheliegen, daß, wenn der Text nicht zu ihm Gehörendes enthält, auch mit der Möglichkeit gerechnet werden muß, daß ursprünglich für diesen konzipiertes Material aus äußeren Gründen nicht abgedruckt wurde. Dies wäre dann zu erwägen, wenn der Text selbst Hinweise auf solche Stellen lieferte. Solange dies nicht der Fall ist, können wir davon

auch inhaltlich das Niveau der Kantischen Schriften vor 1797 erreicht, und somit die Behauptung seiner Zeichnung durch Spuren der Senilität nicht haltbar ist. Der Nachweis soll im folgenden »Analytischen Kommentar« geliefert werden.

ausgehen, daß die überschüssigen Materialien ihre Entstehung der Kantischen Arbeitstechnik verdanken, d. h. versehentlich nicht als solche erkennbar gemachte oder von einem Kopisten nicht als solche erkannte, frühere Versuche des Autors, welche sich auf den für das Kantische Manuskript der Rechtslehre verwandten Blättern vorher befanden, darstellen. Daß Teile eines Manuskripts verlorengingen, wäre eine hierüber hinausgreifende These, für die m. E. kein Anlaß besteht.

III. ANALYTISCHER KOMMENTAR
ZUR RECHTSLEHRE

Da die Aufgabe des Kommentars ausschließlich darin besteht, die – nicht bloß formale, sondern auch – inhaltliche Konsistenz des wiedergewonnenen Textes zu zeigen, soll keinerlei »Deutung« geleistet werden, die in irgendeiner Weise etwa die »politische Aktualität« der Kantischen Theorie zu betonen oder Kant als »Vorläufer«, »Wegbereiter« bzw. »Apologeten« irgendeiner politischen Strömung herauszustellen versucht. Des weiteren wird nicht thematisiert, inwieweit Kant mit der rechtsphilosophischen Tradition in Einklang zu bringen ist und seine Positionen im einzelnen auf Vorgänger zurückzuführen sind[1]. Dies ist in der Kant-Literatur nachhaltig bearbeitet worden, worauf hiermit verwiesen sei. Auch die umfassende Auseinandersetzung mit der letzteren ist nicht intendiert und wird nur punktuell – in den Anmerkungen – geleistet.[2]

Das Vorgehen ergibt sich aus dem vorgestellten Zweck dieses dritten Teils: Bekanntermaßen ist die Rechtslehre *der* Teil der Kantischen Moralphilosophie, in welchem die Pflichten, deren Befolgung durch äußeren Zwang gesichert werden kann, nebst den Bedingungen eben dieser äußeren Erzwingbarkeit abgehandelt werden. Es ist daher nachzuvollziehen, auf welche Weise der Autor beansprucht, die Theorie des rechtmäßigen Zwanges aus den von ihm benannten Prämissen abgeleitet zu haben.

1. Auch wird hier nicht versucht, etwa eine »transzendentale Methode« (vgl. Kaulbach) an der Rechtslehre festzumachen, was allein angesichts des sparsamen Gebrauchs des Wortes »transzendental« in den Schriften Kants zur praktischen Philosophie (in der Rechtslehre finden wir dieses Wort nur einmal in einem einschlägigen Kontext – § 19) eine schwere Beweislast auf sich lädt, sofern man sich Rechenschaft ablegt, wie denn der Begriff der transzendentalen Erkenntnis (z. B. KrV B 25) überhaupt für Probleme der *praktischen* Philosophie fungibel gemacht werden kann. Angesichts des generellen Fehlens diesbezüglicher Kantischer Aussagen löst sich das Problem m. E. in das bloß terminologische auf, welches Kantische Procedere man *ex post* mit dem Terminus »transzendental« belegen möchte. – Die in der neueren Literatur viel diskutierte Frage (vgl. u. a. Ilting 1981), ob die Rechtsphilosophie »kritische« Philosophie sei, verflüchtigt sich in diesem Sinne ebenfalls leicht in eine der Terminologie. – Wenn man jedoch berücksichtigt, daß die Rechtslehre (s. u.) zentrale Lehrstücke der Kritik der praktischen Vernunft voraussetzt und letztere die »Zwei-Welten-Lehre« der Kritik der reinen Vernunft – welche als das Signum »kritischer« Philosophie gelten kann – so ist die Frage in einer beschränkten, jedoch relevanten Hinsicht leicht zu beantworten: Keine Kantische Rechtslehre ohne kritische Philosophie.

2. Umfassende Darstellungen der (neueren) Literatur enthalten Untersuchungen von Kühl und Kersting. Letzterer hat in weiten Teilen dieser Arbeit das Niveau der Reflexion vorgegeben – gerade auch, wenn inhaltliche Differenzen zum Vorschein kommen. Zur Kühlschen Arbeit siehe meine Rezension im Arch. f. Rechts- u. Sozialphil. 1987.

Folgendes Aufbauschema erwies sich im Versuch der Durchführung als adäquat und wird die folgende Darstellung strukturieren:

Kant geht aus von der allgemeinen moralischen Verpflichtung gemäß der Formel des kategorischen Imperativs. Durch ein Abgrenzungskriterium (den Begriff der Triebfeder) wird die Rechtslehre von der Tugendlehre abgesondert. Aus dem Begriff der Freiheit ergibt sich unter Hinzunahme der genannten Restriktion der Begriff des Rechts und ein Kriterium für das, was rechtens ist: Das allgemeine Prinzip des Rechts. Durch ein weiteres Theorem (das rechtliche Postulat der praktischen Vernunft) wird dann[3] eine Klasse möglicher Rechtsgesetze (die, welche eine Rechtsgesellschaft ohne äußeres Mein und Dein bestimmen) als vernunft-(und damit moral-)widrig ausgeschlossen. Als Bedingung der Vereinbarkeit des äußeren Mein und Dein mit dem allgemeinen Rechtsprinzip erweist sich darauf die Verrechtlichung der Beziehung der Individuen unter dem vereinigten Willen aller. Solange dieser nicht institutionalisiert ist, herrscht der Naturzustand, sonst der status civilis (unter näher zu bestimmenden Gesetzen des öffentlichen Rechts).

Wie man an der Stelle, an der das Postulat in die Argumentation eingebracht wird, besonders leicht sieht, haben wir es mit folgendem Aufbauprinzip zu tun: Es wird eine allgemeine Theorie (hier des Rechtsbegriffs) vorgestellt, unter welche verschiedene Typen von Rechtsordnungen subsumierbar sind (ein Kommunismus ist wie eine Eigentumsgesellschaft gleichermaßen konform mit dem allgemeinen Rechtsgesetz). Erst ein weiteres Lehrstück (das Postulat) erweist – nach Kants eigener Aussage – die Notwendigkeit der Einschränkung der allgemeinen Theorie (in diesem Falle den Ausschluß des Kommunismus). – An diesem Beispiel erkennt man, daß es dem Verständnis der Theorie unangemessen sein kann, wenn Aussagen aus späteren Systemteilen verfrüht in die Betrachtung einbezogen werden und die Orientierung an der Textabfolge suspendiert wird. Daher ergibt sich für die Kommentierung folgende methodische Maxime: Bei der Analyse einer Textstelle, z. B. auf S. 100, wird ausschließlich herangezogen, was der Autor auf den Seiten 1–100 zur Begründung der vorliegenden Aussage geliefert zu haben behauptet. Vorgriffe auf Späteres haben ausschließlich explizierende Funktion, mit anderen Worten: Es soll freigelegt werden, an welchem Punkt welche theoretische Entscheidung aus welchen Gründen gefällt wird.

Diese – etwas umständlichen – Bemerkungen zum Vorgehen erscheinen mir deshalb notwendig, weil sonst der Nachdruck, mit dem ich z. B. darauf

---

3. Um Mißverständnissen vorzubeugen: Die Verwendung von Sprachpartikeln, die Zeitverhältnisse suggerieren (»dann«, »zuvor« etc.), soll hier nicht den Prozeß der Genese der Kantischen Rechtsphilosophie (oder gar des Rechts selbst) andeuten, sondern ist ausschließlich der Notwendigkeit geschuldet, die *logische* Struktur des Textes *sukzessive* zu entwickeln. Wenn in der Folge u. a. vom »ursprünglichen Konzept« in bezug auf vorangegangene Textstücke gesprochen wird, so ist dies im selben Sinne zu verstehen.

hinweisen werde, daß in der Einleitung der Rechtslehre der bürgerliche Staat *noch nicht* präsent ist (sondern bestenfalls *eine* von mehreren Möglichkeiten der Realisierung dessen, was in dem *bis dort ausdifferenzierten* Rechtsbegriff angelegt ist, darstellt), Unverständnis erregen könnte.

Auf der anderen Seite mag es verwundern, daß gleich zu Beginn des Privatrechts eine Art von Naturzustandserörterung auftreten wird, welche ausschließlich auf die Erörterungen der Einleitung in die Rechtslehre rekurriert – es wird sich aber als hilfreich für das systematisch Nachfolgende erweisen, Überlegungen, welche Kant erst am Ende des Privatrechts anführt, schon auf einer Stufe anzustellen, auf der Kant selbst noch keinen Gebrauch davon macht. Es wird damit die Kantische Theorie nicht erweitert oder ergänzt, sondern nur versucht, die einzelnen Stufen des Aufbaus der gesamten Theorie separat auszumessen.

Zitiert wird im folgenden vornehmlich nach Paragraphen, da dies eine einfache Orientierung ermöglicht. Ist einer Paragraphenangabe die AA-Seitenangabe hinzugefügt, so weicht die angegebene Paragraphennummer von der der Erstausgabe (1797) gemäß den Änderungen, die im vorigen Teil vorgestellt wurden, ab. Die Orientierung an den »neuen« Paragraphen habe ich gewählt, um die Kontinuität des Kommentars nicht durch oszillierende Paragraphenziffern zu verdecken. – Zitate ohne Quellenangabe entstammen stets dem jeweils thematisierten Paragraphen.

A. DIE EINLEITUNGEN

a) Einleitung in die Metaphysik der Sitten[4]

»Auf die Kritik der praktischen Vernunft sollte das System, die Metaphysik der Sitten folgen« (205). Dieses »System« zerfällt in Rechts- und Tugendlehre, und von ersterer gehen zum Zeitpunkt der Niederschrift des zitierten ersten Satzes der Vorrede die »metaphysischen Anfangsgründe«[5] in Druck. Im Gegensatz zur Naturwissenschaft, welche zwar eine allgemeine *metaphysische* Naturwissenschaft voraussetzt, aber gleichwohl in ihrem em-

---

4. Die Bestimmungen der Einleitung in die MdS sind – abgesehen von der Lehre der doppelten sittlichen Gesetzgebung – aus den Kantischen Grundlegungschriften übernommen. Sie werden daher nur summarisch behandelt, und ggf. werden Differenzen zu den früheren Schriften benannt.

5. »Metaphysische Anfangsgründe«, da sie nur das, was »zum a priori entworfenen System gehört« (205), enthalten sollen. Anwendungen der gewonnenen Lehrstücke auf besondere Erfahrungen sind in die Anmerkungen verwiesen. Dieses Prinzip wird in der Rechtslehre weitestgehend durchgehalten: Vgl. u. a. §§ 9, 15, 17, 20, 21, 26, 52. Eine Sonderstellung nimmt die »Allgemeine Anmerkung« im Staatsrecht ein.

pirischen Teil »allgemeine Prinzipien« zu formulieren vermag, kennt die
Sittenlehre nur Gesetze, sofern diese »als a priori gegründet und notwendig
eingesehen werden können« (215). Die Sittengesetze »gebieten für jedermann ohne Rücksicht auf seine Neigungen zu nehmen, bloß weil und sofern
er frei ist und praktische Vernunft hat« (216). *Daß* der Mensch praktische
Vernunft hat, oder »daß es reine praktische Vernunft gebe« (KpV Vorrede
2. Satz), dies nachzuweisen, war die Aufgabe einer Grundlegungsschrift zur
Moral. Auf jene folgt die Metaphysik der Sitten und wir haben davon auszugehen, daß diese die erstere voraussetzt.

   »Das Vermögen der reinen Vernunft, für sich selbst praktisch zu sein«, ist
der »positive« Begriff der Freiheit (213), auf welchen »sich unbedingte praktische Gesetze (gründen, B. L.), welche moralisch[6] heißen« (221). Diese
sind entweder juridisch oder ethisch und für die Menschen, »deren Willkür
sinnlich affiziert, und so dem reinen Willen nicht von selbst angemessen,
sondern oft widerstrebend ist, Imperativen, (...) und zwar kategorische
(...) Imperativen, (...) nach denen gewisse Handlungen erlaubt oder uner-
laubt, d. i. moralisch möglich oder unmöglich« sind (221). »Verbindlichkeit
ist die Notwendigkeit einer freien Handlung unter einem kategorischen Imperativ der Vernunft.« »Der kategorische Imperativ, der überhaupt nur
aussagt, was Verbindlichkeit sei, ist: Handle nach einer Maxime, welche
zugleich als ein allgemeines Gesetz gelten kann!« (225)

   Voranstehende Aussagen finden sich in der »Einleitung in die Metaphysik
der Sitten«, zum größten Teil in der »philosophia practica universalis«, welche die Begriffe enthält, die »der Metaphysik der Sitten in ihren beiden Teilen
gemein« sind (222). Allein schon aus dieser knappen Zusammenfassung
ergibt sich, daß sowohl Rechts- als auch Tugendlehre die Verbindlichkeit
ihrer Gesetze aus dem *positiven* Begriff der Freiheit herleiten. Bei den folgenden Überlegungen zu den moralischen Gesetzen müssen wir demnach
zunächst vom Unterschied zwischen den »beiden Teilen« absehen.

   Der »oberste eingeteilte Begriff zu den Einteilungen Recht oder Unrecht
(aut fas aut nefas)... ist der Akt der freien Willkür« (218, Anm.), wie es in der
Ontologie der eines »Gegenstandes überhaupt« ist. Die »Willkür« ist das

---

6. »Moral« bezeichnet hier wie im folgenden stets die Sittenlehre, d. i. Recht *und* Ethik
resp. Tugendlehre. Sowohl die Rechts- wie die Tugendgesetze sind daher »moralische«
Gesetze. Verwirrung kann ggf. der später auftauchende Begriff der »Moralität« stiften, der
sich ausschließlich auf die Ethik bezieht (vgl. Höffe 1982 S. 343). Allein durch den klaren
Bezug des Wortes »Moral« bzw. »moralisch« auf die Rechtslehre ist, angesichts des Lehr-
satzes IV der KpV (V 33: »Die Autonomie des Willens ist das alleinige Prinzip aller
moralischen Gesetze...«), die später näher zu betrachtende »Unabhängigkeitsthese«
bzgl. der Angewiesenheit der Rechtslehre auf die Autonomie allein unter philologischen
Gesichtspunkten nicht zu halten; vgl. auch VIII 386,1: »Moral im ersten Sinne (als Ethik)«
und »in der zweiten Bedeutung (als Rechtslehre)«.

menschliche »Vermögen, nach Belieben zu tun oder zu lassen«, sofern dieses mit dem Bewußtsein jenes Vermögens verbunden ist (213). Anders als in der Terminologie der KpV ist davon zu unterscheiden der »Wille«, welcher als praktische Vernunft den seinerseits bestimmungslosen Bestimmungsgrund der Willkür darstellt und weder frei noch unfrei genannt werden kann. Der menschlichen Willkür kommt – im Gegensatz zur freien Willkür endlicher heiliger Wesen (383), die *nur* durch den Willen bestimmt wird – neben der Bestimmbarkeit durch die praktische Vernunft die durch Neigung zu: Die menschliche Willkür ist frei, aber durch Neigung »affizierbar«; die Unabhängigkeit von der *Bestimmung* durch die Neigungen ist der negative Begriff der Freiheit, »der positive ist: Das Vermögen der reinen Vernunft, für sich selbst praktisch zu sein« (214), d. h. ein *Sollen* auszusprechen.

Die Lehren der Sittlichkeit verbinden (s. o.) »jedermann bloß weil und sofern er frei ist und praktische Vernunft hat«. »Pflicht ist die Handlung zu welcher man verbunden ist«; verboten eine solche, die der Verbindlichkeit entgegen ist; alle anderen sind erlaubt.[7]

Die moralischen Gesetze selbst entspringen entweder der praktischen Vernunft oder der Willkür eines durch die praktische Vernunft autorisierten Gesetzgebers. Erstere sind natürliche, letztere positive Gesetze. Im Unterschied zu den natürlichen Gesetzen sind jene ausschließlich unter Bedingungen einer äußeren Gesetzgebung (s. u.) möglich.

Die den praktischen Gesetzen unterworfenen Handlungen sind äußere oder innere. In der MdS ist keine explizite Definition dieser Unterscheidung zu finden. Tragen wir die einschlägigen Kontexte zusammen (219, 230, 239), so können wir den Terminus »äußere Handlungen« auf die Bewegungen des Leibes und die Handhabung äußerer Gegenstände, den der »inneren Handlung« auf die Handlungsgrundsätze für jene äußeren Handlungen (Maximen, Gesinnungen, vgl. 393) beziehen. Dies deckt sich mit einer Klassifikation nach den Formen der Sinnlichkeit: Innere Handlungen sind die, welche nur vermittels des inneren Sinnes (d. h. in der Zeit), äußere Handlungen die, welche vermittels inneren *und* äußeren Sinnes (in Zeit und Raum) angeschaut werden können.[8] Daraus resultiert die im folgenden einschlägig werdende Differenzierung nach *ausschließlich privat-* und *äußerlich*-beurteilbaren Handlungen: Handlungen anderer können nur von mir erkannt werden, sofern sie im Raume stattfinden. Die Gegenstände, welche ausschließlich im

---

7. Zu diesem Komplex erschöpfend Th. Ebert: Kants kategorischer Imperativ und die Kriterien gebotener, verbotener und freigestellter Handlungen, KS 67 (1976), S. 570–583, sowie J. Hruschka: Das deontologische Sechseck bei Gottfried Achenwall im Jahre 1767, Hamburg 1986, S. 43 ff.

8. Den Bezug der Klassifikation nach inneren und äußeren Handlungen auf die Form der Sinnlichkeit hat schon Stephani 1797 herausgestellt (Stephani S. 10).

inneren Sinn des Anderen vorhanden sind, bleiben mir als Gegenstände der Erkenntnis verschlossen (Gesinnungen, Gefühle, etc.).

Die Lehren der Sittlichkeit gebieten für jedermann »bloß weil und sofern er frei ist« (216). Der negative Begriff der Freiheit war die Unabhängigkeit der Bestimmung der Willkür durch sinnliche Antriebe (213); diesen setzt der positive, welcher das Vermögen der Vernunft ist, für sich selbst praktisch zu sein, seinerseits voraus, und auf letzteren gründet sich die Verbindlichkeit der Sittengesetze.

Nur »sofern« es frei ist, d. h. seine Willkür durch reine Vernunft bestimmt werden kann (213), ist das Subjekt als Autor einer Handlung anzusehen, diese kann ihm »zugerechnet« werden, ist »factum« (227).[9] Jenes Subjekt, dessen Handlungen einer Zurechnung fähig sind, ist »Person«. Dem stehen die »Sachen« gegenüber, welche »keiner Zurechnung fähig« sind (223).

Durch Einbeziehung der Frage, inwiefern das Subjekt als »frei« anzusehen ist, in die Zurechnungsproblematik, wird die nachfolgende Sittenlehre[10] von der Behandlung solcher Fälle, wie sie Handlungen im Affekt oder Handlungen ohne eigene Bestimmung der Willkür (228,20) (wenn ich stolpere und einen anderen deshalb zu Boden reiße) darstellen, entlastet. Damit sind zugleich auch Überlegungen wie z. B. die, ob der Mensch aufgrund seiner streitsüchtigen Natur oder wegen Mangel an lebenswichtigen Gütern mit anderen in Streit gerät, ihrer Relevanz für die Moral beraubt; sie betreffen in ihrem Kern nur die Zurechnung: Welche Naturhindernisse sind es, die den Menschen von der Befolgung der Pflichten abhalten, und inwieweit ist er unter ihrem Einfluß als frei anzusehen?[11]

Die Sittenlehre wird im folgenden davon ausgehen, daß der Mensch als Vernunftwesen frei und – »sofern« frei – den Gesetzen der Sittlichkeit unterworfen ist.

Von der Einteilung der Metaphysik der Sitten
Bisher war nur vom Sittengesetz und seiner Anwendung auf äußere wie innere Handlungen die Rede. Es wurde sowohl von der Frage abgesehen, ob

9. Ausführlich behandelt die Nachschrift Vigilantius die Zurechnung: XXVII 558–576.

10. Bezeichnenderweise bezieht sich der Teil über die Zurechnung direkt auf die Rechtslehre; der 227 benannte »Richter« bzw. das »forum« ist durchgängig als äußerer Richter oder »forum externum« anzusehen. Das Gewissen (conscientia) – als »forum internum« – kommt – im Gegensatz zur Vigilantius-Nachschrift, §§ 62/63 – gar nicht ins Blickfeld. Dies mag der Tatsache geschuldet sein, daß die Einleitung in die MdS zugleich mit der Rechtslehre veröffentlicht wurde und sich von daher eine Schwerpunktverschiebung ergeben hat.

11. Diese Ausklammerung anthropologischer Fragen aus der Rechtsbegründung betont Höffe 1982, S. 346f.

die jene Handlungen betreffenden Gesetze aus der praktischen Vernunft oder
aus der Willkür eines – durch eben diese Vernunft autorisierten – Gesetzgebers herrühren (224) als auch davon, auf welche Art die den moralischen
Gesetzen unterworfenen Individuen (als durch Neigung affizierte, endliche
Vernunftwesen) zur Befolgung der Gesetze genötigt werden. Ein *Gesetz*,
sofern es Imperativ ist, bedarf der *Triebfeder*, da es zwar die Handlung
»objektiv als notwendig« vorstellt, »subjektiv« aber »mit einem Beweggrund
der Willkür« verknüpft werden muß. Zu einer *»Gesetzgebung«*, welche ein
durch Inklinationen der Neigung von der Befolgung der Gesetze ablenkba-
res Subjekt bestimmen soll, gehören »zwei Stücke«: Gesetz und Triebfeder.[12]
»Durch das erstere wird die Handlung als Pflicht vorgestellt, ... durch das
zweite die Verbindlichkeit so zu handeln, mit einem Bestimmungsgrunde der
Willkür überhaupt im Subjekte verbunden« (218). Beziehen sich zwei Gesetzgebungen auf dasselbe Gesetz, so unterscheiden sie sich durch die
Bestimmungsgründe. Die Triebfeder der »Idee der Pflicht« ist aus der KpV
als eine mögliche (und als einzige, welche der Befolgung der Gesetze moralischen Wert verleiht, s. u. und IV 273) bekannt. Eine Gesetzgebung, welche
auf diese zurückgreift, ist ethisch. – Unmittelbar ergibt sich, daß *alle* Pflichten, nur aufgrund ihrer Verbindlichkeit (»bloß darum weil es Pflichten sind«,
220), einer ethischen Gesetzgebung fähig sind. Der Inbegriff aller Pflichten,
sofern ihre Befolgung aus Pflicht gefordert wird, ist die *Ethik*.

Eine Gesetzgebung, welche »auch eine andere Triebfeder als die Idee der
Pflicht selbst zuläßt, ist juridisch«; d. h. äußere oder rechtliche Gesetzgebung (219)[13]: Da das moralische Subjekt innerlich nur von der Idee der

---

12. Das Konzept der doppelten moralischen Gesetzgebung stellt eine Neuerung gegenüber der KpV dar. Diesbezügliche Inkompatibilitäten können hier nicht diskutiert
werden. Besonders der »Tugendlehre« scheint ein Konzept zugrundezuliegen, das allein
aufgrund dessen, daß es von einer erneuten »Deduktion« – der eines materialen (!) »Gesetzes für die Maximen« (TL Einl. VI) – handelt, Abweichungen von dem der KpV
zugrundeliegenden vermuten läßt; vgl. auch schon XXVII 583 f.

13. In der neueren Rechtslehren-Literatur (u. a. Kersting S. 26 f., Scholz S. 200 f.) finden wir die wenig hilfreiche Konstruktion einer »juridischen Gesetzgebung der Vernunft«
oder einer »doppelten Vernunftgesetzgebung«. Schon Stephani erfand 1797 die »doppelte
Gesetzgebung der praktischen Vernunft« (Stephani S. 11). Kant selbst verwendete solche
Termini nicht: Es gibt nur eine »rechtlich-praktische Vernunft« (u. a. 254, 268, 293) aber
keine »juridisch-praktische Vernunft-*Gesetzgebung*« und das aus gutem Grund: Gehören
doch zur Gesetzgebung »zwei Stücke«, von denen in der juridischen gerade *nicht* die Idee
der Pflicht – und damit *nicht* die praktische Vernunft – die *Triebfeder* liefert. Eine »juridische Vernunftgesetzgebung« ist, wenn wir beide Teile dieses zusammengesetzten Begriffes ernst nehmen, eine contradictio in adjecto. Der erste Satz des Einteilungsabschnitts
(218) weist weiter darauf hin, daß in der juridischen Gesetzgebung – neben der Triebfeder – auch einzelne *Gesetze* (die positiven) nicht der »Vernunft« sondern der »Willkür eines
anderen« – dessen Autorität durch ein natürliches (d. i. ein a priori« – aus der Vernunft
entspringendes) Gesetz begründet wird – entstammen. Nur die Gesetzgebung der *Tu-*

Pflicht oder den Neigungen affiziert werden kann, letztere aber nicht per se die Befolgung des Sittengesetzes erwirken können, bleibt als Gegenstück zur ethischen nur eine *äußere* Gesetzgebung, welche durch äußere Nötigung, vermittels der »pathologischen Bestimmungen der Willkür«, auf die Handlungen des Subjekts Einfluß nimmt. Die einer äußeren Nötigung zu ihrer Befolgung fähigen Pflichten sind *Rechtspflichten* (220). Diese bilden damit eine *Teil*klasse aller Pflichten überhaupt: Zu allem, was Pflicht ist, kann ich mich selbst zwingen (s. o., vgl. »Selbstzwang«, 380), nur zu äußeren Handlungen kann ich auch äußerlich genötigt werden.[14] Jeder Rechtspflicht korrespondiert somit eine Pflicht der ethischen Gesetzgebung: diejenige nämlich, der Pflicht auch dann gemäß zu handeln, wenn keine äußere Triebfeder wirksam ist (220). Dem trägt die Anordnung der Rechtslehre *vor* der Ethik Rechnung: In der Rechtslehre wird eine gesetzgebende Instanz entwickelt werden, welche über die Gesetze der praktischen Vernunft hinausgehende Pflichten erzeugt. Diese aus der »Willkür eines anderen« stammenden Gesetze gehen – durch das allgemeine ethische Gebot: »Handle pflichtmäßig aus Pflicht« (391) – in die ethische Gesetzgebung ein: Daß z. B. die Pflicht der Vertragseinhaltung *Rechts*pflicht ist, betrifft die Möglichkeit, ihre Befolgung mit einer äußeren Triebfeder zu erwirken und die Quelle ihrer Verbindlichkeit. Die Verbindlichkeit selbst *ist* die objektive Notwendigkeit der Vertragseinhaltung, letztere kann somit auch *aus Pflicht* geschehen (220).

Die Gesetze, welche *nur* mit der Idee der Pflicht als Triebfeder verbunden werden können, stiften die eigentlichen *Tugendpflichten*. Sie bilden eine Teil-

---

gendlehre entnimmt sämtliche Gesetze *und* Triebfedern der praktischen Vernunft und ist (ethische) *Vernunftgesetzgebung* sensu strictu. Um Verwirrungen aufgrund terminologischer Ungenauigkeit zu umgehen, werde ich von »gesetzgebender Instanz« anstelle von »Gesetzgebung« reden, wenn ausschließlich die Quelle der Verbindlichkeit der Gesetze und nicht die Einheit von Gesetz und Triebfeder benannt werden soll.

14. Die durchgängige Verkennung der Tatsache, daß Rechtspflichten sich gegenüber Tugendpflichten dadurch auszeichnen, daß ihre Befolgung durch eine äußere Triebfeder erreicht werden *kann* (d. h. nicht etwa »darf«!), zeichnet die Arbeit von Kaulbach aus; besonders deutlich Kaulbach S. 60 ff. Die einzigen Stellen in der MdS, welche in der Richtung des obigen »darf« gelesen werden könnten, sind: A) daß zur Rechtspflicht »ein äußerer Zwang moralisch-möglich ist« (383) und B): Es ist ein Beweis der Tugend, auch dort sein Versprechen zu halten, »wo kein Zwang besorgt werden darf« (220) – jenes »darf« ist allerdings in Texten des 18. Jahrhunderts als »braucht« zu lesen! Dem stehen jedoch eine weit größere Anzahl von Stellen mit »kann« (220) entgegen und an Deutlichkeit ist (239) nicht zu überbieten. Unabhängig von den philologischen Befunden wäre nach einem möglichen Grund höherer moralischer Dignität der Rechtspflichten zu fragen, welche diese mit der zusätzlichen Zwangsbefugnis ausstatten könnte, wenn man behaupten wollte, daß ihre Befolgung – im Gegensatz zu der anderer Pflichten – erzwungen werden »darf«. Die Kantische Sittenlehre bietet keinen Hinweis auf solche Überlegungen (vgl. unten Anm. 31 und schon 1793: VI 20,27, VI 95,32, VI 99,2).

klasse der ethischen Pflichten (410). Während die oben genannten Rechtspflichten, wenn sie mit der Triebfeder der Pflicht verbunden sind, zu »indi-
rekt-ethischen« Pflichten werden (221), gehen diese »direkt ethischen« auf
einen »Zweck« (239), den zu haben, mich keine äußere Instanz nötigen kann
(vgl. 381).[15]

Es ist hier ein Problem bzgl. der Terminologie des Kantischen Textes
einzuräumen. Setzt sich die »Gesetzgebung« aus »Gesetz« und »Triebfeder«
zusammen und unterscheiden sich juridische und ethische im zweiten ihrer
»Stücke«, so ist die Einteilung der moralischen *Gesetze* in ethische und
juridische, wie wir sie 214 finden, im strikten Sinne nicht möglich, denn der
Begriff des Gesetzes abstrahiert – im Gegensatz zu dem der Gesetzgebung –
von der (gemäß 219) die Differenzierung »juridisch«-»ethisch« stiftenden –
Triebfeder. Eine Konzeption des Gesetzesbegriffs, der generell die Triebfeder einschließt, läßt sich nicht mit der Verwendung des Wortes »Gesetz« in
218 f. vereinbaren. »Juridisches Gesetz« ist demnach zu lesen als »Gesetz in
einer juridischen Gesetzgebung« (analog »ethisches Gesetz«).

Damit erhält dann auch das Begriffspaar »Legalität« – »Moralität« (214)
eine scharf umrissene Bedeutung: Befolgung der (Gesetze der) juridischen
Gesetzgebung (d. h. Befolgung der Gesetze aufgrund anderer Triebfedern als
der Idee der Pflicht) ist Legalität; Befolgung der (Gesetze der) ethischen
Gesetzgebung ist Moralität. Die moralischen Handlungen bilden eine Teilklasse der legalen Handlungen: Legal ist *jede* Befolgung der moralischen
Gesetze, moralisch ihre Befolgung, sofern sie *darüber hinaus* aus Pflicht
geschieht.[16]

15. H. Mayrhofers Analysen (Mayrhofer S. 33 f.) der Unterscheidung von Recht und
Ethik in den Einleitungen zu MdS allgemein und Tugendlehre übersehen, daß, während
die Einleitung in die MdS die allgemeine Differenz von *Rechtslehre* und *Ethik* anhand der
Triebfeder thematisiert, die Einleitung in die Tugendlehre sich speziell auf die Differenz
von *Rechts-* und *Tugendlehre* bzgl. der Formalität bzw. Materialität der *Gesetze* speziali-
siert (vgl. 383,10ff.). Kants terminologische Ungenauigkeit bzgl. der Verwendung der
Wörter Ethik und Tugendlehre mögen Anlaß dafür sein. An mehreren Stellen (z. B.
380,22 f.) wird die »Ethik« nicht durch die Triebfeder, sondern (wie es nur für die Tugendlehre zutrifft) durch die (materialen) Gesetze ausgezeichnet. Die geringe Sorgfalt, die Kant
auf die Unterscheidung (vgl. 383,8 f.) von Ethik und Tugendlehre in terminologischer
Hinsicht verwendet, dokumentiert der erste Absatz der Einleitung in die Tugendlehre:
». . . Tugendlehre (ethica) . . .« (379,10).

16. Die Kaulbachschen Konstruktionen von »moralischer Legalität« und »juridischer
Moralität« (Kaulbach S. 58 f.) und die daraus vom ihm erschlossenen »gedanklichen und
praktischen Schwierigkeiten« verdunkeln die von Kant präzise gefaßten Begriffe. Wenn
XIX 154,26 – gemäß der Adickes-Datierung mehr als 15 Jahre vor der Rechtslehre
geschrieben – von juridischer und ethischer Legalität spricht, so bezeichnet dies exakt die
Begriffe Legalität und Moralität der MdS: »ethische Legalität« *ist*, als Befolgung der
Gesetze einer ethischen Gesetzgebung, »Moralität« (s. u.). Der Begriff einer »juridischen
Moralität«, den Kaulbach aufgrund einer Symmetrieüberlegung (die allein angesichts der

Die alternative Definition von »legalitas« und »moralitas« (225) läßt sich mittels der Definition der »Maxime« (225) in die zuvor genannten überführen.

Oben war schon betont worden, daß nur äußere Handlungen einer äußeren Gesetzgebung unterworfen werden können. Ein Blick auf diejenigen der direkt-ethischen Pflichten, welche gleichermaßen auf äußere Handlungen gehen, kann dazu dienen, die Klasse der einer äußeren Gesetzgebung fähigen Gesetze genauer zu bestimmen: »Die Pflichten des Wohlwollens« sind »äußere Pflichten (Verbindlichkeiten zu äußeren Handlungen«, 220), gemäß TL § 25 »Tugendpflichten« und – als »Liebespflichten« – weite Pflichten. Bei deren »Befolgung (Observanz)« ist ein »Spielraum für die freie Willkür« überlassen, d. i. es kann nicht bestimmt angegeben werden, »wie und wieviel durch die Handlung an dem Zweck, der zugleich Pflicht ist, gewirkt werden solle«, weil nur die *Maxime* und keine *äußere Handlung* geboten ist (390). – Die durch die Pflichten des Wohlwollens gebotenen Handlungen sind *als äußere* somit nicht bestimmt. Demzufolge können auch keine *bestimmten* Handlungen von außen erwirkt werden.[17]

Rechtspflichten sind also (wie schon erwähnt) nicht durch eine spezifische Art der Verbindlichkeit, sondern, sofern sie a) *inhaltlich bestimmte* äußere Handlungen betreffen, die daher b) *äußerlich* als pflichtgemäß oder pflichtwidrig *beurteilt* werden können und somit c) der Nötigung zu ihrer Befolgung durch eine *äußere Gesetzgebung* fähig sind, d. h. durch die *physische* Möglichkeit der Verbindbarkeit mit einer äußeren Triebfeder ausgezeichnet. Die diesbezügliche moralische Möglichkeit (ein »analytischer Satz«, 396) erweisen die §§ C und D der Rechtslehre.

Den von Grundlegung und Kritik der praktischen Vernunft herkommenden Leser wird die Einbeziehung einer juridischen Gesetzgebung in die Moral zunächst irritieren[18], da das Recht in beiden Grundlegungsschriften kaum erwähnt wird und ausschließlich der Triebfeder der Pflicht moralischer Wert zugemessen wird. Zum einen weicht aber die MdS in letzter Hinsicht keinen Deut von dieser Position ab: *Sittlichkeit* ist auch hier an die Triebfeder

---

Tatsache, daß Moralität Legalität *voraussetzt*, fehlgeht) einführt, soll die Befolgung von Rechtspflichten aus Pflicht bezeichnen. Da die Kantische Unterscheidung von Moralität und Legalität in der MdS der Intention nach auf die Triebfeder bezogen ist (219), verdeckt diese Verwendung die systematische Absicht, indem sie in *einem* Namen das Begriffspaar einerseits auf das Gesetz und andererseits auf die Triebfeder bezieht: juridische (= Gesetz) Moralität (= Triebfeder).

17. Die Einteilung von Rechtslehre und Tugendlehre nach engen und weiten Pflichten ist – wie die nach Form und Material (Zwecke) – keine zu der gemäß der Triebfeder alternative. Sowohl die »Weite« wie die »Materialität« hat die Unmöglichkeit der äußeren Nötigung zur Folge und schließt somit – unter Voraussetzung der Obereinteilung gemäß der Triebfeder – weite und materiale Pflichten aus der juridischen Gesetzgebung aus.

18. So beispielgebend Cohen S. 399.

der Pflicht gebunden. Andererseits braucht die Restriktion z. B. der KpV auf die Ethik nicht zu verwundern. Der *Nachweis,* daß ich einer moralischen Gesetzgebung »objektiv« unterworfen bin, wird schwerlich mit Rekurs auf das empirische Faktum einer äußeren Rechtsordnung möglich sein. Dieser Nachweis greift auf die Idee der Pflicht als mögliche Triebfeder zurück.[19] Alle Moral*begründung* (über das »Faktum der Vernunft«) findet daher im Felde der Ethik statt. Die *Anwendung* des so gegründeten Sittengesetzes in einer MdS wird nur die Verbindlichkeit desselben voraussetzen und sich nach weiteren moralisch möglichen Triebfedern umsehen dürfen.

b) Einleitung in die Rechtslehre

»Die Rechtslehre ist der Inbegriff der Gesetze, für die eine äußere Gesetzgebung möglich ist« (§ A, vgl. 239). Aus der Einleitung in die MdS ist der Begriff der äußeren (juridischen) Gesetzgebung bekannt. Er bezeichnet eine solche, die eine andere Triebfeder als die Idee der Pflicht selbst – und zwar eine äußere – mit dem Gesetz verbindet. Die Rechtsgesetze bilden demzufolge – als moralisch-praktische – eine *Teilklasse* aller praktischen Gesetze überhaupt, die aus dem »obersten Grundsatz der Sittenlehre« (226,1) abgeleitet werden können.

Es ist daher nun zweierlei zu leisten: Erstens ist ein allgemeines Kriterium anzugeben, das uns erlaubt, in der Menge aller möglichen moralischen Gesetze diejenigen allgemein auszuzeichnen, die mit einer äußeren Triebfeder verbindbar sind (durch ein »allgemeines Rechtsprinzip«); zweitens ist mittels dieses allgemeinen Prinzips die moralisch legitimierte äußere Triebfeder (der »Zwang«) zu entwickeln.

Das Recht ist – dies entnehmen wir der oben zitierten Definition der »Rechts*lehre*« des § A – der Inbegriff einer äußeren Gesetzgebung. Allein aus dieser Gegenstandsbestimmung folgt[20] (gemäß § B) dreierlei: Erstens

---

19. Die Grundidee der Ableitung der Verbindlichkeit des kategorischen Imperativs in der KpV besteht in der Nutzbarmachung des *Faktums,* daß die Willkür eines Vernunftwesens nach einem Gesetz, welches nicht den Verdacht eines Naturgesetzes bei sich führt, bestimmt werden kann (vgl. XXVII 520,35f.), womit bezüglich des in Frage stehenden Bestimmungsgrundes der Willkür erwiesen ist, daß dieser nicht der Heteronomie (Naturbestimmung), sondern der Autonomie zugezählt werden muß. *Daß* die Bestimmung durch eben den kategorischen Imperativ keine Naturbestimmung ist, ergibt sich aus dem Verfahren der Gewinnung der Formel selbst: Sie ist das Produkt der Abstraktion von aller Naturbestimmung (Materie) und somit ein Gesetz der Vernunft (tertium non datur).

20. Die Folgerungen im Rahmen der Einleitung sind bloße Explikationen des durch den kategorischen Imperativ und die Restriktion auf äußerlich beurteil- und bewirkbare Handlungen bestimmten Rechtsbegriffes. Die Einleitung ist demnach durchweg »analytisch« (s. u.).

kann das Recht nur das äußere Verhältnis von Personen zu Personen betreffen (denn es soll – bloß – *äußere* Gesetzgebung sein) und kann sich (wenn es
um den moralischen Begriff desselben geht) nur auf Handlungen beziehen,
die unter Gesetzen stehen und (weil nur das *autonome* Subjekt Vernunftge-
setzen unterworfen ist) *zurechenbar* sind: facta (vgl. 223,18, 227,21 und
270,4). Hieraus ergibt sich unmittelbar (zweitens), daß das »Verhältnis der
Willkür auf Wunsch« nicht unter Rechtsgesetzen steht, denn der Wunsch als
innerer Akt des Gemüts (213,19; TL § 28 Abs. 2) stellt keine äußere Handlung einer Person gegen eine andere dar; drittens kommen in Rechtsverhältnissen (weil sie äußere Verhältnisse der Personen betreffen) die Zwecke der
sich aufeinander beziehenden Subjekte nicht in Betrachtung, denn[21] diese
sind gleichfalls als »innere Akte des Gemüts« keiner äußeren Gesetzgebung
zugänglich (239,9) und können somit von einer solchen weder verbindlich
fest- noch hergestellt werden, sie bleiben Gegenstand der ethischen Gesetzgebung.

Damit ist der Begriff des Rechts näher bestimmt und die Frage der Überschrift von § B[22] beantwortet: »Das Recht ist der Inbegriff der Bedingungen,

---

21. O. Höffe meint hingegen, daß Kant nicht begründe, »daß es im Recht nicht auf die
Materie der Willkür ankommt« (Höffe 1982 S. 349), sondern bestenfalls durch sein Beispiel des Kaufs (§ B) zeige, daß er die Behauptung für unbestritten hält. Da die drei
angeführten Bestimmungen aber unmittelbar aus der *Definition* der Rechtslehre als Inbegriff der Gesetze, für die eine äußere Gesetzgebung möglich ist (und der darin implizit
enthaltenen extensionalen Definition des Rechts), folgen, besteht keinerlei Notwendigkeit, sie anderwärtig zu begründen. Die innere Systematik der §§ A–E ist in den mir
bekannten Interpretationsversuchen nicht erfaßt. Bezeichnenderweise beginnen diese zu-
meist mit dem § B und verzichten damit auf die eigentliche Gegenstandsbestimmung der
Rechtslehre, aus der sich die einzelnen Bestimmungen des Rechts allererst ableiten.
Anders wiederum Scheffel, der erst mit § C beginnt und offensichtlich nicht zur Kenntnis
nimmt, daß sein *Resultat* der §§ C–E der Kantische *Anfangspunkt* der Entwicklung des
Rechts ist: »Mit dem strikten Recht läßt sich keine innere Gesetzgebung mehr (!) verbinden, sondern nur noch (!) eine äußere« (Scheffel 1982 S. 197). Der gesamte Rekonstruk-
tionsversuch Scheffels scheitert – in engem Zusammenhang mit diesem methodischen
Fehler – daran, daß er – im Unterschied zu Kant – das Recht *aus* der Ethik ableiten will
(ebd. S. 195,4 ff.). Daß Recht und Ethik zwei nebeneinanderstehende Teile der MdS sind,
die dasselbe Sittengesetz jeweils mit einer anderen Triebfeder verbinden – als Theorie des
Fremd- und Selbstzwanges –, kommt bei ihm so wenig in den Blick wie die für seine
Interpretation befremdliche Anordnung der Rechtslehre *vor* der Tugendlehre, obwohl
sich erstere an die letztere doch »anschließen« soll. Da die Ethik (TL Einl. I) die »Lehre
von den Pflichten ist, die nicht unter äußeren Gesetzen stehen«, ist überdies fraglich, wie
eine Ableitung der Pflichten, die dieses aber gerade *doch* tun, aus dieser möglich sein
sollte? Vgl. dagegen richtig z. B. bereits Dulckeit S. 16f.

22. G. Scholz beginnt ihre Arbeit mit einem Kapitel über den «Begriff des Rechts« und
dieses (auf S. 1) mit dem Satz: »Die Grundfrage der Rechtslehre lautet: ›Was ist recht?‹
(MS, VI 229)«. Unabhängig von der Frage nach dem Geltungsgrund dieser Behauptung
wundert sich der Leser, der die als Quelle angegebene Stelle (§ B, Überschrift) in der

ùnter denen die Willkür des einen mit der Willkür des anderen nach einem allgemeinen Gesetze zusammen bestehen kann.« Daß das Recht sich nur auf die Willküren bezieht, ist eine direkte Folge – wie wir sahen – der Rechts-(lehren)-*Definition;* daß die Unterwerfung unter Rechtsgesetze nur eine unter ein allgemeines Gesetz sein kann, ist – wenn das Recht Vernunftrecht im Kantischen Sinne sein soll – selbstverständlich, denn seine Verbindlichkeit gründet sich auf den kategorischen Imperativ, und der kann die menschliche Freiheit nur auf die Befolgung allgemeiner Gesetze einschränken.

Sind jene Gesetze, die einer äußeren Gesetzgebung *»fähig«* (379) sind, die, welche nach einem allgemeinen Gesetz die Kompatibilität der Willküren von Personen herstellen, so ist »jede Handlung, die (. . .) mit jedermanns Freiheit nach einem allgemeinen Gesetze zusammen bestehen kann«, diesen gemäß oder »recht« (§ C), tut sie jemandem hingegen Unrecht, so heißt sie »Läsion« (249,1 – das sei hier nur angemerkt, weil in § 1 von diesem Wort Gebrauch gemacht wird, dessen explizite Definition – im genannten Sinne – erst in § 5 geschieht, obwohl sie hier (§ C) bereits möglich wäre).

Da die Rechtsgesetze als Teilklasse der moralisch-praktischen Gesetze kategorisch die »Notwendigkeit einer Handlung vorstellig machen« (222,7), läßt sich das allgemeine Rechtsgesetz auf die kurze Formel bringen: handle recht! oder ausformuliert: »Handle so, daß der freie Gebrauch deiner Will-

---

Akademie-Ausgabe nachliest, daß die Frage dort lautet »Was ist Recht«. – Ob nach dem »Recht« gefragt wird oder danach, was »recht« ist, macht natürlich einen Unterschied. Ist das kleine »r« bei Scholz ein Druckfehler? Auf S. 5 der Arbeit bekommen wir auf diese Frage eine Antwort: »In Kants Frage ›WAS IST RECHT?‹ – dies ist die Schreibart der Über-schrift des § B der Einleitung in den Originalausgaben der Rechtslehre (1797, 1798)[2] steht, wie man dem Fehlen des Artikels und der zweiten Formulierung der Frage[3] entneh-men kann, ›RECHT‹ für das Rechte, und zwar, platonisch gesprochen, das Rechte selbst[4]«. Die Anmerkung »2)« verweist auf die Seite 336 der Weischedel-Ausgabe (Darmstadt 1963) der MdS. Dort findet sich – ohne Kommentierung – der Text des § B (mit der Überschrift in der eben zitierten Form) abgedruckt. Ist *das* der Beleg für die Behauptung zwischen den Gedankenstrichen? Anm. »3)« verweist auf den zweiten Satz von § B, und in Anm. »4)« werden wir darüber unterrichtet, daß Natorp in der Akademie-Ausgabe die Stelle verbes-sert habe.

Ist die Weischedel-Variante die des Originals, so ist die Frage, ob »Recht« oder »recht« die korrekte Leseart sei, sinnvoll zu stellen. Der unbefangene Leser wird sicherlich zunächst so lesen, wie Natorp es abdruckt, wenn er im ersten Satz von § B erfährt, daß die in der Überschrift gestellte Frage den Rechtsgelehrten »genauso in Verlegenheit setzen wird, als die Frage ›Was ist Wahrheit‹ den Logiker« (die Parallele zu »was ist recht« wäre eher »was ist wahr«). Auch der letzte Satz von § B: »Das Recht ist also . . .« legt die Natorpsche Variante nahe. Da wir bei Natorp zudem keinen Hinweis auf eine Textverän-derung finden – obwohl er sonst jeden noch so marginalen Texteingriff verzeichnet – und auch andere Ausgaben (Vorländer, Cassirer, Rosenkranz) »seine« Versionen drucken, sollten wir trotz der ersten Parenthese im obigen Scholz-Zitat einen Blick in die Original-ausgaben der 1. und 2. Auflage (Univ. Bibl. Marburg) wagen. Der Befund ist eindeutig: »Was ist Recht?«

kür mit der Freiheit von jedermann nach einem allgemeinen Gesetze zusammen bestehen« kann!

Was ist nun die fundamentale inhaltliche Differenz zwischen diesem Rechtsgesetz und dem kategorischen Imperativ? Nach den bisherigen Betrachtungen liegt die Antwort klar auf der Hand: Das Rechtsgesetz gibt ein Prinzip für die moralische Beurteilung von äußeren Handlungen ab. Wenn die »Gesinnung« (393,5) der Handelnden – als keiner äußeren Gesetzgebung zugänglich – nicht einbezogen werden kann und darf,[23] ist es auch nicht möglich, an sie Forderungen zu stellen. Daß der Einzelne *aktiv nach Maximen*, die ein allgemeines Gesetz abgeben können, *handelt* – so fordert es allgemein der kategorische Imperativ –, kann ich äußerlich nicht erwirken. Daß aber seine *Handlungen* wenigstens mit einer allgemeinen Gesetzgebung *zusammen bestehen* können, ist sehr wohl äußerlich erzwingbar – ohne daß ich dafür auf die Maximen des Betroffenen Einfluß nehmen müßte. Das Wort »Maxime« im Einschub des ersten Satzes von § C (»oder nach deren Maxime die Willkür eines jeden«) muß daher – wenn der ganze Satz nicht mit 225,31 f. kollidieren soll – als speziell auf äußere Handlungen bezogen verstanden werden: Maxime der *Handlung* und nicht des *Handelnden*. (Die Bemächtigung eines Gegenstandes ist, wenn derjenige, dem dieser gehört, seine Einwilligung nicht gibt, Diebstahl – unabhängig von der Maxime des Handelnden.[24])

Eine Vergleichung des Rechtsgesetzes mit den Formulierungen des kate-

---

23. Eine »Gesinnungschnüffelei« oder ein »Gesinnungsrecht« sind folglich nicht in *dem* Sinne Unrecht, daß ihre erfolgreiche Durchführung mit Rechtsgesetzen konfligierte, sondern sie sind nach der Kantischen Auffassung schlicht unmöglich. Deshalb sind alle Unternehmungen, die unter einem ihrer Namen auftreten betrügerisch und schon allein damit rechtswidrig. Sie ersetzen die einzig kompetente Instanz zur Beurteilung von Akten der inneren Freiheit (= Zwecksetzung) – das Subjekt selbst – durch einen äußeren Beurteiler (anders z. B. Höffe 1982 S. 353).

Andererseits sehen wir auch unmittelbar ein, weshalb z. B. die »Pflichten des Wohlwollens, ob sie gleich äußere Pflichten sind« (220,29), nicht zu den Rechtspflichten gehören, d. i., ihre Befolgung nicht erzwungen werden kann. Auch wohltätige Handlungen z. B. werden erst durch den sie begleitenden Zweck zu Pflichthandlungen. Nun kann einen Zweck zu haben nicht erzwungen werden, folglich auch nicht eine Handlung *als* Mittel zu einem Zweck, sondern eben nur als physischer Vorgang. Ein ethischer Terrorismus, der die Erfüllung jeder moralischen Pflicht zur Rechtspflicht macht, und den die »frühen Kantianer« noch nicht auszuschließen vermochten (vgl. Kersting S. 50 f.), ist damit ganz aus dem Blickfeld geraten. Obwohl es z. B. Pflicht ist, wohltätig zu handeln, ist es dennoch nicht rechtens, dazu gezwungen zu werden, – weil es eben nicht möglich ist. Weiterhin legt der ethisch gebotene Zweck die Mittel seiner Realisierung nicht fest (TL Einl. VII), so daß bestimmte äußere – und damit erzwingbare – Handlungen ohnehin nicht aus ihm folgen.

24. Jene Maxime muß dennoch als die des Handelnden *gedacht* werden, unabhängig von der Frage, ob sie es *realiter* ist (vgl. 321,27 f.).

gorischen Imperativs[25] liefert die Gewißheit, daß die entscheidende Differenz zwischen diesen beiden moralischen Gesetzen eben darin besteht, daß sich der kategorische Imperativ stets an den Handelnden als Autor seiner Handlungs*prinzipien* wendet (»handle nach einer Maxime...«). Das Rechtsgesetz (bzw. der Imperativ des Rechts[26]) betrachtet ihn bloß als Autor seiner *Handlungen*, da es nur eine »auf die Begründung von Pflichten, denen Zwangsbefugnisse korrespondieren, spezialisierte Version des kategorischen Imperativs« (Kersting S. 31) sein soll. – »Sein soll« deshalb, weil das Rechtsgesetz überhaupt nur zum Zwecke der Ausgrenzung der erzwingbaren Pflichten eingeführt wurde.

Das Rechtsgesetz enthält (für ein endliches Vernunftwesen, welches nicht naturgemäß ihm konform handelt) »den kategorischen Imperativ (Gebot)«

---

25. G. Scholz findet nur einen Unterschied zwischen dem Rechtsgesetz und *bestimmten* Formeln des kategorischen Imperativs (Scholz S. 149ff.), z. B.: Handle so, daß die Maxime deines Willens zugleich ein allgemeines Gesetz abgeben könne« (KpV § 7, vgl. GMS IV 421, aber z. B. IV 402,8, VI 389,2). Ausgerechnet das »zugleich« soll hier die Differenz zum Rechtsgesetz ausmachen (vgl. auch Scholz S. 209 Anm.), wobei wir doch sehen, daß hier einerseits die »Maxime deines Willens« (vgl. besonders VI 389,4f.) und nicht der »Gebrauch der Willkür« einer einschränkenden Bedingung unterworfen werden soll, und daß andererseits das Rechtsgesetz nicht die Forderung, daß etwas »ein allgemeines Gesetz abgeben könne«, sondern die, daß etwas gemäß einem allgemeinen Gesetz mit der Freiheit anderer »zusammenbestehen« kann, ausspricht (vgl. 389,6). Diese beiden Differenzen finden sich zwischen *allen* Formeln des kategorischen Imperativs einerseits und den als Rechtsgesetz bezeichneten (vgl. z. B. auch XIX Refl. 7309 und VI 98,24) andererseits. Daß im Rechtsgesetz das »zugleich« nicht explizit auftaucht, ist eine Folge seiner Formulierung: Es ist in dem »zusammenbestehen« enthalten.

Selbst unabhängig von der systematischen Funktion der verschiedenen Gesetze bzw. Imperative ergeben sich aus dem bloßen Wortlaut der Formeln schon Zweifel an der Scholzschen Hauptthese, daß der kategorische Imperativ mit dem obersten Rechtsprinzip identisch sei.

26. Die Versuche von Scholz und Kersting (Scholz S. 38ff., Kersting S. 6f.), das Verhältnis von Gesetz und Imperativ zu bestimmen, laufen unter der – falschen – Prämisse, daß Kant »Imperativ« und »ethisches Gesetz« (letzeres im Sinne der Definition von 214,23) synonym verwendet. Beide kommen zu dem Resultat, daß das Rechtsgesetz kein Imperativ sei, weil sie unterstellen, daß zum »Imperativ« schon die Idee der Pflicht als Triebfeder (d. i. der Selbstzwang) gehöre, während das »Gesetz« die Frage der Triebfeder offenläßt und daher auch den äußeren Zwang zuläßt. Keiner von beiden führt für die von ihnen als Kantisch unterstellte Position einen Beleg an – und in der MdS ist auch keiner dafür zu finden! Wir halten also fest: Das Rechtsgesetz *ist* ein Imperativ, und zwar ein kategorischer, welcher also »nicht etwa mittelbar durch die Vorstellung eines Zweckes, der durch die Handlung erreicht werden könne, sondern der sie durch die bloße Handlung selbst (ihrer Form), also unmittelbar, als objektivnotwendig denkt und notwendig macht.« (vgl. 222,15ff. und 221,19ff.). Wie sich übrigens Kersting, der um dies weiß (vgl. das im Text zu dieser Anmerkung gegebene Zitat), zustimmend auf die Scholzsche Position beziehen zu können glaubt, bleibt genauso rätselhaft wie die Möglichkeit einer Vereinbarung der diesbezüglichen Äußerung bei Scholz selbst mit der im letzten Absatz der vorigen Anmerkung erwähnten Behauptung der Autorin.

(227,10) seiner Befolgung. Der Mensch als Vernunftwesen ist diesem Gesetz unterworfen und seine Freiheit ist »in der Idee« (§ C) auf die Bedingungen, »unter denen die Willkür des einen mit der Willkür des anderen nach einem allgemeinen Gesetze zusammen vereinigt werden kann« (§ B), eingeschränkt.

Die Behauptung der Eingeschränktheit der Freiheit eines jeden »in der Idee« auf die mit der Freiheit anderer verträglichen Handlungen ist aber unabhängig von dem Sachverhalt, daß das Rechtsgesetz das Gebot seiner Befolgung enthält (und damit unabhängig von dem Modus der Nötigung zur Befolgung). Sie bildet den unmittelbaren Ableitungsgrund für den Zwang als rechtmäßige Triebfeder zur Befolgung der Rechtsgesetze: Ist meine Freiheit »in der Idee« auf die genannten Handlungen eingeschränkt, so ist jede Hinderung meiner Handlungen, welche über diese Klasse hinausreichen, trivialerweise keine Hinderung meiner (moralisch verbürgten) Freiheit, kann also mit dieser zusammen bestehen und ist folglich gemäß dem ersten Satz von § C »recht«. Der Zwang, der meine äußere Freiheit physisch auf die Handlungen beschränkt, auf welche sie *moralisch-praktisch* ohnehin eingeschränkt ist, affiziert zwar meine Physis, tut aber meiner Freiheit keinen Abbruch.[27]

Die etwas umständliche Ableitung des Zwanges im folgenden § D – nicht zufällig finden wir die Zwangsbefugnis schon in § C formuliert – ist vor dem entwickelten Hintergrund letztlich überflüssig. Sie konstruiert den rechtmäßigen Zwang auf einem Umweg, der der Sache nach nichts hinzufügt: Die Verhinderung eines Hindernisses der Freiheit (d. i. einer unrechten Handlung) ist eine Beförderung der Freiheit und daher mit dieser zusammenstimmend, also »recht«. Gab sich der § C damit zufrieden, daß meine Freiheit »in der Idee eingeschränkt sei und von anderen auch tätlich eingeschränkt werden dürfe«, letzteres also bloß nicht unrecht ist (vgl. § C Abs. 2), so geht § D scheinbar noch weiter, indem er den Zwang als eine Beförderung der Freiheit und somit als »*recht*« ableitet. Da aber »recht« und »unrecht« ein kontradik-

---

27. Vgl. KU (V 116): Die »Vernunft tut der Sinnlichkeit Gewalt an« und Anm. 32. Mit Blick auf die Begriffe der positiven und negativen Freiheit ließe sich – über den Text der Rechtslehre hinausgehend – das Verhältnis von rechtmäßiger und unrechtmäßiger freier Handlung folgendermaßen fassen: Die positive Freiheit ist ratio cognoscendi meines Status als Person (ich weiß um meine Persönlichkeit, weil ich ein Gesetz, welches kein Naturgesetz ist, um seiner selbst willen befolgen kann) und damit ratio cognoscendi meiner Fähigkeit nach Belieben zu tun und zu lassen (negative Freiheit). Jene Freiheit der Willkür findet ihre moralische Grenze wiederum im Rekurs auf das Gesetz der positiven Freiheit (den kategorischen Imperativ), sofern dieses von seiten anderer geltend gemacht werden könnte (»allgemeines Gesetz«). Mit der Zubilligung einer Sphäre der rechtlich geschützten Handlungsfreiheit ist somit unmittelbar die Zurechnung jener Handlungen moralisch möglich, die über jenen Bereich hinausgreifen.

torisches Adjektiv- bzw. Adverbienpaar[28] darstellt, ist das Resultat in § C
und § D dasselbe. Der von mir so bezeichnete »Umweg« über den – nicht
unproblematischen[29] – Satz, daß »der Widerstand, der dem Hindernisse
einer Wirkung entgegengesetzt wird, eine Beförderung desselben ist und mit
ihr zusammenstimmt«, ist bestenfalls geeignet, besonders deutlich vor Augen zu führen, daß »mit dem Rechte zugleich eine Befugnis den, der ihm
Abbruch tut, zu zwingen, nach dem Satze des Widerspruchs verknüpft«
ist.

Da sich nun aber die äußere Gesetzgebung in der Ausübung des Zwanges
auch erschöpft (alle anderen Triebfedern, die man mit den Rechtsgesetzen
verbindet, würden auf innere Bestimmungsgründe der Willkür verweisen
und damit die Rechtsgesetzgebung als äußere aufheben), wenn sie nicht
ethisch werden soll (§ E), sind Recht und Zwangsbefugnis identisch. Ob ich
also die Handlungen angebe, die ich rechtmäßig ausführen darf, oder aber die
Zwangshandlungen bezeichne, die gegen mich moralisch möglich sind, in
beiden Fällen habe ich *dasselbe* Recht beschrieben. § C und § D hatten
erwiesen, daß das Recht die Zwangsbefugnis *enthält*, § E betont mittels der
Entgegensetzung von Recht und Ethik, daß es *nicht darüber hinausreichen
kann*. »Recht und Befugnis zu zwingen bedeuten also einerlei.«

Damit ist endlich »das Vermögen, andere zu verpflichten, d. i. der Begriff
des Rechts (aus dem kategorischen Imperativ, B. L.) entwickelt« worden
(239,20).

28. Die Trias »geboten«, »erlaubt«, »verboten« zieht sich bei der bloßrechtlichen
Beurteilung von Handlungen auf den Gegensatz »recht« (geboten oder erlaubt) und »unrecht« (verboten) zusammen. Ob geboten oder bloß erlaubt ist für die Frage »recht« oder
»unrecht« bzgl. ausgeführter Handlungen irrelevant.

29. Die Verhinderung eines Hindernisses der Freiheit ist nur dann eine Beförderung
derselben, wenn sie nicht selbst ein – anderes – Hindernis darstellt. Das Resultat einer
nicht näher spezifizierten Verhinderung eines Hindernisses kann folglich bezüglich der
Realisierung der Freiheit katastrophale Folgen haben: Man denke sich den Fall, daß
jemand den Diebstahl eines Apfels durch die Tötung desjenigen, der sich seiner gerade
bemächtigt, verhindern möchte. In diesem – trivialen – Sinne geht also der Satz, daß die
Hinderung eines Hindernisses eine Beförderung sei, über die logische Regel von der
doppelten Negation hinaus. Die implizite Unterstellung in dem ersten Satz von § D ist
also, daß die Hinderung des Hindernisses selbst schon keines ist; im Falle des Hindernisses der Freiheit hieße das: Mit der Freiheit zusammengestimmt. Der »Beweis« in § D, den
z. B. Höffe (Höffe 1982 S. 355) minutiös zerlegt, ist also letztlich zirkulär. Er liefert kein
Resultat, was über das des § C hinausgeht – und er braucht es auch gar nicht zu liefern,
denn in § C ist das Resultat von § D schon erreicht (was könnte in § D dem § C überhaupt
hinzugefügt werden?). Daß der § D der Sache nach nichts Neues liefern kann, ist ohnehin
klar: Er soll einen analytischen Satz beweisen (vgl. 396,4 f., trotz der Formel »also ist das
oberste Rechtsprinzip (!) ein analytischer Satz« ist dort *nicht* vom Rechtsprinzip des § C
die Rede, sondern von der Verknüpfung des Rechts mit dem Zwang). – Schon Stephani hat
die »Überflüssigkeit« des § D bemerkt (Stephani, S. 47 f.).

Fassen wir die Ableitung kurz zusammen: Der Teil der Metaphysik der Sitten, der nur die äußerlich erzwingbaren Pflichten enthält, ist die Rechtslehre (§ A). Äußerlich erzwingbar ist die Befolgung der Gesetze, die bloß die äußere Kompatibilität der Willküren sicherstellen (§ B). Eine auf diese Gesetze eingeschränkte Formel des kategorischen Imperativs heißt: »Handle äußerlich so, daß der freie Gebrauch deiner Willkür mit der Freiheit von jedermann nach einem allgemeinen Gesetze zusammenbestehen könne« (§ C). Da durch dieses Rechtsgesetz meine Freiheit *praktisch* auf die, mit der Freiheit anderer verträglichen, Handlungen eingeschränkt ist, ist die *physische* Nötigung zur Befolgung der Rechtsgesetze selbst rechtens (§§ C u. D). Da das Recht per definitionem nicht von mir verlangen kann, daß ich ihm unabhängig vom Zwang Folge leiste, erschöpft sich der Begriff des Rechts in dem eines »nach allgemeinen Gesetzen zusammenstimmenden durchgängigen wechselseitigen Zwanges« (§ E).

Zur Systematik der Argumentation sei noch angemerkt, daß die bloß theoretische Möglichkeit der Erzwingbarkeit der Einhaltung zunächst (§ B) unabhängig von der Frage nach der moralischen Legitimität des Zwanges zur Auszeichnung der Rechtsgesetze führt.

Dem »möglich« im ersten Satz von § A könnten wir daher rückblickend zwei Bedeutungen zumessen: Einerseits ist eine äußere Gesetzgebung nur für solche (moralischen) Gesetze – physisch – möglich, die sich bloß auf die äußere Willkür der Personen beziehen (§ B), andererseits ist eine äußere Gesetzgebung – moralisch – nur möglich, wenn sie »allgemeine Gesetze der Freiheit« enthält (§§ C u. D) – dies letztere ist bei einer Rechtslehre als Teil der Metaphysik der Sitten ohnehin selbstverständlich.[30] Wir sehen daher auch ein, warum der – analytische – Satz von der Verknüpfung von Recht und Zwang[31] in der »Einleitung zur Tugendlehre X« als »oberstes Prinzip der Rechtslehre« bezeichnet wird. Ich brauche »nicht einmal über den Begriff der Freiheit (sic!) hinauszugehen (ebd.)«, um die moralische Legitimität der Erzwingung der Befolgung einer bestimmten Klasse von moralisch-praktischen Gesetzen einzusehen. Der Inbegriff der Bedingungen, unter denen

---

30. Während der Naturrechtslehrer die Frage stellt, (vgl. VIII 128), »unter welchen Bedingungen ich den Zwang ausüben könne«, d. i. die nach der moralischen Rechtfertigung des Zwanges, so fragt hingegen der Moralphilosoph Kant 1797 am Anfang seiner Rechtslehre aus einer anderen Perspektive: Welche der – aus dem kategorischen Imperativ abgeleiteten – moralischen Gesetze kann ich (physisch) mit einer äußeren Triebfeder verbinden? Vgl. auch 220,18 ff., wo aus dem Sprachgebrauch ganz klar hervorgeht, daß nicht die moralische Möglichkeit des Zwanges, sondern die physische Erzwingbarkeit das Einteilungsprinzip für die MdS abgibt. Sollte das erste ausgedrückt werden, so müßte man viermal statt des Wortes »kann« das Wort »darf« erwarten. Des weiteren TL Einl. IX und XXVII 584; vgl. Anm. 14.

31. Vgl. Anm. 29 vorletzter Satz.

erzwingbare (also Rechts-)Pflichten auch erzwungen werden, ist das *Recht*.
Die Tugendlehre – das sei hier nur als Nebenbemerkung angefügt – als Inbegriff der Gesetze, die (nur) einer inneren Gesetzgebung fähig sind (also der
direkt-ethischen), hat ein synthetisches oberstes Prinzip, denn aus dem kategorischen Imperativ allein lassen sich zwar Gesetze für die Handlungen
ableiten; will man aber die *Maximen* nicht nur »einer Bedingung der Habili-
tät zu einer allgemeinen Gesetzgebung« (389), sondern einem *Gesetz* selbst
unterwerfen, so muß man noch etwas hinzufügen: einen Zweck, der zugleich
Pflicht ist (vgl. Einl. i. d. TL II, VI; phil. pr. univ. Abs. 18 Ende).[32]

32. K. Reich wird (Rousseau und Kant, Tübingen 1936, S. 18 f.) von dem Auftreten des
synthetischen »obersten Prinzip der Tugendlehre« zu der Annahme verführt, die *Rechts*-
lehre setze die KpV mit dem dort entwickelten Begriff der Autonomie nicht voraus. Er
stellt sich damit nicht nur explizit in Widerspruch zur Vorrede der MdS (wie er zwar selbst
bemerkt, aber – erneut (S. 18. Zeile 2 v. u. ff.) dem Text der MdS (Einleitung 218,10 ff.)
widersprechend – für unbedeutend erklärt) und zahlreicher Äußerungen Kants in GMdS
und KpV (z. B. IV 440, 447; V 33, 88, 125 f), sondern übersieht obendrein, daß für die
Tugendlehre über den positiven Begriff der Freiheit (der in beiden Teilen der MdS vorausgesetzt wird, vgl. phil. pr. univ. 1. und 2. Abs.) *hinaus* eine synthetische Erweiterung
stattfindet: Die Deduktion von Zwecken, die zugleich Pflichten sind. *Diese* Erweiterung
ist aber nicht der Gegenstand der KpV, wie die Reichsche Behauptung voraussetzt, sondern es geht in jenem Buch um die Ableitung des allgemeinen moralischen Gesetzes: Die
KpV beweist, »daß Freiheit wirklich« ist (V, 4) und liefert damit den Geltungsgrund aller
moralisch-praktischen Gesetze.
   Die Behauptung, welche Reich aus der – falschen – Annahme, daß die Kantische Rechtslehre die KpV und damit den Begriff der Autonomie nicht voraussetzt, ableiten wollte, ist
ungeachtet des genannten Fehlers sicherlich schwer zu bestreiten: Daß nicht die Rechtslehre, sondern die Ethik das eigentliche *Movens für die Auffindung* des Autonomieprin-
zips war, läßt sich schon aus dem Sachverhalt erahnen, daß in den beiden Grundlegungsschriften nicht einmal das Wort Recht im Sinne der Rechtslehre vorkommt (vgl.
Anmerkung 19). Der Nachweis der *systematischen Unabhängigkeit* der Rechtslehre von
der Autonomie müßte angesichts der Behauptung, daß »die Autonomie des Willens das
alleinige Prinzip aller moralischen Gesetze und der ihnen gemäßen Pflichten« ist (KpV § 8,
vgl. auch VIII 372,1) eine unabschätzbar größere Beweislast übernehmen, zumal, wäre die
Autonomie (= positive Freiheit) als Quelle der moralischen Verbindlichkeit des Rechts von
Kant bis 1797 eliminiert, etwas an deren Stelle treten müßte – doch in der MdS ist kein
Hinweis darauf zu finden. Über die Probleme der Vereinbarkeit der Unabhängigkeitsthese
mit anderen Texten Kants hinaus steht diese vor einer systematischen Schwierigkeit, die
Kant nicht zu kennen braucht: Mit der Behauptung, daß das Recht nur den negativen
Begriff der Freiheit voraussetzt, kann sie eine *Restriktion* der legitimen Zwangsausübung
zwischen Vernunftwesen durch das Rechtsgesetz nicht begründen. Da der negative
Begriff der Freiheit keine Unterscheidung zwischen Menschen und Steinen bzgl. mög-
licher Unterworfenheit unter *andere* Gesetze als die der Natur liefern kann (sondern diese
Frage für beide gleichermaßen offenläßt, vgl. KrV B 568), ist kaum zu erahnen, warum ich
Menschen – im Unterschied zu Steinen – nicht beliebig affizieren darf. Ausschließlich die
durch die »Autonomie« gesicherte Sphäre der menschlichen Selbstbestimmung steckt die
moralischen Grenzen der äußeren Nötigungsbefugnis ab: Daß ich Menschen – wie
Steine – meiner nötigenden Willkür unterwerfen kann, ist ein – empirisches – Faktum,

Die §§ A–E hatten bisher eine formale Bedingung äußerer Gesetzgebung entwickelt: Ihre Gesetze müssen so beschaffen sein, daß sie die Vereinbarkeit von jedermanns Freiheit mit der aller anderen herstellen. Der Begriff der Freiheit selbst und mit ihm die daraus resultierenden Rechte des einzelnen sind durch dieses »allgemeine Rechtsgesetz« allerdings in keiner Weise inhaltlich bestimmt[33]: Die äußere Freiheit ist dort *definiens* und nicht *definiendum*! Die nähere Ausfüllung dieses Begriffs wird in der Folge erst geleistet und bildet den wesentlichen Gegenstand des Privatrechts: Die *Rechte* des einzelnen bzgl. seiner *äußeren Freiheit* (die *innere Freiheit* ist nur Gegenstand der Tugendlehre – vgl. TL Einl. I und XV) sind entweder angeboren oder erworben; die ersteren betreffen das *innere*[34], die erworbenen das *äußere Mein und Dein.*

Da das angeborene Mein und Dein der Sache nach in das Privatrecht gehört – »natürliches Recht« im Sinne von 242,12 f. ist –, ziehe ich seine Betrachtung in den Kommentar des Privatrechts. Kants Motiv, das angeborene Recht »in die Prolegomena« zu werfen (die sonst entstehende Asymmetrie einer Obereinteilung der Rechtslehre, 238,24) erscheint mir zwar plausibel, verdeckt aber den systematischen Stellenwert dieses Abschnittes.

Halten wir – bevor die Rechte selbst in den Blick kommen – noch folgendes fest: In den §§ A–E werden weder der Staat, noch z. B. die Möglichkeit von Bestrafung der Übertretung der Rechtsgesetze abgeleitet. Die Zwangsbefugnis könnte bisher noch jedem Individuum – gleichsam als Schutzfunktion seiner und anderer Freiheit – zustehen.[35] Es ist weder ein zusätzliches Subjekt der Zwangsausübung benannt, noch dessen Notwendigkeit angesprochen. Das Recht ist noch nicht notwendigerweise als Rechtsinstitution[36]

welches keiner besonderen Erwähnung in der Rechtslehre bedarf, da überhaupt nur unter dieser Voraussetzung ein Rechtsproblem möglich ist; daß ich die nur ihnen zukommende Sphäre der moralisch möglichen Selbstbestimmung nicht tangieren darf, unterscheidet Vernunftwesen vom Rest der Welt. Im Prinzip läßt sich daher die Funktion des Rechtsgesetzes mit Kant negativ beschreiben: Das Rechtsgesetz formuliert die moralischen Schranken möglicher Gewaltanwendung gegen freie Wesen d. h.: »in der Idee« (§ C) sind Handlungen anderer auf solche eingeschränkt, die nicht die Sphäre meiner moralischmöglichen Selbstbestimmung tangieren. – Eine Kritik der »Unabhängigkeitsthese« z. B. Kersting S. 37 ff. und XXVII 520,35 f.

33. Aus diesem Tatbestand bezieht der Verdacht der »Leere« des Kantischen Rechtsgesetzes (z. B. Metzger S. 83) seine vordergründige Plausibilität.

34. Das *innere* Meine ist Gegenstand meiner *äußeren* Freiheit (237,15 f.). Deggaus Ausschluß des ersteren aus der Sphäre der – rechtlich ausschließlich relevanten – äußeren Freiheit (beachte Deggau S. 124,24 f.) scheint der Grund für das Scheitern seiner Privatrechts-Rekonstruktion zu sein (s. u.).

35. Vgl. Höffe 1982 S. 357.

36. Ein Übergang vom Recht als einer Art Zweierbeziehung zum Recht als System ist daher auch nicht das Problem, welches von § B und § C leitet. Daß in § B nur zwei

im Sinne einer Abkopplung der legitimen Gewaltanwendung von den auto-
nomen Subjekten entwickelt: »Der Grund der Existenz der Staatsgewalt«
wird im »Aneignungshandeln der Individuen« zu suchen sein (Tuschling
1978, S. 203). Die Identität von Recht und Zwang aber ist *vor* aller Naturzu-
stands- und damit Privatrechtserörterung aufgewiesen.[37]

B. DAS PRIVATRECHT

Gegenstand des Privatrechts sind die Rechte und die Pflichten der Rechtssubjekte unter Absehung der »rechtlichen Form ihres Beisammenseins (Verfassung)« (306,34). Diese zerfallen in die angeborenen und die »durch einen
äußerlichen rechtlichen Akt« erworbenen (258,12, vgl. 237,18f.).

Individuen auftreten, hat keine systematische Funktion, sondern dient nur einer unproblematischen Darstellung. Daß Menschen a priori im Gesamtzusammenhang ihres Handelns und nicht als paarweise gegenüberstehende Personen zu Rechtssubjekten werden,
ergibt sich unmittelbar durch die Ableitung des Rechtsgesetzes aus dem kategorischen
Imperativ, denn dieser regelt von vornherein das praktische Verhältnis des einzelnen zu
allen Vernunftwesen. Daher wird auch in den §§ B/C nicht durch »logische Generalisie-
rung« vom »zweiseitigen Verhältnis« ein »allseitiges Verpflichtungsverhältnis« entwickelt
(Tuschling 1978 S. 303), denn das Verpflichtungsverhältnis ist überhaupt nur als allgemeines aus der praktischen Vernunft ableitbar und als solches logisch primär.
       Auch der § E gibt nicht mehr her, als oben angegeben wurde. Verleiten die Überschrift
und der erste Satz womöglich zu der Vermutung, daß Kant hier das Recht bereits als von
den Individuen abgetrennte Zwangsinstitution konzipiert, so sehen wir an den nachfolgenden *Begründungen* für das Behauptete, daß ausschließlich die vollständige Ausschöp-
fung des Rechts durch den Zwang Thema ist, und jede weitergehende Behauptung Kants
hier unbewiesen bliebe, so daß man sie bestenfalls als unbeabsichtigten Vorgriff, sicherlich
aber nicht als systematische Fortentwicklung des Gedankens begreifen dürfte. Recht *muß*
darüber hinaus (wenngleich nur »provisorisch«) ohne Staat möglich sein, da sonst kein
provisorischer Besitz (d. h. kein – provisorisches – *Recht* in einer Sache, § 9, § 17) denkbar
ist; woher sonst das Recht, jemanden in den bürgerlichen Zustand zu zwingen (§ 41 f.);
was könnte sonst das Wort »Völkerrecht« bedeuten? (s. u.), vgl. Kersting S. 209. Einen
indirekten Hinweis darauf, daß Kant noch nicht an die von den Subjekten abgelöste
Institutionalisierung des Zwanges denkt, stellt das Beispiel der Gleichheit der Wirkung
und der Gegenwirkung aus der Naturphilosophie (§ E Anm.) dar, zumal hierbei die
Körper selbst wechselseitig aufeinander wirken und nicht z. B. von einer externen Kraft
bewegt werden.
       37. Kant hat an keiner Stelle Gebrauch von Naturzustandsvorstellungen gemacht! Die
Veranlassung zu äußeren Zwangshandlungen, die sich aus Momenten des status naturalis
ergibt, ist erst im Rahmen der Erörterungen in den §§ 40–44 Thema. Die Identität von
Recht und Zwang folgt allein aus der Kantischen Idee der Gesetzesunterworfenheit (=
Freiheit, vgl. TL Einl. X) des freien Subjekts (anders z. B. Hofmann S. 27f.).

a) Das Privatrecht in Ansehung des inneren Mein und Dein

»Das angeborene Recht ist nur ein einziges« – weshalb es in der MdS »in die Prolegomenen geworfen« wurde (s. o.) –: »Freiheit (Unabhängigkeit von eines anderen nötigender Willkür), sofern sie mit jedes anderen Freiheit nach einem allgemeinen Gesetz zusammen bestehen kann« (237,27 f.). Es enthält folgende vier Bestimmungen (die von den Naturrechtslehrern zwecks Vereinfachung der Anwendungen als separate Rechtstitel angegeben wurden; 238,12 f.): Gleichheit, die Qualität, sein eigener Herr zu sein, die Unbescholtenheit und die Befugnis, das gegen andere zu tun, was das Ihre nicht schmälert. Dieses Recht kommt »jedem Menschen kraft seiner Menschheit« zu.

Suchen wir den Geltungsgrund für dieses Recht in der MdS, so zeigt schon ein flüchtiger Blick, daß wir ihn hier nicht finden können: Der Begriff der »Menschheit« wird an keiner Stelle als Quelle moralischer Verbindlichkeit entwickelt, sondern stets als solche vorausgesetzt (vgl. 270,21, 276,31, 295,12, 362,36/363,8 ff.); er weist offensichtlich systematisch aus der MdS hinaus.[38]

Ziehen wir die KpV zu Rate (welche laut Vorrede systematische Voraussetzung der MdS ist), so erfahren wir dort alles Notwendige für die Rekonstruktion der Verbindlichkeit des Menschenrechts: Der Mensch ist vermittels der Menschheit in seiner Person

1) »Subjekt des moralischen Gesetzes« und
2) »Zweck an sich selbst« und daher
3) »keiner Absicht zu unterwerfen, die nicht nach einem Gesetze, welches aus dem Willen des leidenden Subjekts selbst entspringen konnte, möglich ist« (V 87).

Die obengenannten Titel des angeborenen Rechts ergeben sich zwangslos aus den angeführten Charakteristika der »Menschheit«: Die rechtliche Gleichheit ist die Folge der Unterworfenheit aller Vernunftwesen unter dasselbe Gesetz (sie ist daher Gleichheit vor dem Gesetz und nicht etwa materiale Gleichheit), die Qualität, sein eigener Herr zu sein, ist das rechtliche Pendant zur Befugnis autonomer Zwecksetzung (d. i. das Recht, nicht bloß als Mittel behandelt zu werden). Daß ich gegen andere das tun darf, was das Ihre nicht schmälert, ist äquivalent zu der Behauptung, daß ich sie durch meine Handlungen nur insoweit tangieren darf, als sie dadurch nicht unausweichlich meinen willkürlichen Absichten unterworfen werden. Die Unbescholtenheit stellt nur fest, daß ich ausschließlich durch Handlungen, die mir zugerechnet

---

38. Dies erklärt auch die Vermutung von Metzger S. 69, daß eine Ableitung des Menschenrechts aus äußeren Gründen nicht zu finden ist. Dennoch ist der Text in dieser Form als vollständig anzusehen (vgl. Haensel S. 24 f.).

werden können (facta), Unrecht begehen kann, d. i., daß z. B. meine Geburt als Mensch einer bestimmten Rasse, eines Standes oder Geschlechts keinen rechtlichen Unterschied zu anderen ausmacht – eine Bestimmung, die schon in der Einleitung in die MdS entwickelt wurde.

Mit dem angeborenen Recht ist nun die physische Person in die Rechtswelt eingedrungen. Die unmittelbare Ankopplung der Bewegung des Leibes an die Willkür – d. i. die Realisierung von Zwecken in äußeren Handlungen – ermöglicht es umgekehrt allererst, durch ebensolche äußeren Handlungen die Person zu affizieren. Die bloß intelligiblen Bestimmungen meiner Freiheit (Zweck an sich selbst sein, mir selbst das Gesetz geben, keiner fremden Absicht unterworfen sein) bestimmen mir so in einer – idealisierten – Rechtswelt einen gleichsam sinnlichen Freiraum äußeren Handelns: An den Handlungen, die mit der Freiheit anderer verträglich sind, werde ich nicht gehindert.

Mit den genannten vier Titeln ist das angeborene Recht erschöpft.[39] Daß sich die Kantische Theorie hierin von denen seiner Zeitgenossen (die – wie auch Wolff – prinzipiell endlose Kataloge von Menschenrechten aufstellten, vgl. Kersting S. 97) unterscheidet, ist offensichtlich und hinreichend bekannt. Der Preis für eine Ableitung aus dem Vernunftbegriff der Freiheit ist der Fortfall aller solcher Rechte, die sich aus der speziellen sinnlichen Natur des Menschen ergeben könnten – der bezweckte Gewinn ist eine gesicherte Deduktionsbasis und die Gewißheit der Vollständigkeit der gelieferten rechtlichen Bestimmungen.

Halten wir noch folgendes fest: Das angeborene Recht der Menschheit wird nicht etwa *aus* dem allgemeinen Rechtsgesetz abgeleitet, sondern findet sich systematisch auf derselben Ebene. Es ist *direkte* Folge der intelligiblen Freiheit wie der kategorische Imperativ – und mit diesem das Rechtsgesetz (vgl. KpV §§ 5, 6 und KpV I, I, 3; V 86,33 f.).

Gehen wir nun über zu einer kurzen Untersuchung der inhaltlichen Implikationen des Menschenrechts, die das Verständnis des nachfolgenden Privatrechts bzgl. des äußeren Mein und Dein erleichtert.

Zunächst ergibt sich direkt, daß das angeborene Recht das auf körperliche Unversehrtheit und auf beliebige (selbstverständlich auf die Verträglichkeit mit anderen eingeschränkte) physische Handlungen enthält. Daraus leitet sich unmittelbar ab, daß nicht nur derjenige, der meinen Körper, sondern auch derjenige, der etwas affiziert, mit dem ich physisch verbunden bin, mir Unrecht tut – mich lädiert (jemand, der mir einen »*Apfel* aus der Hand winden« will, muß meine *Finger* umbiegen). So führt eine elementare Betrachtung des inneren Meinen zu einem – vorläufigen – Begriff vom rechtlich Meinen überhaupt: Ich bin demzufolge in einem gleichsam rechtlichen Be-

---

39. Eine ausführliche Besprechung des Menschenrechts bei Kersting S. 89ff.

sitz meines Körpers – dies ist die *Folge* und nicht etwa die Voraussetzung
meiner (äußeren) Freiheit als Vernunftwesen! – und aller Dinge, die mit mir
so verbunden sind, daß der Zugriff eines anderen meine Willkür direkt affiziert (s. u. § 6 Abs. 2).[40] – Wohlgemerkt: Äußere Gegenstände kommen hier
als solche noch gar nicht in den Blick, sondern bloß sofern sie mit meinem
Körper physisch verbunden sind. Erschöpften sich die Rechte der Menschen
in dem angeborenen Recht, so ergäbe sich eine Art »Kommunismus nach
Rechtsgesetzen«[41] der praktischen Vernunft: Die durch moralisch möglichen
Zwang gesicherten Rechte der Rechtssubjekte beschränkten sich auf den
Schutz der körperlichen Unversehrtheit und der unbehinderten unmittelbar
physischen Handhabung äußerer Gegenstände. Verdeutlichen wir den letzten Punkt an einem Beispiel: Ich habe Gebrauch von einem Gegenstand
gemacht, ihn aus der Hand gelegt und möchte ihn nun wieder benutzen. In
der Zwischenzeit hat ein anderer – mir zuvorkommend – ihn in seinen Besitz
genommen. Da mein Gebrauch jenes Gegenstands nun das innere Seine des
anderen lädieren würde (vgl. 248,1 f.), kann ich mich rechtlich genausowenig
auf ihn beziehen wie auf einen Gegenstand, den es gar nicht gibt. Eine
gegenüber anderen ausgezeichnete rechtliche Beziehung zu Gegenständen,
die unabhängig von der Inhabung ist, kommt überhaupt nicht in den
Blick.[42]

40. Diese elementare Implikation des später so benannten »analytischen Rechtssatzes
in Ansehung des empirischen Besitzes« (§ 6 Abs. 2) verkennt Deggau (S. 123 f.) und verfehlt damit die gesamte logische Struktur der Besitzlehre, wodurch er zu einer durch und
durch »aporetischen« Rekonstruktion der Rechtslehre gelangt.
41. Grotius beschreibt in »De iure belli ac pacis« (II,2) einen solchen Zustand als
Urzustand der menschlichen Gemeinschaft, in welchem der physische Besitz das Eigentum vertrat. Kant verwendet das zweistufige Modell von Grotius, faßt die vermeintliche
historische Abfolge jedoch ausschließlich als Begründungszusammenhang. Den Terminus
»Kommunismus« gebrauche ich an dieser Stelle in Anlehnung an Brandt 1974 S. 187.
42. Selbstverständlich ist der physische Gebrauch äußerer Sachen (z. B. als Nahrungs-
mittel) möglich, ohne daß diese zum äußeren *Meinen* gehören. Das äußere Mein ist (s. u.)
ja gerade derart definiert, daß ich jeden Fremdgebrauch auch (und gerade) dann verhindern darf, wenn ich *nicht* im physischen Besitz bin – welcher letzterer aber (§ 1 Abs. 1) für
sich allein schon die hinreichende Bedingung der Möglichkeit des physischen Gebrauchs
ist. Da ich gegenüber Sachen keine Verbindlichkeit habe, kann – sofern es kein äußeres
Mein und Dein gibt – der physische Gebrauch von Gegenständen nur dort seine Grenze
finden, wo ich in das angeborene Recht anderer eingreife. Am Verspeisen eines Apfels –
den ich ohne Läsion eines anderen in meine Gewalt gebracht habe (d. h., den ich nieman-
dem entrissen habe) – darf mich demzufolge niemand hindern, da er mich andernfalls in
Ansehung des inneren Meinen lädieren würde (§ 4 a.) Allerdings wäre es terminologisch
wenig zweckmäßig, jenen Apfel aus diesem Grunde allein schon als zum »inneren Meinen« gehörend zu bezeichnen: Er ist und bleibt ein äußerer Gegenstand, an dessen
Gebrauch mich keiner hindern darf, *weil* ich ihn gerade physisch besitze – nicht mehr und
nicht weniger.
Eine Art des Gebrauchs äußerer Gegenstände, der hingegen unmöglich ist, wenn diese

Inwieweit eine Rechtsgesellschaft der angeführten Struktur realisiert werden könnte und welcher institutionellen Ausstattung sie bedürfte – die Frage
nach dem öffentlichen Recht in derselben –, findet bei Kant genausowenig
Beachtung wie in der gesamten neuzeitlichen Rechts- und Staatsphilosophie.
Das zentrale Interesse der Rechtskonstruktion bietet dort stets das *äußere*
Mein und Dein. Das Recht, solange es als Quelle seiner Bestimmungen nur
das angeborene Recht kennt – ich nenne dies in der Folge, allein um die
Sprechweise zu vereinfachen »bloßes Freiheitsrecht«–, vermag weder dessen
Notwendigkeit noch dessen Möglichkeit hervorzubringen (vgl. § 6 Abs. 6/
247,1 f.).

Das Privatrecht als Lehre vom inneren u n d (rechtlich notwendigen) äußeren Mein und Dein muß folglich noch einen weiteren Geltungsgrund für
seine Gesetze kennen. Dessen Ableitung ist der Gegenstand der §§ 1–9 des
Privatrechts.

b) Das Privatrecht in Ansehung des äußeren Mein und Dein

α) Die Besitzlehre

Durch die Umstellung des Postulats in den § 6 ergibt sich für das erste
Hauptstück eine klare Gliederung:

Der erste Paragraph liefert, neben der Bereitstellung der Terminologie, die
Problemexposition und die Richtung, in der der Lösungsweg für die Beantwortung der Frage »Wie ist ein äußeres Mein und Dein möglich?« beschritten
werden soll. Diese Aufgabe wird in den §§ 4–6 gelöst – jeweils mit Angabe
der einzelnen Schritte in den Überschriften der Paragraphen. In § 7 wird die
Anwendung des in § 6 deduzierten intelligiblen Besitzbegriffes diskutiert,
bevor dann die §§ 8 und 9 die äußeren Bedingungen der Möglichkeit des
äußeren Mein und Dein entwickeln.

§ 1

Im ersten Paragraphen wird »das rechtlich Meine« *definiert:* Alle anderen
Termini können als wohlbekannt vorausgesetzt werden. Gebrauch und Be-

---

nicht zum »äußeren Meinen« gehören, ist z. B. der Ackerbau (vgl. dazu Rousseaus »Discours sur l'origine et les fondements de l'inégalité parmi les hommes« Teil 2): Das
Zerstören der Aussaat auf einem von mir bestellten Acker ist einem anderen nur dann
verboten, wenn der Acker zum *äußeren Meinen* gehört, d. h., falls die Handlungen jenes
anderen meine Freiheit auch dann verletzen, wenn sie mein angeborenes Recht nicht
tangieren – denn ich kann unmöglich während der gesamten Zeit in einer solchen physischen Beziehung zum Acker stehen, daß dessen Gebrauch durch andere mich in Ansehung
des inneren Meinen lädieren würde.

sitz sind zunächst – da sie nirgends besonders eingeführt wurden – wie im alltäglichen Sprachgebrauch üblich aufzufassen[43]: Der Besitz kann zunächst als physischer verstanden werden – er soll ja erst in der Folge über diesen hinaus »erweitert« werden (§ 6 Abs. 3). Da er die subjektive Bedingung des Gebrauchs darstellt, kann auch jener nur als physische Verfügung gedacht werden. Der Begriff der Läsion[44] wurde – wie oben erwähnt – der Sache nach schon in § C eingeführt, wird aber (in der 2. Auflage) erst in § 5 expressis verbis definiert. Das ist unter systematischen Gesichtspunkten allerdings unerheblich und hindert uns nicht, ihn in § 1 als wohlbekanntes Definiens zu behandeln: Wer mich lädiert, tut Abbruch meiner Freiheit.

Die Definition selbst (»Das rechtlich Meine (...) ist dasjenige, womit ich so verbunden bin, daß der Gebrauch, den ein anderer ohne meine Einwilligung von ihm machen möchte, mich lädieren würde.«) zeigt sofort, daß jeder Eingriff eines anderen in die Sphäre des von mir physisch Besessenen sich auf dieser Stufe der Reflexion als eine Läsion meiner auf das rechtlich Meine richtet (s. o.).

Wie ist es aber bei äußeren, nicht notwendig mit mir verbundenen Gegenständen im allgemeinen? Aus der Definition des rechtlich Meinen und dem Begriff eines äußeren Gegenstandes ergibt sich, daß z. B. die Rede von einer äußeren Sache[45] als der meinen unter den bisherigen Voraussetzungen einen Widerspruch in sich birgt: Denn etwas mir Äußeres ist von mir unterschieden und braucht sich also nicht in meinem physischen Besitz befinden – nur dann aber wäre es von meiner Willkür durchdrungen und gehörte rechtlich zu mir wie mein Körper. Damit es unter den bisherigen Voraussetzungen rechtlich Meines sein kann, müßte es *stets* mit mir physisch verbunden sein, da sonst die Läsion – die zunächst nur auf das innere Meine zielt – nicht jederzeit statthaben könnte, was aber die *rechtliche* Qualität des Besitzes aufheben würde.

Die Lösung des Widerspruchs kann laut Kant nur in der Aufdeckung eines anderen – nicht physischen – Besitzverhältnisses liegen, welches unabhängig von der Inhabung den Gebrauch, den ein anderer von Meinem macht, zu

43. Klare Hinweise für die Verwendung der Worte »Besitz«, »Inhabung«, »rechtlich Meines« usw., liefert der erste Absatz von Abschnitt 3 des »Anhangs« (359,6f vgl. auch Anm. 50).

44. Ganz zu Recht fragte schon Bouterwek in seiner Rezension an dieser Stelle »aber was heißt lädieren?« (XX 448,13).

45. Obwohl s. u. – des öfteren der Begriff der »Sache« stellvertretend für den des »Gegenstandes der Willkür« überhaupt benutzt wird, sollte man ihn hier (245,13 f.) wohl durchaus im engeren Sinne verstehen: Nur der Fall der äußeren Sache ist in seiner Problematik so leicht einsehbar, daß an seinem Beispiel schon vor der eigentlichen Exposition (§ 4) die Antinomie im Begriff des äußeren Meinen (vgl. § 7 Anm.) vorgestellt werden kann, welche in systematischer Arbeit erst in der Sacherklärung (§ 5) benutzt wird. Vgl. auch die Definition der Sache in der phil. pr. univ. (223,32).

einer Verletzung meiner Freiheit werden läßt – oder mit § 5 gesprochen: »In irgendeinem Besitze des Gegenstandes muß ich sein, wenn der Gegenstand Mein heißen soll«, denn nur Läsionen sind rechtlich relevante Handlungen. Der Begriff des Besitzes muß also – das ist das Beweisprogramm für die Paragraphen 4–6 – über den des bloß empirischen hinaus (vgl. § 6 Abs. 3) erweitert werden, um ein äußeres Mein und Dein möglich zu machen.

§§ 4–7

Die in derExposition des Begriffs vom äußeren Mein und Dein (§ 4) vorgenommene Aufgliederung desselben ist – wie eine Betrachtung der folgenden Paragraphen unmittelbar zeigt – nicht konstitutiv für die folgende Argumentation in der Besitzlehre. Die Exposition legt den Umfang des Begriffs vom äußeren Mein und Dein dar; die Vollständigkeit wird als durch die Orientierung an der dritten Klasse der Kategorientafel der KrV gesichert unterstellt. Warum aber hier diese Exposition, wenn sie in ihrer unterscheidenden Potenz nicht nutzbar gemacht wird?

Die Lösung liefert eine Bemerkung in § 5: »Es muß zufolge des § 4 (!) ein intelligibler Besitz vorausgesetzt werden, wenn es ein äußeres Mein und Dein geben soll.« Was hat § 4 diesbezüglich geleistet? – Dreierlei:

a) Bei äußeren Gegenständen im Raume ist die Unterschiedenheit von mir als Subjekt der *räumlichen Trennbarkeit* geschuldet; diese schließt zugleich die permanente Lädierbarkeit meinerdurch den Gebrauch, den ein anderer von ihm macht, aus; es sei denn, es gibt einen nicht physischen Besitz.

b) Im Falle, daß ich die Willkür eines anderen bezüglich einer von ihm auszuführenden Handlung (sei es die Übereignung einer Sache – § 7 Abs. 3 – oder das Vollbringen einer Leistung) als etwas Äußeres zum rechtlich Meinen zählen will, ist es die *zeitliche Kluft* zwischen dem jetzt abgegebenen Versprechen und der erst für später zugesicherten Einlösung desselben, die nur durch einen intelligiblen Besitz überwunden werden kann. Denn ohne diesen ist die Willkür des anderen zwar durch seine Einwilligung (vgl. § 1) zum Zeitpunkt des Versprechens zur meinen geworden, sie bleibt es aber nicht notwendigerweise, weil ich später ohne seine dann aktuelle Zustimmung keinen Anspruch auf sie hätte. Ich dürfte ihn »nicht zur Leistung bestimmen«, d. i. zwingen, was (§ D) mit dem Recht auf diese Leistung identisch wäre.

c) Beim Besitz des Zustandes einer Person ergibt sich – wie der Name des ihn konstituierenden »auf dingliche Art persönlichen Rechts« (vgl. § 22 f.) schon andeutet – das zweifache Problem, daß zum einen die *räumliche Trennung* von mir und der anderen Person (als Sache – § 22) keine Rolle für meine Rechtsansprüche spielen darf (vgl. »im Zwinger und in meiner Gewalt und Besitz habe« § 4c), zum anderen die *zeitliche Kluft* zwischen

Erwerbungsakt der Person und späterem Besitzanspruch überbrückt werden muß (vgl. »... weil ich sie als jetzt (!) zu meinem Hauswesen gehörig befehlige« § 4c). Also muß auch, um den Rechtstitel eines auf dingliche Art persönlichen Rechts zu ermöglichen, ein intelligibler Besitz vorausgesetzt werden.

Die Exposition des Begriffs vom äußeren Mein und Dein zeigt folglich auf, daß in *allen* drei möglichen Objektklassen seines Bezugs – und nicht nur im Falle äußerer Sachen wie in dem für die Antinomie im ersten Paragraphen angeführten Beispiel – stets das Moment, welches einen Gegenstand für mich zu einem äußeren macht, zugleich die Lädierbarkeit meiner durch den Gebrauch eines anderen aufhebt – oder: Die vollständige Analyse der möglichen äußeren Gegenstände ergibt (unter Heranziehung der Behauptung des § 1), daß, »wenn es ein äußeres Mein und Dein geben soll« (§ 5), es in allen in Frage kommenden Fällen nur unter Voraussetzung einer possessio noumenon möglich ist (vgl. auch § 6 Abs. 7 / 252,21 f.).

Vor der inhaltlichen Auswertung dieses Zwischenergebnisses des § 5 ist eine die Sprechweise betreffende Bemerkung vonnöten: Da – wie schon oben erwähnt – die folgenden Argumentationen sich auf alle drei Klassen möglichen Meins und Deins beziehen, muß es zunächst verwundern, daß mehrfach Formulierungen auftauchen, die offensichtlich nur an der ersten Klasse (Sachen) von äußeren Gegenständen orientiert sind – man nehme als Beispiel den gesperrten Satzteil der Sacherklärung in § 5, welcher (abgesehen von dem fehlenden »physischen« und der Formulierung »ob ich gleich« – »obgleich ich«) ein wörtliches Zitat aus § 4a darstellt. Daß daraus aber keineswegs der Schluß gezogen werden muß, es würde auch der Intention nach nur vom (Sach-)Eigentum gesprochen, ersieht man unmittelbar aus dem Sachverhalt, daß keine separate Behandlung der zweiten und dritten Klasse von äußeren Gegenständen in der Besitzlehre vorgenommen wird. In den §§ 1–7 besteht der spezielle Bezug auf die Sachen vornehmlich darin, daß das Nichtvorhandensein einer Rechtsverbindung wie der der physischen Inhabung im Falle der äußeren Gegenstände an ihrem unmittelbar durchschaubaren Beispiel formuliert wird. Positive spezifische Bestimmungsstücke des Sacheigentums werden in systematischer Absicht nicht bemüht, so daß wir die Orientierung an der ersten Klasse der äußeren Gegenstände in der Besitzlehre als eine bloß terminologische zwar zur Kenntnis nehmen, ihr argumentationstechnisch aber keine Bedeutung zuzumessen brauchen.

Der § 5 liefert Namen- und Sacherklärung des äußeren Mein und Dein, wobei letztere zur Deduktion des Begriffs eines intelligiblen Besitzes zureicht (249,4 f.; der Text suggeriert hier »Deduktion des Begriffs des äußeren Mein und Dein«, was aber angesichts der Tatsache, daß letzterer in der Folge nicht deduziert wird – sondern der eines intelligiblen Besitzes –, eine sinnlose Lesart abgäbe).

Gehen wir sogleich zur Sacherklärung über, so finden wir deren Differenz zur Namenerklärung darin, daß nun der Begriff des »äußeren Gegenstandes« durch die Formel: Ein Gegenstand »im Besitze desselben ich nicht bin« ersetzt worden ist: »Das äußere Meine ist dasjenige, in dessen Gebrauch mich zu hindern, Läsion sein würde, ob ich gleich nicht im Besitz desselben (. . .) bin.« Der gesperrte Passus ist – bis auf das fehlende »physischen« (s. o.) – ein wörtliches Zitat aus § 4a (der in dieser Hinsicht, wie eben erwähnt, stellvertretend für alle drei Klassen äußerer Gegenstände zu nehmen ist): Die Exposition[46] hatte für alle äußeren Gegenstände gezeigt, daß sie qua ihrer Äußerlichkeit nicht notwendig in meinem physischen Besitz sind. Diese Erkenntnis, die in § 4 gewonnen wurde, macht den intelligiblen Besitz zur notwendigen wie hinreichenden Bedingung des äußeren Mein und Dein und liefert damit das Deduktionsproblem, dessen Auflösung die »Erkenntnis der Möglichkeit des Gegenstandes« darstellt.

Haben wir also bisher den Begriff des äußeren Meinen extensional bestimmt, indem wir die Klassen der äußeren Gegenstände nach den Momenten der Relation vollständig aufgelistet hatten, und haben wir unter Rückgriff auf diese Exposition in der Sacherklärung die Bedingung seiner Möglichkeit angegeben, so bleibt uns noch, die Rechtmäßigkeit der Verwendung desselben zu zeigen: Die Deduktion des Begriffs eines nicht physischen Besitzes – denn es ist noch zu erweisen, daß diesem praktische Realität zukommt.

Resümieren wir das bisher Erreichte mit Kant (§ 6): Die Frage »Wie ist ein äußeres Mein und Dein möglich« wird gemäß § 1 beantwortet: indem die Möglichkeit eines intelligiblen Besitzes aufgewiesen wird, durch den der Gebrauch, den ein anderer (ohne meine Einwilligung) von einer Sache außer mir macht, zu einer Läsion meiner Person werden kann. Die erste Frage löst sich also in die nach der Möglichkeit eines intelligiblen Besitzes auf. Diese zweite Frage wiederum ist »zufolge des § 4« positiv beantwortet, »wenn es ein äußeres Mein und Dein geben soll«. Dieses Letzte kann nur ein synthetischer Rechtssatz a priori fordern, und die positive Antwort auf die dritte Frage nach dessen Möglichkeit ist das noch zu erweisende »rechtliche Postulat der praktischen Vernunft« (§ 6 Abs. 4/246,3 f.), an dem nun die gesamte Beweislast hängt.

Der Rechtssatz a priori in Ansehung des empirischen Besitzes (§ 6 Abs. 2) ist analytisch und wurde von mir bereits in der Einleitung zur Besitzlehre – ohne seinen Namen zu nennen – ausgewertet: Die physische Inhabung stiftet unter der alleinigen Voraussetzung des bloßen Freiheitsrechtes einen Rechtsanspruch.

Die bloß-rechtliche Beziehung zu Gegenständen außer mir soll – wie wir gesehen haben – auf einem Umweg konstruiert werden: Erst aus der recht-

---

46. Vgl. Kap. I Anm. 44.

lichen Notwendigkeit (»soll«) des äußeren Mein und Dein ergibt sich (§ 5) die Möglichkeit einer possessio noumenon.[47]

Rekonstruieren wir den »Beweis« – hier im Sinne des Aufweises des Verpflichtungsanspruches verstanden – des Postulats[48], des »Satzes von der Möglichkeit des Besitzes einer Sache (! hier wieder ein terminologischer Lapsus, s. o., B. L.) außer mir (der die Voraussetzung einer possessio noumenon ist)«. Er ist in drei – durch Spiegelstriche getrennte – Abschnitte gegliedert, die ich gesondert auswerten möchte, da nur so seine eigentliche Pointe – die, soweit ich überschauen kann, in der Literatur noch nicht angegeben worden ist – zum Vorschein kommt.[49]

Der erste Abschnitt ist nichts weiter als der Aufweis der Konsequenz eines rechtlichen Verbotes *physischen*[50] Gebrauchs und physischer Inhabung: Sollte es nicht möglich sein, von den Gegenständen, die physisch in meiner Macht stehen, rechtmäßigen Gebrauch zu machen, so würden sie außer aller (!) Möglichkeit des Gebrauchs gesetzt, d. h., die Freiheit würde sich selbst des Gebrauchs ihrer Willkür in Ansehung eines Gegenstandes derselben berauben.

Eine solche Einschränkung meiner Freiheit ist aber als eine auf ein Freiheitsgesetz gegründete nicht möglich, denn eine jede Handlung ist recht, wenn sie nur nicht die Freiheit eines anderen verletzt (§ C) – der Gebrauch von Gegenständen stellt (sofern sie ohne Verstoß gegen das Axiom des Rechts in Besitz genommen wurden) kein Unrecht dar und darf somit nicht verhindert werden. Im Prinzip haben wir bisher noch nichts gegenüber dem analytischen Rechtssatz gewonnen[51]: Ein Freiheitsrecht, welches den physi-

---

47. Vgl. Lübbe-Wolff S. 299.

48. Das Wort »Postulat« wird von Kant in leicht variierender Weise benutzt, vgl. 231,18, IV 429,17, V 124f. und KrV B 265ff. Eine generelle Leseart, mit der man in den späten moralphilosophischen Schriften gut arbeiten kann, ist in Anlehnung an die genannte KpV-Stelle die folgende: Gegenstand der Postulate der praktischen Vernunft sind die notwendigen Realisierungsbedingungen der Forderungen, die sich aus dem kategorischen Imperativ ergeben – so Unsterblichkeit der Seele, Gott wie auch Rechtsgesetz und äußeres Mein und Dein bzw. intelligibler Besitz.

49. Als Beispiel hier nur Brandt 1974 S. 188, Deggau S. 79f; Geismann 1982, S. 180f.; Goyard-Fabre S. 104f.; Gregor S. 54f.; Kaulbach 1982 S. 35ff.; Kersting S. 127ff.; Metzger S. 93f.; Luf S. 78f.; Lehmann S. 198f.; Saage S. 12f.; Sänger S. 218f.; Shell S. 80f.; Tuschling 1978 S. 304f.

50. Hier kann nur vom *physischen* Gebrauch die Rede sein, weil (gemäß der Definition des Besitzes im ersten Absatz des § 1) ohne intelligiblen Besitz kein nicht-physischer Gebrauch als rechtlicher möglich ist. Sollte es nicht möglich sein, an dieser Stelle ausschließlich mit dem physischen Gebrauch zu argumentieren, wäre folglich entweder die Kantische Ableitung des intelligiblen Besitzes zirkulär (weil sie den intelligiblen Gebrauch – und damit den intelligiblen Besitz – selbst voraussetzte) oder die Definition des Besitzes in § 1 (wie im »Anhang 3«) unbrauchbar.

51. Im strengen Sinne besteht der Gewinn gegenüber dem analytischen Rechtssatz

schen Gebrauch von Gegenständen verbietet, wäre in sich widersprechend, da die rechtliche Möglichkeit des physischen Gebrauchs analytisch im Begriff der äußeren Freiheit enthalten ist (§ 6 Abs. 2).[52] Die »Erweiterung« welche in § 6 Abs. 3 angekündigt ist, wird in der Tat auch erst im zweiten Beweisschritt geliefert:

Die reine praktische Vernunft – diejenige Instanz also, welche für die ganze Sittenlehre das Fundament bildet – kann nur »formale Gesetze zum Gebrauch der Willkür zum Grunde legen« und muß daher von aller Beschaffenheit der Objekte bis auf die, daß sie Gegenstände der Willkür sind, abstrahieren. Dann sind aber prinzipiell nur zwei Gesetze bezüglich des Besitzes dieser Gegenstände möglich: a) *kein* Gegenstand meiner Willkür oder b) *jeder* Gegenstand meiner Willkür kann der rechtlich Meine sein – mit anderen Worten: Das (generelle) Verbot oder die (generelle) Erlaubnis. Das »absolute Verbot« allen (d. h. auch physischen) Besitzes und damit allen Gebrauches der Gegenstände der Willkür führt – wie wir im ersten Beweisschritt gesehen hatten – zum »Widerspruch der äußeren Freiheit mit sich selbst«.[53]

Was aber nicht verboten ist, das ist erlaubt: Es bleibt also nur die generelle Erlaubnis, wenn das Recht nicht bloßes Freiheitsrecht (im Sinne von S. 106), sondern auch noch Vernunftrecht sein soll, als welches es in der Kantischen Theorie überhaupt erst seinen Geltungsanspruch formulieren kann. Da ein Gegenstand meiner Willkür eben nur in meiner Macht stehen und sich nicht aktuell in meiner Gewalt befinden muß,[54] ersteres aber nur voraussetzt, daß ich ihn als von mir physisch besitzbar *denken kann*, ist es eine »Voraussetzung a priori der praktischen Vernunft«, einen *jeden* Gegenstand der Willkür als objektiv mögliches Mein anzusehen und zu behandeln; qued.

Bringen wir den Beweis unabhängig vom Text noch einmal auf eine kurze Formel:

darin, daß nun die Verhinderung der Besitznehmung als rechtswidrig erwiesen ist, während der analytische Rechtssatz noch mit einem (absurden) Rechtskonzept vereinbar wäre, in dem *jede* Besitz*nehmung* äußerer Gegenstände verboten ist und sich das Problem des rechtmäßigen *Besitzes* gar nicht stellt.

52. Dieser erste Schritt ist schon in XXIII 294,6 ff. zu finden (vgl. unten »Anhang«). In dem dort aufgeführten »Analytischen Prinzip« fungiert er als »das zweite«.

53. Der »Widerspruch der äußeren Freiheit mit sich selbst« ist im ersten Beweisschritt expressis verbis benannt: Sollte der Gebrauch rechtlich unmöglich (d. i. *unrecht*) sein, so setzte er »brauchbare Gegenstände außer aller Möglichkeit des Gebrauchs« und schränkte damit die Freiheit ein, »obgleich die Willkür formaliter im Gebrauch der Sachen mit jedermanns Freiheit nach allgemeinen Gesetzen zusammenstimmte«, also gemäß § C recht wäre; d. h., das generelle Verbot des – empirischen – Gebrauchs erklärt Handlungen für unrecht, die gemäß dem allgemeinen Rechtsprinzip rechtens sind: Widerspruch!

54. Dies ist die in Schritt 2 geforderte Abstraktion von der »übrigen Beschaffenheit des Objekts, wenn es nur Gegenstand der Willkür ist«.

Das Recht kennt als *Vernunftrecht* nur formale Gesetze und kann daher nur entweder die allgemeine Erlaubnis oder das absolute Verbot des Besitzes der Gegenstände der Willkür erteilen. Als *Freiheitsrecht* kann es aber kein Verbot des physischen Gebrauchs und Besitzes der Gegenstände enthalten; ergo: Das absolute Verbot ist nicht möglich, es bleibt nur die allgemeine Erlaubnis, jeden möglichen Gegenstand der Willkür unabhängig von dessen empirischem Verhältnis zum Besitzer als objektiv mögliches Mein und Dein anzusehen.[55]

Selbstverständlich ganz zu Recht kommentiert Kant dann auch das Postulat mit der Bemerkung, daß wir die Befugnis, andere am Gebrauch mit uns nicht verbundener Gegenstände zu hindern, »aus bloßen Begriffen vom Rechte überhaupt nicht herausbringen konnten« (§ 6 Abs. 6 / 247,1 f.): Der Begriff des Rechts als Freiheitsrecht – löst man ihn von der spezifischen Kantischen Begründung ab – ließ (wie oben gezeigt) noch den Kommunismus nach Rechtsgesetzen zu. Erst die Einbeziehung der Anforderungen, die sich durch die Begründungsinstanz (die praktische Vernunft[56]) ergeben, macht ihn in der Kantischen Theorie unmöglich. Diese Idee stellt das eigentlich Neue der Druckschrift dar – die Vorarbeiten müssen auf andere Mittel zurückgreifen, die im Lichte der Fassung von 1797 nicht bestehen können.

Noch eine Anmerkung zu den beiden Formeln des Postulats, die durch ein »d. i.« verbunden sind. Die erste der beiden impliziert offensichtlich die zweite, aber nicht umgekehrt: Wenn es möglich ist, jeden äußeren Gegenstand der Willkür als den meinen zu haben, so ist trivialerweise ein »objektiv herrenloser Gegenstand der Willkür« (d. h. ein solcher, den niemand als den Seinen haben kann) unmöglich.

Diese zweite Behauptung impliziert aber ihrerseits nicht, daß *ich* jeden äußeren Gegenstand meiner Willkür als den meinen haben kann: Gerade die Willkür eines anderen (§ 4b) ist prinzipiell nicht herrenlos (sie ist die Seine!), daraus folgt aber nicht, daß z. B. *ich* sie als die *Meine* haben kann, wie es in

---

55. Der Beweis erschöpft sich also nicht in der bloßen Tautologie, daß, wenn der Begriff des rechtlich Meinen von empirischen Bedingungen unbhängig gedacht werden muß, rechtlicher Besitz auch ohne Inhabung möglich ist, denn auf den Begriff des rechtlichen Meinen könnte man ja einfach verzichten und so das Abstraktionsgebot unterlaufen. Erst der Rekurs auf die Unmöglichkeit des rechtlichen Verbots der Inhabung *in Verbindung* mit dem Formalitätspostulat führt zum Ziel.

56. Der § 4 der KpV legt – wenn auch mit etwas anderer Stoßrichtung – dar, daß praktische Gesetze nur formale sein können; auf ihn bzw. das in ihm ausdrücklich allgemeine Formalitätsprinzip greift die Rechtslehre der Sache nach zurück. Während das Rechtsgesetz zunächst nur die Abstraktion von der Besonderheit der *Personen* als Rechtssubjekten thematisiert (»allgemeines Gesetz« – vgl.: Allgemeinheit = Reziprozität, 256,3 f.), fordert das Postulat die Abstraktion von der Besonderheit der *Gegenstände der Willkür* (d. h. davon, in welchem physischen Verhältnis diese zu mir stehen).

der ersten Formel enthalten ist. Die zweite Formel allein wäre folglich für das persönliche Recht (§§ 18–21) zu schwach, was uns aber nicht zu stören braucht, denn der Beweis des Postulats bezog sich auf die erste (vgl. den letzten Satz von § 6 Abs. 5/246,32 f.), so daß sich hier abermals eine Orientierung an den Bestimmungen des Sachenrechts findet. Betrachtet man den Beweisgang des Postulats noch einmal en détail, so erkennt man im übrigen, daß die zweite Formel im Prinzip schon nach dem ersten Schritt bewiesen ist. Für die erste Formel reicht das bis dahin gelieferte Argument selbstverständlich noch nicht, denn die Notwendigkeit der Möglichkeit des physischen Gebrauchs setzt den von der Inhabung unabhängigen Rechtstitel nicht voraus. – Bezeichnend auch, daß der Begriff der »res nullius« nur in der zweiten Formel und im ersten Beweisschritt auftaucht.[57]

Wie schon oben angedeutet, ist nun – nachdem das Postulat bestimmt hat, »daß es ein äußeres Mein und Dein geben soll« – die Deduktion der possessio noumenon praktisch fertig: Die Prämisse des hypothetischen Urteils aus § 5 (»Wenn es ein äußeres Mein und Dein geben soll, muß ein intelligibler Besitz als möglich vorausgesetzt werden«) ist erfüllt, damit ist die Konklusion gültig (§ 6 Abs. 7/252,21 f.).

Im Gegensatz zum physischen Besitz, bei dem die Läsion meiner (durch den Gebrauch, den ein anderer macht) über die Affektion meines Körpers zustande kam und daher vermittels der Sinnlichkeit erkannt werden kann, verlieren sich die theoretischen Prinzipien des äußeren Mein und Dein im Intelligiblen und stellen keine weitere Erkenntnis vor (§ 6 Abs. 10/252,24). *Wie* ich also lädiert werde, vermag ich nicht zu erkennen, *daß* ich es werden kann, ist eine Folge »aus dem praktischen Gesetze der Vernunft (dem kategorischen Imperativ)«. Dies impliziert, daß »die Art etwas Äußeres als das Seine zu haben«, nur in der »bloß rechtlichen Verbindung des Willens mit jenem Gegenstande« (§ 7)[58] bestehen kann, denn von allen sinnlichen Verhältnissen muß in Vernunft-Rechtsgesetzen abstrahiert werden.

57. Vgl. auch § 9 Anm. Ende, wo die Unrechtmäßigkeit der Verunmöglichung des Gebrauchs von Gegenständen mit dem Prärogativ des Rechts aus dem empirischen Besitzstande zusammengebracht wird. Um § 9 Anm. verstehen zu können, muß man allerdings etwa in der Mitte nach »mithin« sinngemäß »auch einen solchen, den ein anderer im Besitz hat, darin daß« einfügen. Der »mithin jede« Anschluß der Druckversion paßt zwar lokal, läßt aber weder grammatisch noch inhaltlich eine stimmige Gesamtlesart des Satzes zu. Die Tatsache, daß nach »mithin« ein Seitenwechsel in der Erstausgabe folgt, läßt auf satztechnische Gründe für die Textentstellung schließen.

58. Die Anwendung des Vernunftbegriffs des »äußeren Meinen« auf die Erfahrung ist ein zweistufiger Prozeß: Zunächst wird der Vernunftbegriff auf einen Verstandesbegriff (den des »Besitzes«) angewendet, weil ersterer nicht direkt auf die Erfahrung angewandt werden »kann«. Der Verstandesbegriff soll dann (weil die praktische Vernunft es »will«) nicht nach sinnlichen Bedingungen, sondern, wie das Mein und Dein, abgesehen von denselben gedacht werden. In 253,16 ist folglich nach »ich« ein »wie« einzufügen.

An diesem Punkt der systematischen Entwicklung können wir noch festhalten, daß nun endlich – nachdem wir über einen intelligiblen Besitzbegriff
verfügen – auch z. B. der Gebrauch einer Sache u. U. eine nicht-physische
Beziehung zu ihr ausdrücken kann. Kauf und Verkauf von Gegenständen
ohne deren physische Handhabung wären Beispiele dafür wie auch die Nutzung eines Landstückes zur Haltung von Tieren.

§ 8

War beim physischen Besitz der Rechtstitel die analytische Folge des angeborenen Rechts, so fällt diese, sich aus dem empirischen Verhältnis von mir zu
dem Gegenstand *notwendig* ergebende rechtliche Verbindung mit demselben
im Falle des possessio noumenon selbstverständlich weg. Konnte der einseitige Wille bei der Inhabung ein Zwangsgesetz stiften – nämlich einen jeden
vom Gebrauch des Gegenstandes abhalten, weil es bloß um die Abwehr
(gemäß § D) der Verletzung eines angeborenen Rechts ging –, so ist das für
das äußere Meine nicht gegeben.

Konstruieren wir kurz den Vorgang einer Verletzung desselben. Ich besitze einen äußeren Gegenstand (bloß rechtlich), und ein anderer macht
empirisch Gebrauch von ihm. Obgleich er nun im physischen Besitz desselben ist, stellt 1) mein Akt der Hinderung seines Gebrauchs keine Verletzung,
2) sein Gebrauch selbst aber schon eine Einschränkung meiner Freiheit dar.
Ein wahrhaft paradoxer Sachverhalt: Ich, der massiv in die Freiheit des anderen einzugreifen scheine, lädiere diesen nicht; der andere, der meine Freiheit
anscheinend nicht beschränkt, ist dennoch der Rechtsbrecher. – Der »einseitige Wille in Ansehung eines äußeren, mithin zufälligen Besitzes (kann
offensichtlich, B. L.) nicht zum Zwangsgesetz für jedermann dienen, weil
das der Freiheit nach allgemeinen Gesetzen Abbruch tun würde« (§ 8). Aber
ein äußeres Mein und Dein muß es doch geben können (Postulat!). Es bleibt
also nur »ein jeden anderen verbindender mithin kollektiv allgemeiner (ge-
meinsamer) und machthabender Wille« als die verpflichtende Instanz, die das
äußere Mein und Dein fixiert.

Wir erinnern uns: In § 1 war das rechtlich Meine derart definiert, daß
jener, der »ohne meine Einwilligung« Gebrauch von dem von mir besessenen
Gegenstand macht, mich lädiert. Es ist folglich die – rechtlich notwendige –
Annahme, derjenige, der das äußere Meine rechtswidrig affiziert, habe seine
Einwilligung zu meinem Gebrauche schon gegeben (vgl. § 15) – in Form des
Bezugs seiner Willkür auf einen allgemeinen Willen. Dann und nur dann ist
meine Hinderung seines Gebrauchs keine Läsion seiner, sondern bloß die
Aufrechterhaltung meiner mir von ihm zugebilligten[59] Freiheitssphäre. Der

---

59. Vgl. § 47 Abs. 1/313,33 f. Der allgemeine Wille beschließt stets nur das, was jeder
»über sich selbst beschließt«, vgl. auch 223,24 f.

scheinbare Einwand, das äußere Mein und Dein – obwohl rechtlich notwendig – sei rechtlich unmöglich, weil es sich nicht ohne Verstoß gegen das
angeborene Recht konstruieren läßt, ist damit aus dem Felde geschlagen: Das
Vernunftrecht ist (zumindest in dieser Hinsicht) ohne inneren Widerspruch.
Der Rekurs auf eine »Vereinigung der Willkür aller« (§ 14) macht es unmöglich, mittels Berufung auf sein angeborenes Recht den Rechtscharakter des
erworbenen Rechts prinzipiell zu leugnen.

Wenn ich erkläre, etwas außer mir sei Meines (hiermit ist jetzt nicht der
Erwerbakt, sondern die Behauptung des Besitzes gemeint), so formuliere ich
damit den rechtlichen Ausschluß aller vom Gebrauch einer Sache, »eine
Verbindlichkeit, die ohne diesen meinen rechtlichen Akt niemand haben
würde« (physisch lädieren darf mich auch ohne einen rechtlichen Akt mei-
nerseits niemand). Es ist eine »Anmaßung«, die – nach dem angeborenen
Recht der Gleichheit, d. i. der »Unabhängigkeit nicht zu mehrerem von
anderen verbunden zu werden, als wozu man sie wechselseitig auch verbinden kann« (237,34) – »zugleich das Bekenntnis« enthält, »jedem anderen in
Ansehung des äußeren Seinen wechselseitig zu einer gleichmäßigen Enthal-
tung verbunden zu sein«.

Mein einzelner rechtlicher Akt setzt also, ohne daß es dafür »eines besonderen rechtlichen Aktes bedarf«, allgemeine Rechtsverhältnisse des äußeren
Mein und Dein voraus: einen »Zustand unter einer allgemeinen äußeren (d. i.
öffentlichen) mit Macht begleitenden Gesetzgebung, d. i. einen bürgerlichen«, denn nur in diesem ist jedermann ein äußeres Mein und Dein
überhaupt rechtlich fixiert. Es ist also nicht erst das Problem der physischen
Sicherstellung des äußeren Mein und Dein, welches die allgemeine, mit
Macht begleitete Gesetzgebung notwendig macht[60] (zum einen ist ein solches
Sicherungsproblem ja genauso für das innere Mein und Dein gegeben, welches ohne allgemeinen Willen wohlbestimmt ist, zum anderen wissen wir aus
der Einleitung (§§ D, E) ohnehin schon, daß dem Recht die Befugnis zu
zwingen korrespondiert, so daß dieses nicht noch einmal emphatisch wiederholt werden müßte); sondern die rechtlich-begriffliche Möglichkeit – d. i.
Verträglichkeit mit der angeborenen Freiheit eines jeden – setzt den »allgemeinen (gemeinsamen) Willen« als *gesetzgebenden* (vgl. Überschrift § 8)
voraus, denn die bloß rechtliche Beziehung auf äußere Gegenstände muß erst
(als ein Verhältnis von Personen zu Personen) hergestellt werden: Die Konstitution eines allgemeinen Willens, in dem sich die Willküren aller Beteiligten aufeinander beziehen. Der § 14 Abs. 2 gibt dieses Verhältnis im Sinne der
in der »philosophia practica universalis« geprägten Terminologie klar an. Es
wird von dem »a priori vereinigten (d. i. durch die Vereinigung der Willkür

---

60. Auf diese falsche Fährte gerät Deggau (S. 147f.). Vgl. auch den letzten Satz in »6«
des Anhangs erläuternder Bemerkungen von 1798.

aller, die in ein praktisches Verhältnis gegeneinander kommen können) absolut gebietenden Willen« gesprochen, denn »von dem Willen gehen die Gesetze aus, von der Willkür die Maximen. Die letztere ist im Menschen eine freie Willkür; der Wille, der auf nichts anderes als bloß auf Gesetz(e) geht, kann weder frei noch unfrei genannt werden, weil er nicht auf Handlungen, sondern unmittelbar auf die Gesetzgebung für die Maxime der Handlungen (also die praktische Vernunft selbst) geht, daher auch schlechterdings notwendig und selbst keiner Nötigung fähig ist« (226,4 f.). – Die Vereinigung der *Willküren* schafft eine neue gesetzgebende Instanz: den allgemeinen *Willen*[61] – die Rechte des äußeren Mein und Dein müssen durch eine Vereinigung der Willküren erworben werden.

Es ist also die von der nach der physischen Sicherstellung unabhängige Frage: »quid iuris«, deren objektive Nicht-Beantwortbarkeit bzgl. des äußeren Mein und Dein außerhalb des bürgerlichen Zustandes zum allgemeinen Willen nötigt; während diese Frage in einer Rechtstheorie, die sich bloß auf das Rechtsgesetz und das angeborene Recht (d. i.: ohne Postulat) gründete, a priori beantwortet wäre und keine *gesetzgebende* Instanz voraussetzte: Die Sphäre des *inneren* Meinen ist durch die von meiner Willkür durchdrungene Physis a priori bestimmt (vgl. § 4a und § 6 Abs. 2). Weder das notwendige Interpretationsmonopol für die Sachverhalte (d. i. das Monopol für die rechtsverbindliche Beantwortung der Frage »quid facti«) noch das Gewaltmonopol allein zeichnen folglich den *bürgerlichen* Zustand aus: Diese beiden Monopole müßten auch in einer Rechtsgesellschaft ohne äußeres Mein und Dein (unter der anthropologischen Prämisse, daß die Kenntnis der Rechte nicht deren Beachtung garantiert), unter bloß rechts*technischen* Gesichtspunkten zur Herstellung des Friedens geschaffen werden. Ihre Übernahme durch den Staat ist bei Kant hier nicht thematisiert, sondern – in Einklang mit der Hobbesschen Einsicht in die Unumgänglichkeit des Gewalt*monopols* für das Recht – als selbstverständlich vorausgesetzt.

Eine weitere Bemerkung sei erlaubt: Bisher ist ausschließlich vom »allgemeinen Willen« und nicht etwa von der »*Idee* des allgemeinen Willens« die Rede. Der letztgenannte Begriff taucht erstmals im § 10 auf. Es gibt daher – noch – keinen Anlaß, unter dem erstgenannten etwas anderes, als die im § 8 herausgearbeitete *reale* Einigung der Betroffenen über die Zuteilung des äußeren Mein und Dein zu verstehen.

---

61. Es werden die *Willküren* vereinigt und nicht die Willen. Daher ist die Frage (Haensel S. 51), ob »denn die Zusammenfassung der von der Vernunft geleiteten Willen zu einem anderen Ergebnis führen kann als der einzelne vernünftige Wille« im Ansatz verfehlt. Allein die Tatsache, daß die Zuordnung äußerer Gegenstände zu ihren Besitzern nicht vernünftig, sondern »zufällig« ist (vgl. § 8), macht den vernünftigen Willen des einzelnen als Mittel der Konstituierung einer äußeren Gesetzgebung untauglich, sie erfordert eine *neue* gesetzgebende Instanz.

In systematischer Hinsicht ist nun festzuhalten, daß es für die Rechte in der Kantischen Rechtstheorie offensichtlich zwei verschiedene Rechtsquellen (d. i. zwei gesetzgebende Instanzen) gibt:
1) Das Menschenrecht »Freiheit« ist als Gesetz des Willens eines Vernunftwesens *angeboren* und liefert alle Bestimmungen für das *innere* Mein und Dein.
2) Der allgemeine Wille bestimmt die Rechte des äußeren Mein und Dein und muß dazu durch einen rechtlichen Akt erst konstituiert werden, was die durch ihn erhaltenen Rechte auf Seiten des Subjekts zu im bürgerlichen Zustande *erworbenen* macht. (Die hier betrachtete *Gesetzgebung* ist in beiden Fällen juridisch, die Triebfeder ist allemal der Zwang).

Durch den letztgenannten Akt verschiebt sich dann auch die äußere Sphäre meiner angeborenen Freiheit – unter Umständen bis zur Unkenntlichkeit: Stiftete im anfänglichen systematischen Konzept eines Rechtszustandes (§§ A–E u. angeborenes Recht, ohne äußeres Mein und Dein) schon der physische Besitz einen Rechtstitel, so ist nun »jede Inhabung ein Zustand, dessen Rechtmäßigkeit sich auf jenes Postulat durch einen Akt des vorhergehenden Willens gründet« (§ 9 Anm.). D. h.: Der ausgezeichnete Status des inneren Meinen, welcher überhaupt den Beweisgrund der rechtlichen Notwendigkeit des äußeren abgab (§ 6 Abs. 5/246,9f.), ist nunmehr unter reinen Rechtsgesichtspunkten verschwunden: Der Besitzbegriff ist von allen empirischen Bestimmungen frei. Nicht mehr der Sachverhalt, daß »ich den Apfel in meiner Hand habe« (§ 4a), sondern nur der, daß ich *zuerst*[62] ihn in meinen Besitz genommen habe (§ 6 Abs. 6/247,6), gibt mir die Befugnis, anderen eine Verbindlichkeit aufzuerlegen, sich seines Gebrauches zu enthalten, unabhängig davon, ob ich ihn *noch* physisch besitze. Überhaupt ist es in einem Zustand, der Rechte an äußeren Gegenständen kennt, nicht möglich, sich bei der Beurteilung der Rechtmäßigkeit von Handlungen auf den »Augenschein« zu verlassen: Meine Freiheit – d. i. Unabhängigkeit von eines anderen nötigender Willkür – ist (gemäß den Prinzipien, die der § 8 entwickelt hat) durchaus mit – scheinbarer – physischer Nötigung durch andere verträglich: wenn es nur um das Erzwingen von Handlungen geht, zu denen ich mich selbst verpflichtet habe. Dies ist – wie wir dem Sachverhalt, daß im Staatsrecht keine separate Instanz für die Bewirkung der Einhaltung der Gesetze bzgl. des inneren Mein und Dein benannt wird, entnehmen können – der Grund dafür, daß äußeres und inneres Mein und Dein gleichermaßen Gegenstand der gesetzgebenden Funktion des allgemeinen Willens

---

62. Strenggenommen könnte hier nur die Rede davon sein, daß der Apfel Mein ist, *wenn ich ihn rechtmäßig erworben habe*. Hier ist allerdings schon ein Lehrstück aus der Erwerbungslehre vorweggenommen. Daß die *erste Besitznehmung* eine solche rechtmäßige Erwerbung darstellt, weiß der Leser erst nach der Deduktion des Sachenrechts.

werden, obwohl das angeborene Recht nicht erst durch die Autorität eines äußeren Gesetzgebers seine Verbindlichkeit erhält, sondern »natürliches Recht« ist (vgl. 224,27 f. und 237,14 f.).

§ 9

Da der Rechtsanspruch auf äußeres Mein und Dein Bestandteil des Naturrechts ist – selbstverständlich nicht als Recht an bestimmten Gegenständen – und somit unabhängig von der Statuierung Verpflichtungscharakter hat (Maximen, die das äußere Mein und Dein verunmöglichen, sind rechtswidrig), ist auch schon *vor* Einrichtung des bürgerlichen Zustandes – d. i. im Naturzustand – ein provisorischer Besitz, »in der Erwartung komparativ für einen rechtlichen« an äußeren Gegenständen möglich. Denn »der Wille aller Anderen«, der dem, der etwas Äußeres als das Seine beanspruchen will, eine Verbindlichkeit aufzulegen gedenkt, von einem gewissen Besitz abzustehen, ist »bloß einseitig« und hat »mithin ebensowenig gesetzliche Kraft (. . .) zum Widersprechen als jener zum Behaupten, indessen daß der letztere doch dies voraus hat, zur Einführung und Errichtung eines bürgerlichen Zustandes zusammenzustimmen«.[63]

Nicht erst die vereinigte Willkür der Rechtssubjekte, sondern schon deren Antizipation durch den Anspruch auf Mein und Dein an äußeren Gegenständen erzeugt also rechtsgültige Besitzansprüche. Diese Konstruktion des provisorischen Besitzes wird im Sachenrecht erlauben, den Erwerb äußerer Sachen von der Existenz einer vereinigten Willkür als historischem Faktum unabhängig zu machen: Dort wird nur auf die »Idee der a priori vereinigten Willkür« rekurriert werden müssen.

Daß allein durch diesen, dem Naturrecht gemäßen Anspruch auf mögliches äußeres Mein und Dein, dann die Notwendigkeit des Überganges in den bürgerlichen Zustand gestiftet wird, zeigt im Detail der § 43 / 312,1 f., bei dessen Kommentierung ich darauf eingehen werde.[64] Hier hatten wir es zuerst bloß mit einer statischen Gegenüberstellung der beiden Zustände zu tun.

In einer kompakten Formel läßt sich die Besitzlehre abschließend so charakterisieren: Etwas Äußeres als das Seine zu haben, ist nur möglich unter der

---

63. Der provisorische Besitz ist zum einen *kein rechtlicher*, weil er sich nicht auf die realiter vereinigten Willküren gründet; *komparativ für einen rechtlichen* gilt er hingegen, weil seine Ablehnung gegen das im ersten Schritt des Postulats entwickelte Prinzip verstößt (§ 9 Anm.) und die Freiheit vernichten würde.

64. Damit sind alle Zirkularitätsvorwürfe gegen den Kantischen »Übergang« aus dem Felde geschlagen – siehe dazu richtig Haensel S. 42 f. Brandt (1983, S. 27 f.) hat den dem Naturrecht gemäßen Anspruch auf die Einrichtungen von Eigentumsverhältnissen im obigen Sinne expliziert.

Voraussetzung der vereinigten Willkür derer, die sich auf die in Frage kommenden Gegenstände der Willkür beziehen, d. h.: unter der Voraussetzung eines in dieser Vereinigung bestehenden »allgemeinen gesetzgebenden Willens« (§ 8). *Daß* etwas Äußeres das Meine werden können muß, ist das Gebot des rechtlichen Postulats der praktischen Vernunft und, weil es einer äußeren Gesetzgebung fähig ist, ein *Rechts*gebot, welches, unabhängig von der aktualen Zustimmung des einzelnen, die Einrichtung solcher Verhältnisse – sofern der Anspruch darauf einseitig formuliert wird – durch Zwang erlaubt (§ 9). Die praktische Notwendigkeit des äußeren Mein und Dein erweist zugleich die Wirklichkeit eines intelligiblen Besitzes, der Bedingung der Möglichkeit des ersteren (§ 1, §§ 4–7).

Auf welche Weise Gegenstände überhaupt zum äußeren Mein und Dein von irgend jemandem werden können, ist eine Frage, die im ersten Hauptstück weder gestellt noch beantwortet worden ist.[65] Wie nämlich jene unsichtbare Verbindung von Personen zu bestimmten Gegenständen ihrer Willkür *zustandekommt,* ist das Thema des restlichen Privatrechts.

Anhang: Die »Vorarbeiten« zur Besitzlehre

Versucht man, die uns überlieferten »Vorarbeiten« in die Behandlung der Rechtslehre einzubeziehen, so muß man selbstverständlich stets im Auge

---

65. Hier sei nur auf ein Motiv für die strikte Trennung von Besitz- und Erwerbslehre hingewiesen – die systematische Bedeutung wird erst im Staatsrecht deutlich werden: Die Schrift von E. F. Klein: Freiheit und Eigentum, Berlin 1790 hatte in Deutschland einen gelehrten Streit über die Frage einer notwendigen Reform entweder des Besitzstandes oder der Erwerbsformen im Anschluß an die französische Revolution hervorgerufen (dazu Birtsch). Kant war die Kleinsche Schrift und die Diskussion vertraut (vgl. XXVII 524 und 1130). – Die Vermischung von Erwerbs- und Besitzlehre (vor allem die Heranziehung der »ursprünglichen Gemeinschaft des Bodens« für die letztere) scheint eine seit 200 Jahren durchgängige Interpretationsmaxime für das Privatrecht zu sein (vgl. u. a. Deggau, Kersting, Shell, Tuschling). Für die Zeit bis zur Entdeckung der fehlplazierten Textpassage in § 6 (Buchda 1929) ergibt sich dies aus der im Text der Druckschrift selbst vorfindlichen Verwirrung. Man kann das u. a. bei Bergk (S. 61 f.) nachvollziehen. Eine andere, auf diesen Sachverhalt nicht mehr zurückgreifende Begründung, finden wir bei Deggau (S. 87/88). Er nimmt den letzten Absatz des ursprünglichen § 2 (»weil wir zuerst ihm in unseren Besitz genommen haben«) zum Anlaß, die Erwerbungstheorie als notwendiges Moment der Ableitung des äußeren Mein und Dein zu erklären (vgl. auch Deggau S. 90 »b«). Der Sache nach setzt auch Kant selbstverständlich voraus, daß ein äußerer Gegenstand in Besitz genommen werden kann, d. i. das Besitzverhältnis irgendwann anfangen muß. Über den Modus der Besitznehmung selbst, der im 2. Hauptstück Thema ist, wird damit nichts unterstellt. Daß das Argument für die Behauptung des Postulats unmittelbar *vor* der von Deggau betrachteten Passage von Kant als abgeschlossen betrachtet wird, nimmt hier letzterer jegliche Brisanz für die Frage nach Einbeziehung der Erwerbsmodi in die Besitzlehre (vgl. Anm. 62).

behalten, daß sie – wenn sie nicht der Sache nach identisch mit der Druckschrift sind (was nur festgestellt werden kann, wenn *vor* dem Vergleich die Position des Textes von 1797 bestimmt worden ist) – allesamt der Kantischen Selbstkritik zum Opfer gefallen sind.

Wie schon oben mehrfach angedeutet, ist das Postulats-Argument ein Novum der Druckschrift: Die Idee, daß ein Gesetz über die Möglichkeiten des äußeren Mein und Dein wegen seines notwendig formalen Charakters als Vernunftgesetz entweder generell jede Möglichkeit eines rechtmäßigen Besitzes (und damit die ihrerseits rechtsnotwendige eines physischen Besitzes) verbieten müßte oder aber einen rechtlichen Besitz unabhängig von allen sinnlichen Bedingungen fordert, diese Idee finden wir in den überlieferten Kantischen Äußerungen bis 1796 nicht.

Dort tauchen Betrachtungen der Form möglicher Vernunftgesetze über das äußere Mein und Dein nicht auf; vielmehr dominieren die Versuche, aus dem Begriff der Freiheit selbst – in meiner Terminologie von S. 106 aus dem Recht als »bloßem Freiheitsrecht« – oder aus dem Begriff des »Objekts der Willkür« die Notwendigkeit des äußeren Mein und Dein abzuleiten.

Doch bevor exemplarisch einige Versuche der genannten Typen zu betrachten sind, noch zwei allgemeine Anmerkungen bzgl. der »Vorarbeiten« zum Privatrecht: Was dem Leser unmittelbar in die Augen fällt, ist, daß vielfach zwischen Besitz- und Erwerbungstheorie im Sinne der MdS nicht unterschieden wird (eine Ausnahme bildet jedoch z. B. XXIII 307,33 ff.), wodurch sich u. a. das Auftauchen des Begriffes eines »Schemas« im Zusammenhang mit dem Besitzbegriff erklärt: Werden beide Lehrstücke nicht getrennt und will man die Bemächtigung als legale Erwerbungsform äußerer Gegenstände konstruieren, dann ist der Versuch, die physische Inhabung als Schema der possessio noumenon zu fassen, in Anlehnung an die Systematik der KrV zunächst naheliegend, denn man erhält so in Analogie zur theoretischen Funktion des Schemas die – notwendige – Versinnlichung des praktischen Verstandesbegriffes. Allerdings sieht man leicht ein, daß die Parallelität der theoretischen und praktischen Schematismusfunktion nicht weit trägt: Verliert die Kategorie mit der Ablösung des Schemas jeden Gegenstandsbezug, so muß letzterer bei der possessio noumenon *gerade dann* erhalten bleiben. Trennt man nun Besitz- und Erwerbstheorie, so ist das Problem der Versinnlichung aus der ersteren verbannt (vgl. MdS § 7), und für die Konstruktion einer Schematisierung besteht keine Notwendigkeit mehr.

Als weiterer Unterschied zur Druckschrift fällt auf, daß die Trennung von Deduktion der possessio noumenon (§§ 1–6 MdS) und Bestimmung der Funktion des allgemeinen Willens (§ 8) nicht überall zu finden ist. Dies hat u. a. zur Folge, daß das Wort »synthetisch« in einigen Vorarbeiten zur Besitzlehre einen anderen Stellenwert bekommt. Geht es z. B. XXIII 220 um das »synthetische Rechtsprinzip«, so handelt es sich dort *nicht* um den synthetischen Rechtssatz der Schrift von 1797, welcher die praktische Vernunft hervorbringt, sondern um die Idee der vereinigten Willkür, die das »synthetische Prinzip a priori des erwerblichen Rechts« bildet. D. h.: Obwohl die Überschrift dieses Abschnittes »Das Prinzip aller Sätze des angeborenen Rechtes ist analytisch. Das aller Sätze eines erwerblichen Rechts synthetisch« (XXIII 219) auch in der Rechtslehre für sich einen guten Sinn geben könnte (man denke an § 6 Abs. 2 u. 3), zeigt ein Blick auf die Begründung sofort, daß etwas anderes in ihr ausgesagt werden soll, als man durch die Brille der Druckschrift hineinzulesen geneigt ist: Es geht *nicht* um deren synthetischen Rechts*satz* a priori.

Da die Genese der Kantischen Besitztheorie nicht Gegenstand der Untersuchung ist, gebe ich nur noch die oben angekündigte Betrachtung einiger Parallelstücke zum Postulatsbeweis.

Die »Analogie des synthetischen Freiheitsgesetzes a priori mit dem wider den Idealism« scheint ein ganz ähnliches Argument wie das Postulat der Druckschrift zu liefern: »Denn nehmet an es gebe keinen bloßrechtlichen Besitz der Objekte der Willkür außer mir d. i. es sey recht jedermann im Gebrauch äußerer Objekte in deren physischem Besitz er nicht ist am Gebrauch derselben zu hindern so würde alles Brauchbare außer uns durch das Prinzip der Freyheit nach allgemeinen Gesetzen für jedermann unbrauchbar gemacht (res nullius usus) werden . . .« (XXIII 309). Dieses Argument hat in der Metaphysik der Sitten nur die Funktion, den analytischen Rechtssatz des physischen Besitzes in einer durch die Beweistechnik des Postulats erforderten Form darzustellen; hier soll es die gesamte Beweislast tragen, nämlich aus der Notwendigkeit des physischen Gebrauches auf die des bloßrechtlichen Besitzes zu schließen. Doch das Argument geht offensichtlich fehl:

Das Recht, jedermann am Gebrauch (?) äußerer Gegenstände, in deren Besitz er nicht (!) ist, zu hindern, schränkt die Gebrauchsmöglichkeit der Gegenstände vielleicht ein, macht aber doch keinen Gegenstand *unbrauchbar*. – Überhaupt, welch ein Gebrauch sollte denn überhaupt von einem Gegenstand gemacht werden, den man nicht im physischen Besitz hat. Dieses wäre ein intelligibler – bloßrechtlicher – Gebrauch, dessen Verhinderung erst dann zu einer Freiheitsverletzung führen könnte, wenn es einen bloßrechtlichen Besitz der Gegenstände gibt. Will man diesen Zirkel vermeiden, so bleibt selbstverständlich der Versuch, am physischen Gebrauch selbst ein Moment festzumachen, welches eine bloßrechtliche Beziehung zum Gegenstand notwendig macht. – Man denke zum Beispiel an die notwendige rechtliche Ausschließung der Zerstörung eines bestellten Ackers durch Fremdgebrauch in der Zeit zwischen Aussaat und Ernte, die die sinnvolle Nutzung des Landes in dieser Hinsicht allererst ermöglicht. Doch ein solcher Gebrauch läßt sich nicht als legitimer aus einer Freiheitsdefinition ableiten, die –

wie die der MdS – unter Freiheit *nur* die Unabhängigkeit von eines anderen nötigender Willkür versteht. Und in der Tat: Im folgenden wird zum Beweis des obigen Satzes der Begriff der »inneren Bestimmungen« eingeführt: »...denn es bliebe alsdann (ohne bloß-rechtlichen Besitz, B.L.) nur die Befugnis des Subjekts übrig, sich seiner ihm selbst inhärierenden Bestimmungen ausschließlich zu bedienen«, und: »Da nun das Recht mich meiner selbst und aller inneren Bestimmungen darinn ich von Gegenständen meiner Willkür im äußeren Verhältnisse natürlicher Weise abhängig bin ausschlieslich zu bedienen mithin jene als zum möglichen Mein und Dein zu zählen ein angebohrnes Recht ist so wird der Grundsatz welcher das Mein und Dein außer uns aufhebt dem angebohrnen Rechte rechtlichen Abbruch thun, welches sich widerspricht«. Unter welchen Voraussetzungen dieses Argument auch immer schlüssig sein mag – unter denen, die in der Rechtslehre für das Postulat der praktischen Vernunft zur Verfügung stehen, ist es das nicht: Der Gebrauch, den ein anderer von irgendwelchen mit mir nicht verbundenen Gegenständen außer mir macht – also die Einschränkung meiner *ausschließlichen* Verfügungsmöglichkeit – wird doch (§ 4) erst durch die possessio noumenon zu einer Beschränkung meiner Freiheit. Ein angeborenes Recht *auf* etwas ist in der Rechtslehre (außer dem Recht des Kindes auf Versorgung durch die Eltern) obendrein nicht zu finden: Angeboren ist nur die Unabhängigkeit *von* eines anderen nötigender Willkür. Das Recht, mich meiner inneren Bestimmungen zu bedienen, findet unter alleiniger Voraussetzung des angeborenen Rechts seine Grenzen genau dort, wo ich Gebrauch von Gegenständen machen will, die ein anderer physisch besitzt. Weshalb aus der Angewiesenheit auf äußere Gegenstände der rechtmäßige Anspruch folgen soll, »sich ihrer ausschließlich zu bedienen« (denn nur dadurch werden wir zur Annahme der Möglichkeit eines »bloßrechtlichen Besitzes« genötigt), ist darüber hinaus durchaus nicht selbstverständlich.

Auch XXIII 288 finden wir eine Argumentation, die die Abhängigkeit der Freiheitsbetätigung von äußeren und mit mir physisch nicht verbundenen Gegenständen unterstellt: »Es widerspricht dem Gebrauche der Freyheit in Einstimmung mit der Freyheit anderer nach allgemeinen Gesetzen mithin auch dem Rechte der Menschen überhaupt, daß einer dem anderen im Gebrauch äußerer Gegenstände und das Mein und Dein auf die Grenze des physischen Besitzes desselben einschränke, denn alsdann würde die Freyheit sich selbst nach Freyheitsgesetzen von Sachen abhängig machen...«. Eine prinzipielle Überlegung zur Beweistechnik des zentralen Lehrstücks der Besitztheorie der Druckschrift macht sofort deutlich, warum die obigen Argumentationen in diesem Buch nicht zu finden sind: Dort wurde die *Möglichkeit* des äußeren Mein und Dein auf die praktische Möglichkeit einer possessio noumenon gegründet, die allererst den Eingriff anderer in das – mit mir physisch nicht verbundene – äußere Meine zur Einschränkung meiner

Freiheit werden läßt. Die Möglichkeit dieser possessio noumenon wird dann über die rechtliche *Notwendigkeit* der Einrichtung des äußeren Mein und Dein (Postulat) erwiesen. Dieses Vorgehen vermeidet von vorneherein die – wie wir sahen – problematischen Versuche, aus dem Fremdgebrauch mit mir nicht verbundener Gegenstände direkt eine Freiheitseinschränkung zu konstruieren. Oder umgekehrt: Die beiden genannten Stellen setzen stillschweigend voraus, was sie eigentlich beweisen wollen – daß nämlich meine Freiheitssphäre *per se* über meine Physis herausreicht. 1797 ist der Realitätsbezug der possessio noumenon als notwendiger Bedingung der Möglichkeit des äußeren Mein und Dein durch eine »Deduktion« mit Hilfe des Satzes von der formal-rechtlichen Notwendigkeit desselben geleistet.

Eine etwas differenzierte Variante, die das Verfahren der MdS benutzt und auch die fundamentale Zweiteilung der Begründung des Postulats antizipiert, findet sich XXIII 294,6ff.: »Analytisches Princip. Es ist rechtlich möglich etwas außer mir als das Meine zu haben. Denn setzet das Gegentheil so würde entweder der Besitz eines äußern Objekts der Willkür physisch oder der Gebrauch desselben nach Gesetzen der Freyheit practisch unmöglich seyn. Das erstere widerspricht aber dem Begriffe daß es ein Objekt meiner Willkür ist folglich was zum möglichen Gebrauche in meiner Gewalt steht das zweyte der Freyheit des Gebrauchs eines jeden brauchbaren Gegenstandes so fern dieser nicht allein auf Bedingungen der Einstimmung mit der Willkür von jedermann nach einem möglichen allgemeinen Gesetze eingeschränkt sondern aller Gebrauch des Brauchbaren aufgehoben wird.« Es gibt demzufolge zunächst zwei Formen eines Rechtszustandes ohne äußeres Mein und Dein: Zum einen den, in dem *jeder* Besitz äußerer Gegenstände rechtlich unmöglich ist, zum anderen den, in welchem nur die Inhabung eine Rechtsbeziehung stiftet. Die erste Möglichkeit wird aus demgleichen Grunde verworfen wie in der Rechtslehre (durch das Gebrauchsargument). Die zweite »widerspricht dem Begriffe des Verhältnisses der freien Willkür überhaupt zu äußeren Objekten« und ist damit auszuschließen. Daß Kant dieses Argument später nicht mehr für hinreichend erachtet, sieht man leicht ein: Denn gerade die hier mittels der Konstruktion eines Widerspruchs (»*Analytisches* Prinzip«) direkt aus dem Begriff eines Objektes der Willkür versuchte Ableitung ist dort erst durch die zusätzliche Heranziehung der Formalitätsforderung der praktischen Vernunft – wodurch der Rechtssatz in Ansehnung des intelligiblen Besitzes zu einem *synthetischen* wird – abgeschlossen: Daß der Begriff eines Objekts der Willkür von empirischen Bedingungen abstrahiert, besagt zunächst noch nichts, doch die Forderung, daß er in einem Vernunftgesetz nur als solcher auftreten darf, liefert 1797 das benötigte Resultat (ähnlich wie die letztgenannte Stelle z.B. auch noch XXIII 333,28ff.).

Die Heranziehung weiterer Belege aus Band XXIII bringt für die Druckschrift keine erhellenden Hinweise. Doch schon diese wenigen Beispiele zeigen, daß der vielzitierten Stelle aus dem Schiller-Brief an Erhard (28. 10. 1794) Glauben zu schenken ist: »Die Ableitung des Eigentumsrechts ist jetzt ein Punkt, der sehr viele denkende Köpfe beschäftigt, und von Kanten selbst, höre ich, sollen wir in der MdS etwas davon zu erwarten haben. Zugleich höre ich aber, daß er mit seinen Ideen darüber nicht mehr zufrieden sei, und deswegen die Herausgabe vor der Hand unterlassen habe«. Jeder Versuch, unter diesen Voraussetzungen die Besitzlehre durch Übernahme von früheren Entwürfen zu rekonstruieren, muß scheitern, denn er unterstellt eine bruchlose Kontinuität der Kantischen Arbeit, die gerade in der Besitzlehre schon allein durch eben den zitierten Brief dementiert wird. Nehmen wir einmal an, daß das mengenmäßige Verhältnis der überlieferten Vorarbeiten zu einzelnen Stücken der ausgereiften Theorie untereinander in etwa die Intensität der Kantischen Beschäftigung mit denselben in den 90er Jahren widerspiegelt, und berücksichtigen wir darüber hinaus, daß die zentrale Beweisidee des Privatrechts uns zum ersten Mal in der Druckschrift begegnet, so drängt sich die Vermutung auf, daß die gefundene Lösung der »Ableitung des Eigentumsrechts« Anlaß für die Niederschrift einer endgültigen Version der sonst im großen und ganzen fertig konzipierten und seit fast 30 Jahren angekündigten Metaphysik der Sitten war, denn gerade zum Problem des äußeren Mein und Dein hat sich Kant in allen Druckschriften bis 1797 beharrlich ausgeschwiegen.

β) Die Erwerbungslehre des zweiten Hauptstücks

Abstrahiert der Begriff des »äußeren Meinen« von allen sinnlichen Bedingungen und ist der intelligible Besitz nur noch Funktion der vereinigten Willkür derer, die sich gemeinsam auf dieselben Gegenstände beziehen, so kann nichts *Äußeres* ursprünglich – d. i. ohne jeden rechtlichen Akt – mein sein: Geboren werde ich »frei« und verfüge damit bloß über das *innere* Meine, alles äußere muß folglich *erworben* werden (vgl. 237 f.) Die rechtmäßigen Formen, Gegenstände aus den drei (in § 4 genannten) Klassen möglichen äußeren Meins und Deins zu erwerben, werden in den ersten drei Abschnitten des zweiten Hauptstückes des Privatrechts (§§ 10–31) entwickelt.[66] In den vorangegangenen §§ A–E und 1–9 haben sich schon Rahmenbedingungen für eine rechtmäßige äußere Erwerbung angekündigt:

---

66. Der episodische Abschnitt (§§ 32–35) soll hier nicht interessieren. Ist im folgenden von »Erwerbstheorie« die Rede, ist stets nur das 2. Hauptstück ohne jenen Abschnitt gemeint. Auch das 3. Hauptstück klammere ich zunächst aus!

Wie jede Handlung eines Vernunftwesens, steht auch die äußere Erwerbung unter der obersten Bedingung der Kompatibilität des Freiheitsgebrauchs mit der Freiheit aller anderen (§ C).

Im »rechtlichen Postulat der praktischen Vernunft« (§ 6/246) kommt eine weitere Restriktion bzgl. der rechtlichen Besitzbarkeit hinzu: Der zu erwerbende Gegenstand muß in meiner Macht stehen (d. i. Gegenstand meiner Willkür sein).

Im § 8 erwies sich der Zustand unter einem vereinigten Willen als Bedingung des äußeren Mein und Dein, und im § 9 erfuhr diese Bestimmung eine Aufweichung: Schon ein Besitzanspruch, der mit der »Möglichkeit des letzteren zusammenstimmt« (257,3), ist rechtmäßig. Damit erhalten wir das dritte Moment des »allgemeinen Prinzips der äußeren Erwerbung«: Die Erwerbung muß »gemäß der Idee eines möglichen vereinigten Willens« geschehen (§ 10 Abs. 3).[67]

Darzulegen, unter welchen – wie sich zeigen wird, empirischen – Bedingungen eine Erwerbung rechtmäßig, d. h. mit dem genannten Prinzip konform ist, stellt die Aufgabe der Erwerbungstheorie dar.

Die Einteilung der Besitztypen nach Momenten der Relation gemäß der Kategorientafel der KrV – welche in § 4 schon vorgestellt, aber nicht nutzbar gemacht worden ist – wird in diesem Hauptstück als Gliederungsprinzip angewandt. Wir können sogar darüber hinaus festhalten, daß diese Einteilung des äußeren Mein und Dein den einzigen expliziten Anwendungsfall der Kategorientafel in der Rechtslehre[68] darstellt. Dies ist unter folgendem Gesichtspunkt unmittelbar einleuchtend: Die Kategorientafel, welche »die reinen Verstandesbegriffe, die a priori auf Gegenstände der Anschauung überhaupt« gehen (KrV A 79), enthält, ist die vollständige Auflistung aller Begriffe, die dem endlichen menschlichen Verstand seine Erkenntnisfunktion bzgl. eines sinnlich gegebenen Mannigfaltigen sichern. Nur für die Gegenstände der sinnlichen Anschauung ist also eine kategoriale Bestimmung konstitutiv.

Nun ist die Erwerbungstheorie – wie sich noch en détail zeigen wird – *der* Teil des Privatrechts, in welchem die Verknüpfung der Gegenstände der Willkür mit dem Subjekt (der »intelligible Besitz«) durch äußere – sinnliche –

---

67. Daß sich das »allgemeine Prinzip« auf *alle drei* Klassen äußerer Gegenstände bezieht, wurde im Teil über die Texteingriffe gezeigt und wird in der Folge weitere Bestätigung finden.

68. Der Versuch von M. Sänger, die »kategoriale Systematik« der gesamten Rechtslehre zu rekonstruieren, ist angesichts des – im Unterschied zu zahlreichen Versuchen in XXIII – generellen Verzichts Kants auf Erwähnung weiterer kategorialer Bestimmungen wenig überzeugend. Schließlich sind die Kategorien nur bzgl. Gegenständen der Anschauung einer erkenntnisstiftenden Anwendung fähig. Was sollte da einer »kategorialen Systematik« des Rechts – außer einer gleichsam heurischen Funktion – übrigbleiben.

Akte des einzelnen hergestellt wird. Abstrahierte die Besitztheorie noch von allen sinnlichen Bedingungen und stellte den Besitz äußerer Gegenstände als rechtlichen unabhängig von jeder physischen Beziehung zwischen Subjekt und Gegenstand dar, so rekurriert die Erwerbungstheorie explizit auf die Gegenstände als »phaenomena« und kann diese daher auch nach Momenten der Kategorientafel einteilen, denn sie stehen als *sinnliche* unter eben den Kategorien. – Inwieweit diesen auf den bloßen Textbefund aufbauenden Überlegungen explizite Intentionen Kants zugrunde liegen, ist nicht nachzuweisen, da sich, neben der ins Auge fallenden Singularität des Rekurses auf die Kategorientafel in der Erwerbungstheorie, kein weiterer Hinweis findet.

1. Das Sachenrecht

Der erste Teil des Zweiten Hauptstücks leitet die Form der rechtmäßigen Erwerbung äußerer Sachen die nicht zuvor zum äußeren Seinen eines anderen gehört haben (d. i. die Erzeugung der intelligiblen Besitzbeziehung zu denselben) ab.

Das Recht in einer Sache, »das Recht gegen jeden Besitzer derselben« (§ 11), kann nicht als unmittelbare Verpflichtung der Sache mir gegenüber gedacht werden, weil der Begriff der Pflicht (als »Materie der Verbindlichkeit«, 222) die freie Handlung und damit ein freies Wesen voraussetzt, welches eine Sache, »ein Ding, was keiner Zurechnung fähig ist« und »selbst der Freiheit ermangelt« (223), definitionsgemäß nicht ist.

Folglich kann der Ausschluß anderer vom Gebrauch *meiner* Sache nur als Beziehung zwischen mir und den vom Gebrauch Auszuschließenden konstruiert werden. Um also nicht durch einseitige Willkür – durch die ich andere nicht verbinden kann (vgl. das angeborene Recht, »Freiheit« und § 8) – zu erwerben, muß eine Beziehung aller auf die anzueignende Sache vorausgesetzt werden können: ein *Gesamtbesitz*, sei dieser ursprünglich oder erst gestiftet. Die Erwerbung ist dann als Akt gegenseitiger Zuteilung und Verzicht von Besitzansprüchen zu denken. Es ist daher zunächst zu zeigen, daß ein solcher *Gesamtbesitz* äußerer Sachen rechtmäßig *vorausgesetzt* werden kann.

Jede bewegliche Sache, die von jemandem als die Seine beansprucht werden kann, nimmt einen Platz auf dem Erdboden ein, von welchem sie aber – sofern dieser nicht selbst das Seine des die Sache rechtlich Besitzenden ist – jederzeit von jedem anderen entfernt werden kann. Andersherum: Für jede Sache bedarf ich – um ein Recht des Privatgebrauchs (Sachenrecht) beanspruchen zu können – eines Platzes auf dem Boden. Daher setzt jede Erwerbung einer – auch beweglichen – Sache einen bereits erworbenen Boden voraus. »Die erste Erwerbung kann also keine andere als die des Bodens sein« (§ 12).

Das Problem eines Gesamtbesitzes der Sachen (§ 11) hat sich somit auf das des Gesamtbesitzes des Bodens zugespitzt und reduziert: Der Boden ist die Substanz, mit welcher die Fahrnis als Akzidenz zugleich erworben wird.

Ein solcher Gesamtbesitz des Bodens wird nun *nicht gestiftet*, sondern ist (§ 13) in der *ursprünglichen Gemeinschaft* des Bodens *gegeben:* Das Einnehmen eines Platzes, auf dem ich mich durch »Natur« oder »Zufall« (»ohne meinen Willen«!) befinde, kann nicht unrecht sein: Meine angeborene Freiheit enthält die Bestimmung der Unbescholtenheit, folglich kann ich nur durch mir zugerechnete *Handlungen* Unrecht tun.[69] Somit habe ich ein ursprüngliches Recht auf einen Platz am Boden.

Da unter rechtlichen Gesichtspunkten gleichgültig ist, an welcher Stelle ich mich aufhalte und ich mich daher – wegen der endlichen Oberfläche der Erdkugel, mit allen anderen dasselbe Schicksal teilend – stets auf die gesamte Erde als »Einheit« beziehe (vgl. XXIII 314,3 f. und 320,19 f.), kann ich den notwendigen »Besitz (possessio)« des Bodens nur als *gemeinsamen Besitz* fassen, der den praktischen Vernunftbegriff eines *»ursprünglichen Gesamtbesitzes«* notwendig macht.

Das *empirische Faktum* der Endlichkeit des Bodens, als notwendigerweise erstem (§ 12) Aneignungsgegenstand, gibt demzufolge einem ursprünglichen Gesamtbesitz rechtliche Realität auf der Erdkugel – unabhängig von jedem rechtlichen Akt (§ 13). Der natürlicherweise vorhandene Bezug aller auf den Boden stellt den Rechtsgrund der Möglichkeit der Sacherwerbung dar: Der einzelne steht vor allem rechtlichem Akt schon mit allen anderen in einer *rechtlichen* Beziehung bezüglich des Bodens.[70]

Obgleich eine Sacherwerbung (d. h. zunächst die des Bodens) demzufolge auf den Gesamt*besitz* rekurriert, ist sie dennoch nicht vom *Seinen* eines anderen abgeleitet. Folglich ist der äußere *Vorgang* der Erwerbung selbst auf die *Sache* bezogen:

Dieser Erwerbsakt ist die vom Erwerbswillen begleitete[71] Besitznahme (apprehensio), welche nur dann mit dem Gesetz der äußeren Freiheit von

---

69. Vgl. VIII 293,3.

70. Die Untersuchung von Funktion und Begründung der Priorität des Bodenerwerbs liefert so unmittelbar die Widerlegung der Lufschen Behauptung (Luf S. 88 ff.), das Kantische Sachenrecht begründe eine auf Ausgleich bedachte Eigentumspolitik; vgl. zutreffend Kersting S. 210, A24.

71. Eine, keine Ausschließung anderer über den Zeitraum des physischen Gebrauchs hinaus beanspruchende, Apprehension ist unter den hier interessierenden Gesichtspunkten selbstverständlich irrelevant. Auch am Anfang des 2. Teils des Rousseauschen »Discours sur l'origine et les fondements de l'inégalité parmi les hommes« ist es der *Zaun*, der einen über den unmittelbaren Gebrauch *hinaus*reichenden Besitzanspruch stiften soll, und zu dem die »gens assez simples« ihre Beistimmung gaben!

jedermann (d. h. im vorbürgerlichen Zustand: mit dem angeborenen Recht, dem inneren Meinen) zusammenstimmt, wenn kein anderer im physischen Besitz der Sache ist. Nur die erste Besitznehmung (prior apprehensio) kann folglich eine rechtmäßige Erwerbung stiften. Diese muß – da sie der Konstitution eines allgemeinen Willens vorhergeht – einseitig sein und ist daher »Bemächtigung (occupatio)« (§ 14, vgl. XXIII 307,24 f.).

Wir kommen zur Deduktion des Begriffs der ursprünglichen Erwerbung, d. i. dem Nachweis des rechtmäßigen Besitzanspruchs auf Grund der occupatio.

Zunächst finden wir in § 16 (268; § 15 entfällt gemäß den in Teil II vorgeschlagenen Revisionen; auf den neuen § 17 komme ich später zu sprechen) eine Unterscheidung von »Titel« und »Erwerbungsart«. Schon in § 10 wurde eine Einteilung nach dem »Rechtsgrunde (titulus)« geleistet, und ein Blick in die Rechtsgeschichte zeigt, daß die erstgenannte Unterscheidung sich offensichtlich an die von »titulus« und »modus« adquirendi[72] anlehnt.

Der Rechtsgrund (titulus) der Erwerbung ist in § 13 als die ursprüngliche Gemeinschaft des Bodens entwickelt worden; die Erwerbungsart (modus) ist zu Folge des § 14 die occupatio.[73]

---

72. Die genannte Unterscheidung läßt sich bis in die Scholastik und das römische Recht zurückverfolgen. Von Grotius ignoriert und von Pufendorf explizit zurückgewiesen, dringt sie allerdings erst unter dem Einfluß der Wolffschen Schule (J. G. Daries 1714–1791) in die Naturrechtstradition ein und ist im 18. Jahrhundert – unerachtet aller inhaltlichen Differenzierungen – ein juristischer Gemeinplatz in Deutschland, um im 19. Jahrhundert wieder an Interesse zu verlieren (vgl. dazu Franz Hofman: Die Lehre von titulus und modus adquirendi, Wien 1873; sowie W. Felgentraeger: F. C. v. Savignys Einfluß auf die Übereignungslehre, Leipzig 1927).

73. Das Sachenrecht lehnt sich auffallend stark an G. Achenwalls Occupations-Kapitel des »Ius naturae pars prima« an, wenngleich auch systematisch fundamentale Differenzen statthaben. Ich paraphrasiere hier nur kurz einige Bestimmungen gemäß der 6. Auflage (Göttingen 1767):

§ 114: occupatio: ut sit possibilis
    1. physice (res apprehensibilis)
    2. legaliter (non sit iniuria)

§ 115: occupatio: ut existat
    1. apprehensio
    2. Animus rem apprehensam sibi habendi propriam (declaratio)

§ 117: modus adquirendi: occupatio
    titulus adquisitionis: Ratio ex qua intelligatur iustitia modi adquirendi, fundatur in iure occupandi ipsi connato.

In der Anmerkung zu § 117 wird als Quelle der titulus-modus Unterscheidung das römische Recht mit »causa remota« und »causa proxima« benannt.

Achenwall lehnt in der Anm. zu § 116 explizit die Grotiussche Konstruktion einer »communio primaeva« ab (vgl. RL § 13). Der Kantische »titulus« der »urspr. Gemein-

Aus diesen zwei »Stücken« (268,10) soll die Erwerbung[74] selbst abgeleitet werden.

Aufgrund des ursprünglichen Gesamtbesitzes befinden sich die Rechtssubjekte schon *vor* Einrichtung eines bürgerlichen Zustandes in einem *rechtlichen* Verhältnis untereinander (§ 13). Der Bezug auf äußere Sachen *muß* (§ 11) und *kann* (§ 13) demnach als ein rechtliches Verhältnis zwischen Personen gedacht werden (§ A).

Die rechtmäßigen Handlungen bzgl. äußerer Erwerbungen bestimmt das allgemeine Prinzip der äußeren Erwerbung (§ 10). »Sofern« (268,25) die Erwerbungs*art* diesem gemäß ist, ist die Erwerbung folglich *rechtens*. Es ist somit die bisher entwickelte Form der ursprünglichen Erwerbung an diesem Prinzip zu messen: Die »occupatio« als »*prior apprehensio*« ist kein Verstoß gegen das allgemeine Rechtsprinzip. Kann ich den Gegenstand in meine Gewalt bringen, d. i. ihn als den Meinen *bezeichnen* und verteidigen (vgl. 269,31), so ist er ein »Gegenstand meiner Willkür« und ich kann ihn gemäß dem »rechtlichen Postulat der praktischen Vernunft« als den Meinen haben.[75] Die *Aneignung* selbst vollzieht sich gemäß der Idee des allgemeinen gesetzgebenden Willens, d. h. in der Konstituierung des durch meinen Aneignungsakt initiierten bürgerlichen Zustandes, den ich (»in der Idee«) herstelle und dem ich mich zugleich – durch den Anspruch der Erwerbung – unmittelbar unterwerfe; denn nur unter dessen Voraussetzung kann ich eine äußere Sache als die Meine haben (§ 17 Abs. 3/258,28 f.).

Die rechtliche Befugnis zur ursprünglichen Erwerbung liefert der Erwerbende gleichsam selbst: Ist es rechtens, »jeden anderen, mit dem es zum Streit des Mein und Dein (über einen äußeren Gegenstand, B. L.) kommt, zu nötigen, mit ihm zusammen in eine bürgerliche Verfassung zu treten« (§ 8), so schafft er durch die »Anmaßung« (vgl. § 8) der Ausschließung anderer vom Gebrauch eben diese Situation des »Streits« selbst herbei, deren Auflösung in den Zustand des gesicherten Mein und Dein *Rechtspflicht* ist.

Analog zu den Erörterungen des § 9 in der Besitzlehre finden wir in § 17 (267) die Frage nach provisorischer und peremtorischer Erwerbung beantwortet: Der erste Erwerber (z. B. eines Bodens) genießt eine »Gunst des

---

schaft des Bodens« (communio originaria) ist demzufolge eine Antwort sowohl auf Achenwall wie auf Grotius. Die direkte Zurückführung der »titulus« auf das »ius connatum« ist für ihn gleichermaßen unhaltbar wie die zeitliche Dimension im »uranfänglichen Gesamtbesitz« (§ 13). – Das Kantische Vorlesungsexemplar des »ius naturae pars prima« Achenwalls ist nicht erhalten. In XIX ist ein Teil des »ius naturae pars posterior« mit den Reflexionen aus Kants Exemplar abgedruckt.

74. Dem entspräche Achenwall § 117: daß sie »actum validum (legitimum)« sei.

75. Man wird die »declaratio« hier als empirischen Beweis des »In-der-Macht-Stehens« aus dem Postulat anzusehen haben wie die Priorität in Ansehung der Zeit als empirischen Garanten der Konformität mit dem allgemeinen Rechtsgesetz.

Gesetzes (lex permissiva[76])«, seinen einseitigen Besitzanspruch bis zur Einstimmung anderer zu der Einrichtung eines bürgerlichen Zustandes zu
behaupten. Jeder, der die Erwerbung zu verhindern sucht, macht sich entweder eines Verstoßes gegen das Axiom des Rechts schuldig (Apprehension
einer Sache, die ein anderer schon in seinem Besitz hat) oder verstößt gegen
die Rechtspflicht der Schaffung eines bürgerlichen Zustandes.

Die ursprüngliche Erwerbung stellt folglich einen Fall der Zwangsbefugnis
(§ D) gemäß dem Rechtsgesetz (§ C) ohne allgemeinen gesetzgebenden Willen dar! Es ist der singuläre Fall, der die *Schaffung* eines solchen Zustandes
betrifft und diesen daher nicht faktisch, sondern bloß als Idee (welche selbst
keinen physischen Zwang ausüben kann!) voraussetzt.

Der Erwerbende begeht folglich kein Unrecht, wenn er *selbst* gewaltsam
die »Hindernisse« einer rechtmäßigen – wenngleich provisorischen – Erwerbung »verhindert« (vgl. § D).

Daß die Frage der ursprünglichen und damit die der provisorischen Erwerbung des weiteren im Hinblick auf das zwischenstaatliche (= völkerrecht-
liche) Verhältnis von Interesse ist, belegt die Anmerkung zum neu benannten
§ 16 (dem »alten« § 17).

Das zweite »Moment» schließt eine rechtmäßige Aneignung z. B. des
gesamten Erdbodens durch einseitige Beanspruchung aus. Fehlte die Restriktion der »Bezeichnung... des Aktes meiner Willkür, jeden andern
davon abzuhalten« (258), wäre durch die bloße Formulierung der Absicht –
ohne daß der Boden (zumindest einmal) in meine Gewalt gebracht worden
ist – eine rechtmäßige Erwerbung (wenn sie mit dem ersten und dritten
Moment übereinstimmte) möglich. Die Reichweite der *Gewalt* des Erwer-
bers (z. B. durch »Kanonen« gesichert, 269) ist aber ein Maßstab für den
rechtlich möglichen Umfang seiner Erwerbung: als Ausweis dessen, was in
seiner *Macht* steht.

Am dritten Moment der Sach-Erwerbung – vor allem mit Blick auf die
Klammerbemerkung in § 14 Abs. 2 (»die Vereinigung der Willkür aller, die in
ein praktisches Verhältnis kommen können«) – zeigt sich, daß die Schaffung
von Rechtsverhältnissen auf der Erdkugel in Form der Konstitution verschie-
dener, zunächst voneinander unabhängiger, bürgerlicher Zustände vonstat-
ten geht. Der *empirische* (mithin zufällige) Sachverhalt, daß der Erwerbende
nicht zugleich mit *allen* Erdbewohnern »in ein praktisches Verhältnis
kommt«, sondern zunächst nur mit denen, die sich mit ihm aktual auf *die-*

---

76. Das »Erlaubnisgesetz (lex permissiva)« oder die »Gunst des Gesetzes« besteht
folglich darin, ohne Bezug auf eine aktual vereinigte Willkür und dennoch über die Sphäre
des angeborenen Rechts hinaus die Freiheit eines anderen einschränken zu dürfen. Zum
Erlaubnisgesetz vgl. Brandt 1982a und eine der Sache nach ähnliche Konstruktion in
XXIII 515.

selben äußeren Sachen beziehen, führt dazu, daß, obgleich die *Idee* des allgemeinen Willens selbstverständlich alle praktischen Vernunftwesen einzubeziehen hat, der unmittelbar bewirkbare Zustand der vereinigten Willkür nur einen Teil derselben umfaßt. Das – erst im öffentlichen Recht Thema werdende – Phänomen des *Einzel*staates hat folglich seinen systematischen Ursprung in den empirischen Bedingungen der Erwerbung äußerer Sachen, speziell des Bodens.

Resümieren wir kurz die Systematik:

Ein Sachenrecht kann nur als Verhältnis von Personen gedacht werden, die sich im Gesamtbesitz der Sachen befinden (§ 11). Da jede Aneignung von Sachen Bodenerwerb voraussetzt (§ 12), zieht sich das Problem auf das des Gesamtbesitzes *des Bodens* zusammen. Die natürliche gemeinsame Bezugnahme auf den Boden stiftet diesen notwendigen Gesamtbesitz (§ 13). Eine Aneignung einer Sache wie auch eines Bodens, den ich als erster in meine Gewalt gebracht habe, ist in Konformität mit dem allgemeinen Rechtsgesetz (§ 14) und dem »rechtlichen Postulat der praktischen Vernunft«. Geschieht sie im Zuge der Konstitution eines bürgerlichen Zustandes, so ist sie auch rechtlich gültig (§ 16/268,1–30 und 258,27–259,11). Solange die Erwerbung bloß »in Hinblick« auf diesen Zustand erfolgt, ist sie bis zur Einwilligung der anderen gleichermaßen – aber provisorisch – rechtsgültig (§ 17/267).

Zum Schluß sei eine den Kern der Spezifikation äußerer Sacherwerbung auf den Fall des Bodens verfehlende Interpretation angesprochen.

Die Vermutung[77], daß der Rekurs auf den Boden einen systematischen Reflex – welcher Art auch immer – der zu Kants Zeiten in Mitteleuropa (noch) bestehenden Feudalverhältnisse darstellt,[78] scheitert sowohl hinsicht-

---

77. Z. B. T. R. Sandvoss: I. Kant, Stuttgart 1983 S. 134.

78. Ein Blick in *den* Klassiker der bürgerlichen Ökonomie lehrt überdies sogleich, daß die Sonderstellung des Bodens keinen Makel feudalistischer Theorien darstellt: Zwar ist *der* Teil des Kantischen Bodenarguments, daß nämlich der Bodenbesitz Voraussetzung jeglichen Sachbesitzes sei, nicht expressis verbis in der Ökonomie Adam Smiths zu finden, doch dessen Theorie des Grundrente basiert ebenfalls auf der Substanz-Akzidenz Relation von Boden und Sachen (RL § 12): »Sobald in einem Land aller Boden in Privateigentum ist, möchten auch die Grundbesitzer, wie alle Menschen, dort ernten, wo sie niemals gesät haben«: Der Arbeiter »muß nämlich von nun an für die Erlaubnis zum Ernten der Früchte etwas bezahlen« (A. Smith: Der Wohlstand der Nationen, München 1978, S. 44): Mit der Verfügung über den Boden geht die über seine Produkte einher. Unverzichtbarer Bestandteil der Theorie der Grundrente ist ferner das Faktum der Endlichkeit des Bodens (§ 13): Die Rente ist Monopolpreis, welcher sich nur aus der Endlichkeit des Vorrates ergibt (ebd. S. 126). Das ökonomische Pendant zur Verfügung über den Boden als die conditio sine qua non des Sachbesitzes überhaupt finden wir bei einem Autor, welcher sicherlich nicht im Verdacht steht, Theoretiker des Feudalismus zu sein: Im Hinblick auf die Bodenrente kommen »zwei Elemente in Betracht: auf der einen Seite die Exploitation der Erde zum Zweck der Reproduktion oder Extraktion, auf der anderen der Raum, der als Element aller Produktion und alles menschlichen Wirkens erheischt ist« (Marx-Engels, Werke,

lich der *Begründung* der Boden-Priorität in § 12, als auch an der – aus der Anmerkung zum neuen § 16 erkennbaren – *Intention* der Kantischen Boden-spezifikation.

Zunächst ein Rückblick auf die argumentative Einführung der Restriktion der Sach-Erwerbung auf jene des Bodens: Es ist die durch keine rechtliche oder politische – bestenfalls durch technische! – Umwälzung aus der Welt zu schaffende Tatsache, daß äußere Sachen, um *brauchbar* zu sein, einen Platz auf den Boden einnehmen müssen, welche die Priorität des Bodenerwerbs vor jeder Sacherwerbung notwendig macht (§ 12). Im Gegensatz zu jeder Sach-Aneignung – und das macht die Einzigartigkeit der ursprünglichen Gemeinschaft des Bodens aus – ist das Einnehmen eines Platzes auf dem Boden nicht Folge eines Akts der Willkür – wie z. B. das Ergreifen von beweglichen Sachen –, sondern ergibt sich allein aus der menschlichen Existenz und kann daher nicht zugerechnet werden (§ 13) – also auch nicht rechtswidrig sein.

Beide Aspekte der Boden-Erwerbung sind daher von Kant systematisch abgeleitet und bedürfen somit keiner Erklärung mittels außertheoretischer Überlegungen. Keine Passage im Kantischen Text gibt ferner darauf einen Hinweis, daß ein Bezug auf feudalistische Strukturen intendiert ist – im Gegenteil, die Überlegungen, welche die Anmerkung zum neuen § 16 (wie die zu § 15) beifügt, zeigen, daß die Problematik der ursprünglichen Erwerbung auf die territoriale Vergrößerung des *Einzelstaates*[79] zielt (vgl. Völkerrecht!). Inwieweit die Kantischen Begründungen im *Sachen*recht überhaupt eine Basis für Differenzierungen von feudalistischer und bürgerlicher Gesellschaftsformation abgeben können sollen, ist angesichts dieser Umstände nicht auszumachen. Letztlich zieht sich die gesamte Spezialisierung der ursprünglichen Erwerbung auf den Sonderfall des Bodens zu der Feststellung zusammen, daß niemand eine bewegliche Sache ursprünglich erwerben kann, für die er keinen Platz auf dem Boden bereit hält.[80]

Berlin 1959ff., Bd. 25, S. 782). Der Ökonom der bürgerlichen Warenproduktion gibt bedenkenlos zu, daß er nicht um das von Kant benannte Faktum herumkommt: Die Verfügung über Boden ist Voraussetzung der Verfügung über äußere Gegenstände – gerade in der industriellen Produktion: Wo stehen die Fabriken? ... Baustellenrente!

79. Selbst wenn hier das erwerbende Subjekt (»Ich«) nie als Staat (höchstens als »Volk«, § 15 Anm. 2. Hälfte), sondern stets als Einzelperson auftritt, so ist doch die durchgängige Argumentation stets auf die Situation von Subjekten abgestellt, die sich mit (Natur-) Rechtsansprüchen gegenüberstehen und keiner gemeinsamen Gesetzgebung unterworfen sind, auch nicht einer in Form der Unterwerfung einer Partei unter die Gesetzgebung der anderen.

80. Es ist nicht so, daß die Kantische Argumentation voraussetzt, daß man die Sache *nur* gemeinsam mit dem Boden, auf dem sie sich befinden, erwerben kann.

2. Das persönliche Recht

Mit dem Abschluß des Sachenrechts sind alle äußeren Gegenstände der Willkür potentiell zum Seinen von Rechtssubjekten geworden. Die *Personen* waren ohnehin im (physischen wie rechtlichen) Besitz ihrer eigenen Willkür[81] – »ihr eigener Herr (sui iuris)« (§ 11 Anm. / 270,10f.), und die *Sachen* können durch ursprüngliche Erwerbung zum »Eigentum« (vgl. ebd.) werden. Letztlich sind alle Gegenstände der Willkür im Prinzip verteilt, und jede weitere Erwerbung ist somit vom Seinen eines anderen abgeleitet. Es verbleibt damit nur noch die Umverteilung von Gegenständen der Willkür zwischen den Personen, d. i. eine Übereignung, welche vornehmlich die, zwischen denen die Gegenstände transferiert werden, rechtlich betrifft: Alle anderen sind ohnehin vom Gebrauch der in Frage stehenden Gegenstände der Willkür ausgeschlossen.

Die rechtmäßige Form der Erwerbung des Aktes der Willkür eines anderen ist die Übertragung durch »Vertrag«, welcher aus dem gemeinsamen Willen der Beteiligten hervorgeht. Jede Art der Erwerbung, die ohne Einwilligung einer »verzichttuenden« Seite geschähe, wäre wegen des Verstoßes gegen das allgemeine Rechtsprinzip (§ C)[82] – bzw. das angeborene Recht – eine Läsion. Nach Beantwortung der (in Analogie zu § 11 so benennbaren) Frage des § 18: Was ist ein persönliches Recht?, werden in § 19 Abs. 1 die 4 rechtlichen Akte der Willkür, welche »in jedem Vertrag enthalten sind«, aufgeführt: »oblatio«, »approbatio«, »promissum«, »acceptatio«; wovon die ersten beiden der »Traktierung« – welche noch keine Verbindlichkeit erzeugt –, die letzten dem rechtsverbindlichen »Abschließen« dienen. Die Unterscheidung von »obla-

---

81. Vgl. auch VIII 293,29: »Eigner seiner selbst«. Eine Ausnahme bilden nur die unmündigen Kinder, welche, bevor sie einer Zurechnung fähig sind, weder »sui iuris« sind, noch durch »occupatio« erworben werden können (siehe Elternrecht).

82. Das – bei Kant nur am Rande erwähnte – Problem des umgekehrten Falles einer einseitigen Erwerbung durch bloßes Einverständnis der verzichtenden Seite (Lübbe-Wolff, S. 288) erledigt sich aufgrund vorangegangener Lehrstücke des Privatrechts: Gemäß § 10 Abs. 1 und dem »allgemeinen Prinzip der äußeren Erwerbung«, gehört zur Erwerbung der »Wille«, etwas als das Meine zu haben – und dieses aus systematischen Gründen: Das Recht regelt das Verhältnis der Willküren von Personen, sofern »die Handlungen als facta aufeinander Einfluß haben können« (§ B). Gegen jemanden, der sich nicht durch eine zurechenbare Handlung mir gegenüber verhält, kann ich keine Verbindlichkeit haben, welche über das angeborene Recht hinausgeht. Nur dieses angeborene Recht unterscheidet ihn in rechtlicher Hinsicht von einer Sache, welche darüber hinaus, da sie auch »keiner Zurechnung fähig ist«, mich nicht durch rechtliche Handlung verpflichten kann. – Tritt zu den beiden Betroffenen allerdings eine dritte (fiktive oder natürliche) Person hinzu, gegenüber welcher ich mich verpflichte, dem anderen gegenüber auf etwas Verzicht zu tun, so habe ich einen Fall in Analogie zum Schenkungsvertrag und blättere zum § 37 weiter. Im Privatrecht des Naturzustandes (d. i. ohne »Gerichtshof«) hätte die Verpflichtung des Verzichtuenden kein rechtliches Subjekt.

tio« und »promissum« sowie »approbatio« und »acceptatio« ist keine, die notwendigerweise empirisch unterscheidbare Akte der Traktierenden bezeichnet.[83] In der Folge (§ 19) beschäftigt Kant sich ausschließlich mit der *Abschließung* des Vertrages: Es ist die zeitliche Kluft zwischen »promissum« und »acceptatio« (nicht etwa die zwischen Versprechen und Leistung, die nach § 4 die possessio noumenon für das äußere Seine – das der Vertrag gemäß § 18 stiften soll – notwendig macht!)[84], welche das Zustandekommen der – in § 18 als Bedingung der Möglichkeit einer Übertragung durch Vertrag erwiesenen – Vereinigung der Willküren verhindert: Solange keine Quelle der gemeinsamen Verbindlichkeit entwickelt ist, kann stets von der versprechenden Seite unter dem Vorwand, das Versprechen sei nur zum Zeitpunkt seiner Formulierung gültig gewesen, der Vertrag – damit gleichfalls die Verpflichtung des Acceptanten – suspendiert werden (§ 19). Es ist folglich eine »Deduktion des Begriffs der Erwerbung durch Vertrag« – also der Nachweis der Obligation der Vertragspartner aus den empirischen Akten (»empirischen Bedingungen« vgl. 268,5 im Sachenrecht) der Vertragsschließung – zu leisten. Sie lautet komprimiert: »Weil jenes (d. i. das Vertrags-, B. L.) Verhältnis (als ein rechtliches) rein intellektuell ist, (wird, B. L.) durch den Willen als ein gesetzgebendes Vernunftvermögen jener Besitz als ein intelligibler... nach Freiheitsbegriffen mit Abstraktion von jenen empirischen Bedingungen als das Mein oder Dein vorgestellt; wo beide Akte... nicht als aufeinander folgend, sondern (...) aus einem einzigen gemeinsamen Willen hervorgehend (...) und der Gegenstand... durch Weglassung der empirischen Bedingungen nach dem Gesetz der reinen praktischen Vernunft als erworben vorgestellt wird« (§ 19). In der Anmerkung zu § 19 behauptet Kant, er habe damit – im Unterschied zu allen früheren Rechtslehrern, die über die Konstatierung der Verbindlichkeit der Verträge (»daß ich mein Versprechen halten soll, begreift ein jeder von selbst!«) nicht herauskamen[85] – auch die Frage nach dem Grund der Verbindlichkeit der Verträge (»Warum soll ich mein Versprechen halten?«) beantwortet: Der, der ein rechtliches Vertragsversprechen gibt, kann dies nur unter der Voraussetzung eines gemeinsamen Willens mit dem Acceptanten machen.[86] Genau wie ich für das äußere Mein

---

83. Lübbe-Wolff verkennt dies (Lübbe-Wolff, S. 291) und befürchtet eine unnötige Komplizierung des Rechtsverkehrs durch diese Unterscheidung. Der Sinn derselben innerhalb des persönlichen Rechts wird sich später zeigen.

84. Vgl. Anm. 87.

85. Die Pflicht zur Einhaltung von (Vertrags-)Versprechen ist – neben dem Verbot zu lügen – ein Musterbeispiel für die Anwendung der Formel des kategorischen Imperatives. Der Abschluß eines Vertrages setzt den Willen zu einer Einhaltung voraus: Eine Maxime, die das Brechen eines Vertrages erlaubt, macht den Vertrag selbst unmöglich (vgl. KpV § 2 Anmerkung: »Depositum«, gemäß 285,13 eine Vertragsform).

86. Kurz: § 18 hatte gezeigt, daß der Vertrag aus einem gemeinsamen Willen hervorge-

und Dein, welches letztlich aus dem kategorischen Imperativ folgt (§ 6 letzter Satz), den intelligiblen Besitz »voraussetzen muß« (§ 5), so macht die – ebenfalls aus dem kategorischen Imperativ gewonnene – Verbindlichkeit der Verträge die Abstraktion von allen sinnlichen Bedingungen des Abschließens und Annehmens, d. i. die Unterstellung eines gemeinsamen Willens der Vertragspartner, nötig.[87] Ich schließe einen *verbindlichen* Vertrag, weil ich mit dem Willen zu demselben den gemeinsamen Willen voraussetze.

Wir hatten oben schon bemerkt, daß die Vertrags-Akte des »Angebots« und der »Billigung« nach § 19 Abs. 1 nicht mehr erwähnt werden. Wozu also die Erwähnung dieser subtilen Unterscheidung in § 19?

Blicken wir zurück auf das »allgemeine Prinzip der äußeren Erwerbung«, so können wir eine Vermutung für die Motivation der Unterscheidung aufstellen. Während die Konformität der Erwerbung eines persönlichen Rechts mit dem »allgemeinen Rechtsgesetz« bzw. der angeborenen Freiheit durch die Vertragsform (d. h. *doppelseitige* Zustimmung zur Erwerbung, vgl. § 10, »Einteilung«) und die Kompatibilität mit der Idee der vereinigten Willkür im Zuge der Deduktion gesichert ist (das Versprechen wird als »aus einem gemeinsamen Willen hervorgehend« vorgestellt: Die *realiter* vereinigten Willküren sichern die Konformität mit der »*Idee*« der vereinigten Willkür), bleibt der Nachweis für das zweite »Moment«, die Konformität mit dem »Postulat des Vermögens«, offen. Wir müssen daher vermuten, daß die – sonst nicht weiter benutzte – Differenzierung von »Traktierung« und »Abschließen« diese Lücke schließen soll: Im vorbereitenden Akt erweist sich – durch das (empirisch) gegebene Angebot – die Leistung des Promissars als Gegenstand meiner Willkür. Wie der Erweis der Erwerbbarkeit im Sachenrecht durch die declaratio an der Sache erbracht wird, so zeigt sich im Angebot die Willkür des anderen als in meiner Macht stehend. Der Anord-

---

hen muß, um Verbindlichkeit erzeugen zu können, § 19 weist nach, daß die Vertragspartner in ihrer Absicht eines rechtsgültigen Vertragsschlusses diesen Willen selbst hervorbringen.

87. Der Clou der Deduktion im persönlichen Recht kann nicht – wie Kersting (Kersting S. 183) behauptet – darin bestehen, daß der »Vertragsbegünstigte durch den Vertrag in den Besitz meiner Willkür hinsichtlich der abgesprochenen Leistung gelangt ist...«, denn das ist es gerade, was die Deduktion erst zu *erweisen* hat (vgl. die Bemerkung zum Verhältnis von § 4 b und persönlichem Recht oben im Text: wenn ich im Besitz der Willkür bin, darf ich den anderen bestimmen!); die Frage ist vielmehr, wie komme ich in den Besitz (schließlich sind wir nicht in der Besitz-, sondern in der Erwerbungslehre!). Die Frage, »warum soll ich mein Versprechen halten«, kann – wenn jeder von selbst einsieht, daß ich es halten soll – nur beantwortet werden, indem aufgezeigt wird, daß die im Text genannten äußeren Akte ein rechtsverbindliches Versprechen und damit eine Übereignung der Willkür konstituieren. Dies geschieht durch die beiderseitige Unterwerfung unter ihren »gemeinsamen Willen« (daher ist *dieses* Wortpaar im § 19 durch Sperrung hervorgehoben, und nicht etwa der »Besitz«!).

nung der Differenzierung von Traktieren und Abschließen zwischen Ver-tragsformableitung (§ 18) und Deduktion (§ 19 Abs. 3) entspricht überdies der Bezug auf das mittlere der drei Momente des allgemeinen Prinzips archi-tektonisch.

Verträge beziehen sich auf Leistungen (vgl. § 20). Diese können – gemäß der »dogmatischen Einteilung aller Rechte aus Verträgen« (284 f.) – im Ge-brauch der Kräfte des Verpflichteten oder in der Übertragung von Sachen bestehen.

Im letzten Fall erwerbe ich durch den Vertrag kein Sachenrecht, sondern nur ein persönliches (§§ 20, 21)[88] gegen den zur Übertragung Verpflichteten, d. i. ein Recht, »diesen (!, B. L.) zur Leistung zu bestimmen« (§ 4). Nach vollzogener Übergabe wird dieses dann ein Sachenrecht im nachdrücklichen Sinne: »Ein Recht gegen jeden (!, B. L.)[89] Besitzer der Sache« (§ 11). Selbst-verständlich bleibt ein provisorisches Sachenrecht nach vertraglicher Über-eignung auf einen anderen provisorisch, wie ein peremtorisches peremto-risch bleibt.

3. Das auf dingliche Art persönliche Recht

Ein *Sachenrecht* ist ein Recht *gegen jeden Besitzer* der Sache; ein *persönliches Recht*, das an der Leistung einer Person, d. i., eines *bestimmten* Gebrauchs ihrer Willkür. Während zum Sachenrecht keine Limitierung meines Ge-brauchs (bis auf die durch das allgemeine Rechtsgesetz) gehört, so findet beim persönlichen Recht keine Ausschließungsmöglichkeit der Nutzung der fremden Willkür durch Dritte (vgl. § 20) statt, solange ich die vertraglich erworbene Leistung erhalte.

Der mir gegenüber persönlich Verpflichtete kann seine Vermögen auch anderwärtig zur Verfügung stellen; eine von mir erworbene Sache ist hinge-

---

88. Die Scheffelsche Behauptung (Scheffel 1982a S. 320), die §§ 20 und 21 dienten dazu, das dritte Moment der äußeren Erwerbung in das persönliche Recht einzubringen, scheitert allein daran, daß hier nur noch von der Sach-Übereignung die Rede ist, d. h. z. B. für den Fall des Arbeitsvertrages – in welchem keine Sachen übereignet werden – die Ableitung des persönlichen Rechts unvollständig wäre! Andererseits ergibt sich direkt aus der Definition des persönlichen Rechts in § 18 Abs. 1, daß das Ziel der Ableitung dessel-ben erreicht ist, wenn der Besitz der Willkür (d. i. nicht auch der Leistung!) des Promissars erwiesen ist, und dies ist in § 19 der Fall! Die letzten beiden Paragraphen beschäftigten sich ausschließlich mit der Umwandlung eines persönlichen Rechts in eine Sachenrecht durch die Übergabe von Sachen.
89. Die differentia specifica von Sachen- und persönlichem Recht ist demzufolge nicht die, daß nur das Sachenrecht auf eine »Idee der *vereinigten Willkür*« zurückgreift, sondern die, daß letzteres die vereinigte Willkür *aller in der Idee* voraussetzt.

gen von jedem Gebrauch durch andere (ohne meine Zustimmung) ausgeschlossen.

Eine Verschmelzung[90] dieser beiden Rechtsformen finden wir im »auf dingliche Art persönlichen Recht«. Der Rechtsanspruch der Ausschließung *aller anderen* vom Gebrauch fremder *Willkür*. Die Ausschließung aller anderen ist das Kennzeichen des Sachenrechts, die Limitierung des Gebrauchs wird sich aus der »Persönlichkeit« des Gegenstandes der Willkür ergeben.

Objekt dieses – zunächst bloß hypothetisch angenommenen – Rechts sind die Beziehungen freier Wesen innerhalb des Hauswesens: die Ehe, das Verhältnis der Eltern zu den Kindern und das des Hausherren zum Gesinde.[91]

Da die allgemeinen Bemerkungen zum »auf dingliche Art persönlichen Recht« (§§ 22/23) für sich allein wenig erhellend sind, gehe ich zunächst exemplarisch auf das Eherecht ein, stelle dann die zentralen Bestimmungen der anderen beiden »Titel« zusammen und betrachte abschließend das »auf dingliche Art persönliche Recht« als Ganzes.

i) Das Eherecht

Das Kantische Eherecht bietet seit dem Erscheinen der Rechtslehre einen der beliebtesten Ansatzpunkte für despektierliche Bemerkungen zur Kantischen Moralphilosophie. Schon Bouterwek, der erste (mir bekannte) Rezensent der Rechtslehre, machte keinen Hehl daraus, daß er diesen Teil der Schrift nicht ernstzunehmen bereit war. Auch die ausführlichere Darstellung des Eherechts aus den zwanziger Jahren dieses Jahrhunderts durch Emge vermag kaum die ironischen Untertöne zu vermeiden.[92]

Eine solche Haltung zum Eherecht entspringt nicht bloß einer anderen (womöglich »moderneren«) *Einstellung* zu den von Kant verhandelten Rechtsfragen (dann wäre sie als Gegenstand bloßen Beliebens genommen),

90. Wie in der KrV die jeweils dritte Kategorie jeder der »4 Klassen« »aus der Verbindung der zweiten mit der ersten ihrer Klasse entspringt« (B 110), so hier die dritte Art der äußeren Erwerbung aus der Verbindung der vorigen; im »Anhang« findet sich eine abweichende Ableitung der 3. Rechtsform (357,24f).

91. In den Versuchen zum Anhang finden wir zwei Fußnoten, die das »auf dingliche Art persönliche Recht« mit dem zehnten Gebot des Katechismus zusammenbringen. Doch nicht nur die dortige Zuzählung von »Weib, Kind, Knecht (Magd)« (XX 453 und 454), sondern auch die antike Hausgemeinschaft sind als Vorbilder der Konstruktion des Hauswesens als einer rechtlichen Gemeinschaft sui generis anzusehen (vgl. die ausführliche Darstellung bei Deggau S. 166ff.).

92. Neben Emge des weiteren Horn 1936, Ebbinghaus 1937, und ausführlich Deggau S. 171ff.

sondern hat ihre Wurzeln in der Kantischen Darstellung selbst. Für zentrale – und auch für den Kant-Zeitgenossen Bouterwek befremdliche – Behauptungen läßt der Text die von Kant für einschlägig gehaltenen Begründungen nicht einmal erahnen.

Da die Bouterwek-Rezension das Eherecht detailliert bespricht, und Kant darauf in zwei uns zugänglichen Schriftstücken antwortet (einmal »privat« in seinen Bemerkungen zur Rezension – XX 445 ff. – und einmal »öffentlich« im Anhang zur Rechtslehre), bietet sich für diesen Teil der Rechtslehre eine vom sonstigen Vorgehen abweichende Art der Kommentierung an: Es wird versucht, den Text mit Rückgriff auf *nachträgliche* Erörterungen Kants zu verstehen.

Um dem Eherecht auf die Spur zu kommen, zunächst eine Skizze der *logischen* Abfolge der einzelnen Argumentationsfiguren, die zum Aufweis der Notwendigkeit der Ehe führen:

α) Der wechselseitige Gebrauch, den ein Mensch von den Geschlechtsorganen eines anderen macht, ist ein *Genuß*, zu dem sich ein Teil dem anderen hingibt, wodurch er sich selbst zur Sache macht (§ 25).[93]

β) Dieses »zur Sache machen« widerstreitet dem Recht der Menschheit in seiner Person (ebd.).

γ) Die *natürliche* Geschlechtsgemeinschaft, in welcher der Mensch seinesgleichen erzeugen kann, darf gemäß einem natürlichen Erlaubnisgesetz, welches das Recht der Menschheit in unserer Person (vgl. § 22) stiftet, unter Umständen statthaben.

δ) Die *unnatürliche* Geschlechtsgemeinschaft (die nicht der Zeugung seinesgleichen fähig ist) kann durch »keine Einschränkungen und Ausnahmen wider die gänzliche Verwerfung gerettet« werden (§ 24).

ε) Voraussetzung der natürlichen Geschlechtsgemeinschaft *nach dem Gesetz* ist die wechselseitige Erwerbung der Personen als Sache, die lebenswierige Ehe.

Die einzelnen Argumentationsschritte sind nicht unmittelbar dem Text zu entnehmen.

Für α) liefert Kant in der Rechtslehre selbst keinen Begründungsversuch (auch nicht in der Tugendlehre, vgl. TL § 7); dabei ist die Behauptung, daß eine *Person* (»dasjenige Subjekt, dessen Handlungen einer Zurechnung fähig sind«, 223) sich in der Geschlechtsgemeinschaft »zur Sache« (d. h., »einem Ding das keiner Zurechnung fähig ist« und »selbst der Freiheit

---

93. Macht sich jeweils nur derjenige zur Sache, der sich *einem anderen* hingibt, so wäre demnach z. B. die Sodomie nicht rechtswidrig, wiewohl hier eine »unnatürliche« Geschlechtsgemeinschaft vorliegt. Unter welchen Umständen der Gebrauch der *eigenen* Geschlechtseigenschaften mit der Moral konfligiert, ist Gegenstand der Tugendlehre (§ 7, 425).

ermangelt«, ebd.) macht, durchaus nicht selbstverständlich.[94] Der Zeitge-
nosse Bouterwek fragt daher in seiner Rezension sinngemäß, ob ich einen
Lastträger aus demselben Grunde zur Sache mache, wenn ich ihm auf die
Schulter steige, um mir einen Genuß zu verschaffen (XX 450), was darauf
hinausliefe, daß ich ihn gemäß der Kantischen Theorie zu diesem Zwecke
heiraten müßte (s. u.).

In einem Vorentwurf[95] zur Replik auf Bouterwek fügt Kant einen Begründungsversuch an: »Daß in Ansehung der Befugnis zweyer Personen beyder-
ley Geschlechts sich fleischlich zu vermischen jeder derselben vornehmlich
aber dem Weiblichen Theil im Zustande der kaum anhebenden Cultur eine
Scheu über den besorglichen Verstoß wieder die Würde der Menschheit
Scham genannt mithin etwas Moralisches sich unvermeidlich einfindet und
jene selbst in der Ehe immer noch Verborgenheit verlangt ist gnugsamer
Beweis daß der Mensch durch dieses Hingeben seines Leibes zum Sachen-
gebrauch immer etwas thue dessen er sich schämen müsse weil es an sich
wirklich unter der Würde der Menschheit ist...« (XX 463,22 ff.).

Daß dieser Bezug auf das moralische Gefühl der »Scham« innerhalb der

---

94. Für Ebbinghaus (1937, S. 240 ff.) ist eine ausgemachte Sache, die »ein jeder aus dem
Sprachgebrauch und nicht nur dem deutschen entnehmen kann«, daß durch den »Geschlechtstrieb« »der Mensch selbst begehrt oder genossen« und damit zur Sache gemacht
wird. Für Kant hingegen ist dies – wie die Erwiderungen auf Bouterwek zeigen – etwas zu
Erweisendes, wozu sonst die (im folgenden betrachteten) Versuche? Obendrein ist zu
bemerken, daß in der MdS nicht vom »Geschlechtstrieb« (das Wort kommt in der MdS
nicht vor, bestenfalls »Begierde« in XX 462,1), der einen *inneren Bestimmungsgrund* des
Handelns darstellt, sondern vom Geschlechts*verkehr*, in welchem die Subjekte sich wechselseitig äußerlich *zur Sache machen*, die Rede ist. Von diesem ist zu erweisen, daß *sich in
ihm* »ein Teil dem anderen hingibt«, was nicht allein aufgrund der Existenz eines (meta-
phorischen) Sprachgebrauches selbst zur Tatsache wird. Da Ebbinghaus auf diese Art nach
den ersten 15 Zeilen des Kant-Teils seines Aufsatzes ein zentrales Problem mit einem
Streich von der flachen Hand gefegt hat, findet er keine ernsthaften Schwierigkeiten mehr
im Kantischen Eherecht (vgl. dazu Deggau S. 186 ff.). Hinzu kommt, daß Ebbinghaus in
Anmerkung 1 auf S. 240 deutlich über das Ziel hinausschießt, wenn er jeden Bezug auf den
Körper eines anderen »mit erotischer Sensation« als Verfügung über die *Person* (nicht nur
über eine *Leistung* derselben) und damit als »zur Sache machen« betrachtet, womit er die
Spezifik des Geschlechtsverkehrs gänzlich aus dem Blick verliert, so daß konsequenterweise schon ein Händedruck »mit erotischer Sensation« zum Vollzug der Ehe würde.

95. Die Kantischen Randbemerkungen auf der Abschrift der Bouterwek-Rezension
kann man – soweit die Art des Abdrucks in XX 445 ff. überhaupt Aufschluß über die Form
des Textes gibt – in etwa folgendermaßen gliedern: 445–447: Bemerkungen zum Begehrungsvermögen (vgl. »Anhang«, 1. Absatz); 448–450, 4: Rechtsgesetz, äußeres Mein und
Dein; 450,5–453,2: 1. Anlauf auf dingl. Art pers. Recht; 453,3–455,11: 2. Anlauf;
455,12–457,16: 3. Anlauf, bricht ab und knüpft wieder 456,10 an; 458,22: 4. Anlauf,
bricht 462,26 im Eherecht ab, 462,27 f., nimmt den Faden von 460,18 erneut auf und dringt
bis zum Hausherrenrecht vor. Die einzelnen Anläufe zeigen schon deutliche Züge des
Anhangs.

Kantischen Konzeption der Sittenlehre nicht bestehen kann, ist ganz offensichtlich: Auf ein moralisches Gefühl soll die MdS »in praktischen Gesetzen
der Vernunft gar nicht Rücksicht nehmen« (221).

Die Antwort auf Bouterwek im »Anhang« von 1798 sieht anders aus:
Ohne die Bedingung der Ehe »ist der fleischliche Genuß dem Grundsatz
(...) nach kannibalisch«, wird ein »Teil in Ansehung des anderen bei diesem
wechselseitigen Gebrauche der Geschlechtsorgane wirklich eine *verbrauch-
bare* Sache« (359 f.), weil beide (auf Seiten des Mannes durch »Aufzehrung«,
des Weibes durch Schwängerung mit der für es vielleicht erfolgenden töd-
lichen Niederkunft, ebd.) gegenseitig durch die Gefahr der Ansteckung mit
»unreinen Säften« (XX 462) den »Verbrauch« ihres Gegenüber betreiben.
Der »Verbrauch« wird aus der *möglichen* Todesfolge des gegenseitigen »Gebrauchs« abgeleitet.[96] Abgesehen davon, daß hiermit die Bouterweksche
Frage nach der rechtsrelevanten Differenz zwischen Lastträger und Geschlechtspartner nicht beantwortet wird (auch der Lastträger kann in Folge
der »Aufzehrung« durch seine Dienstleistungen sterben!), ist für die Behauptung, daß ich mich im Geschlechtsakt »zur Sache« mache, nichts gewonnen
(dasselbe gilt für die Überlegungen im Brief an Schütz vom 10. 7. 1797).

Solange folglich nicht die Differenz zwischen Geschlechtsverkehr und
gegenseitiger Inanspruchnahme von Dienstleistungen, welche durch die Unterscheidung »den anderen genießen« (Brief an Schütz) und *die Leistung*
eines anderen genießen, umschrieben wird, *rechtlich* formuliert werden
kann[97], fällt das Eherecht mit dem persönlichen Recht der §§ 18–21 zusammen; d. h., entweder ist ein gewöhnlicher Vertrag (sei er nun stillschweigend
oder stipuliert) über den »wechselseitigen Gebrauch der Geschlechtseigenschaften« möglich (ohne wechselseitige Zustimmung wäre der »wechselseitige Gebrauch« als Verletzung des inneren Mein und Dein nach dem
angeborenen Recht ohnehin verboten), oder aber jede Beanspruchung einer
Dienstleistung setzt dieselbe Rechtsform voraus, wie sie im folgenden für
den Geschlechtsverkehr gefordert wird: Eine lebenswierige Verbindung mit
Ausschließungsbefugnis gegenüber allen anderen.

---

96. Die von Kant gelieferten Gründe für den »Verbrauch« in der Geschlechtsgemeinschaft bedürfen heute, als medizinische Ladenhüter, nicht mehr einer ernsthaften Auseinandersetzung. Die Frage, ob gleichermaßen Kannibalismus ohne notwendige Todesfolge
(z. B. das Verspeisen von Armen und Beinen eines anderen) durch einen lebenswierigen
Vertrag rechtmäßig gemacht werden kann, drängt sich jedoch auf!

97. Auf den Punkt gebracht: Worin unterscheidet sich in *rechtlicher* Hinsicht der (lust-
volle) Gebrauch des Körpers eines Partners im Ringkampf vom Gebrauch des Körpers im
Geschlechtsakt, so daß nur der zweite zum Gebrauch der *Person* wird. Der Bezug auf die
»Person« ist zumindest nicht äußerlich beurteilbar (worin er auch immer bestehen mag)
und wäre somit – gemäß der Definition des Rechts in den §§ A–C – nicht rechtsrele-
vant.

Gemäß β) widerstreitet die Überlassung seiner selbst zum Sachgebrauch durch einen anderen dem Recht der Menschheit. Dies ist unmittelbare Folge der Bestimmungen des vorigen Privatrechts (vgl. 270 und Einteilung der MdS überhaupt II/239).

Zu γ): Der Besitz einer Person als Sache (als welche man sie gemäß α) in der Geschlechtsgemeinschaft notwendigerweise »gebraucht«) ist ein über das Sachen- und persönliche Recht hinausgehendes, welches durch ein vom »Recht der Menschheit in unserer Person« notwendig gemachtes »Erlaubnisgesetz« ermöglicht wird (§ 22). Den Grund für dieses Erlaubnisgesetz benennt der Text von 1797 nur implizit, indem die »natürliche Geschlechtsgemeinschaft« dadurch ausgezeichnet wird, daß der Mensch in ihr »seinesgleichen« erzeugen kann (§ 24). Es ist aber auch aus anderen Kontexten offensichtlich (vgl. unter δ), daß die aus der menschlichen Natur resultierende Notwendigkeit des Gebrauchs der »Geschlechtseigenschaften« zur Arterhaltung hier den Grund für die über das allgemeine Rechtsgesetz hinausgehende[98] Erlaubnis abgeben soll (vgl. XX 443 f.). Im »Anhang« wird die Erlaubnis an einem »moralisch notwendigen Zweck« festgemacht (359). Der Zweck, der dort nicht benannt wird, kann, nimmt man die Erörterung über den »Zweck der Natur« der Tugendlehre im Zusammenhang mit der »wollüstigen Selbstschändung« hinzu (424, 426), kein anderer als die Erhaltung der Art sein. Ohne hier die Frage anzuschneiden, inwiefern damit zentrale Lehrstücke der *Tugendlehre* (die Lehre von den moralisch notwendigen Zwecken, d. i., »objektiv-notwendigen Zwecken« (380)) einbezogen werden, ist nur festzuhalten, daß die Arterhaltung sicherlich für den einzelnen kein moralisch *notwendiger*, sondern bloß ein moralisch *möglicher* Zweck sein kann[99], zumal sonst der Zweck der Ehe – wider die explizite Kantische Ansicht (277) – das Kinderzeugen sein müßte.

Da Kant keine Lösung diesbezüglich anbietet und hier keine Spekulationen über mögliche Begründungen des Erlaubnisgesetzes am Platze sind, halten wir fest: Das Recht der Menschheit, welches nicht nur die Erhaltung des Individuums, sondern gleichfalls die der Art freier Wesen umfaßt, hat für Kant ein natürliches (!) Erlaubnisgesetz zur Folge, welches die *natürliche* Geschlechtsgemeinschaft »wider die gänzliche Verwerfung« (§ 24) retten kann.

---

98. Hier sei nur daran erinnert, daß auch schon das »rechtliche Postulat der praktischen Vernunft« ein »Erlaubnisgesetz« (allerdings kein natürliches!) stiftete, welches aus »bloßen Begriffen vom Rechte« nicht herauszubekommen war.

99. In der Rechtslehre selbst heißt es noch, daß ein Zweck der Natur das Kinderzeugen »sein mag« (227,27), vgl. auch 327,1 zur »Besteuerung der Hagestolze«.

Für die *unnatürliche* Geschlechtsgemeinschaft, die durch die Unmöglichkeit seinesgleichen zu zeugen ausgezeichnet ist, gibt es kein solches Erlaubnisgesetz, woraus das oben benannte δ) folgt.

Der Verstoß gegen das Recht der Menschheit in unserer Person (d. i. sich in der Geschlechtsgemeinschaft zur Sache machen) kann nur unter der Bedingung, daß der einzelne sich dem anderen *als Sache* veräußert, welchen er zugleich als Sache erwirbt, womit beide ihre Persönlichkeit wieder herstellen, aufgehoben werden (§ 25).

Inwieweit diese Kantische Konstruktion mit den von ihm gelieferten Prämissen zu rechtfertigen ist, mag dahingestellt bleiben.[100] Die Ableitbarkeit einzelner Bestimmungen des Verhältnisses der Eheleute ist aufgrund der Konstruktionsidee allerdings offensichtlich. Die *Gleichheit* ergibt sich aus der strikten Wechselseitigkeit des Verhältnisses, die Notwendigkeit der *Monogamie* ist direkte Folge der Ausschlußbefugnis jedes Fremdgebrauchs von *als Sachen* erworbenen Gegenständen der Willkür (ad ε)).

Das Argument des § 25, welches den dinglichen Charakter des Eherechts unterstreicht, ist schon von Bouterwek (XX 449,39f.) als zirkulär erkannt worden: Selbstverständlich folgt aus der Befugnis, den Vertragspartner »jederzeit und unweigerlich« in meine Gewalt zurückzubringen, wenn er sich in eines anderen Gewalt begeben hat (§ 25), daß der Rechtstitel der Ehe einen dem Sachenrecht entsprechenden Zug enthält (s. o.), doch dieser setzt voraus, was zu zeigen wäre: daß ich eben diese Befugnis habe.[101]

Versuchen wir abschließend das Eherecht auf das allgemeine Prinzip der Erwerbung zu beziehen; die Erwerbungsart ist »lege«, d. h. eine »rechtliche Folge aus der Verbindlichkeit, nicht anders als vermittels des wechselseitigen Besitzes der Personen, welcher nur durch den gleichfalls wechselseitigen Gebrauch ihrer Geschlechtseigentümlichkeiten seine Wirkung erhält, zu treten« (§ 27).

Die Konformität mit dem allgemeinen Rechtsgesetz sichert die der Erwerbung vorangehende – oder sie begleitende – Form des »Ehe-Vertrags« (§ 26), welcher die freiwillige Zustimmung beider Seiten garantiert. Die Idee der vereinigten Willkür finden wir in der Konstitution *einer* Person durch die wechselseitige Erwerbung als Sache und die daraus resultierende Wiederherstellung ihrer (nun nicht mehr von der des anderen zu trennenden) Persönlichkeit.

Dem Postulat des Vermögens scheint die spezifische Erwerbungsart zuzuschreiben zu sein. Erst *in* der Beiwohnung erweise ich mich als zu dieser »vermögend« (§ 27), und durch deren Vollzug unterwerfe ich mich zugleich

---

100. Ebbinghaus versucht, dieses Problem zu einer positiven Lösung zu bringen.
101. Dies kann auch der Brief an Schütz (siehe dort »3.«) nicht entkräften (10. 7. 1797).

der rechtlich-praktischen Bedingung ihrer Möglichkeit, der Ehe. Daher auch die Nichtigkeit des Ehevertrags ohne (einmaligen) Vollzug derselben.

Blicken wir auf die Konstruktion des Kantischen Eherechts zurück, so fällt auf, daß fast alle zentralen, vom Autor selbst benannten Probleme keiner Lösung zugeführt werden, die unmittelbar aus dem Text der Rechtslehre selbst hervorgeht. Des weiteren scheint auch eine (von Kant in seiner Replik auf Bouterwek versuchte) Ableitung der essentiellen Bestimmungen auf Grundlage der Rechtslehre nicht aussichtsreich.[102] Unabhängig davon sollte dennoch ein positiver Aspekt des Kantischen Versuchs, das Eherecht nachdrücklich als rechtliche Form der Regelung des »Gebrauchs der Geschlechtseigenschaften« zu konstruieren, erwähnt sein: In einer Zeit des fürstlichen »ius primae noctis« und der auf der Tagesordnung stehenden »Unzucht mit Abhängigen« in der (ländlichen) Hausgemeinschaft böte eine einklagbare Bindung des geschlechtlichen Verkehrs an einen lebensschwierigen Ehevertrag einen nicht zu überschätzenden Schutz der (weiblichen) Abhängigen. Dies kann nur ein Eherecht leisten, welches weder die gegenseitige Subsistenzsicherung (vgl. XX 465) noch die Erzeugung der Kinder (§ 24) zu regeln beansprucht, sondern der »Geschlechtsgemeinschaft« einen rechtlichen Rahmen liefern soll. Kaum wird man allerdings Kant solche Motive in den 90er Jahren zuschreiben wollen, wenn man seine Versuche zur Antwort auf Bouterwek zur Kenntnis nimmt (z. B. XX 463,22f., siehe oben im Text).

ii) Das Elternrecht

Sowenig die Eltern ihre Kinder – »mit Freiheit begabte Wesen« – als ihre »Gemächsel« und damit als Eigentum betrachten können, sowenig kann die »Erwerbung« der Kinder durch die Eltern als in einem Vertrage vereinbart angesehen werden, da die Kinder »ohne ihre Einwilligung in die Welt gesetzt« werden. Weder einseitige (Sachenrecht) noch doppelseitige (persönliches Recht) Erwerbung können folglich Rechte der Eltern gegen die Kinder (respektive umgekehrt) stiften: Die rechtliche Erwerbung der Kinder erfolgt

---

102 Mit der Behauptung, daß das Kantische Eherecht den selbstgesetzten Ansprüchen des Autors – d. i. die Ehe als eine rechtlich notwendige Form des »wechselseitigen Gebrauchs der Geschlechtseigenschaften« abzuleiten – nicht genügt, steht diese Arbeit nicht allein. Eines der wenigen bedingungslosen Bekenntnisse zu Kant finden wir bei Ebbinghaus, wobei dessen Darstellung weder als Rekonstruktion des Kantischen Eherechts noch als eigenständiger systematischer Entwurf in Anlehnung an Kant überzeugen kann (vgl. oben Anm. 94). Fragen, inwieweit Kant mit seinem Eherecht »die Ehe« richtig bestimmt habe (in Anlehnung an Hegel, Grundlinien der Philosophie des Rechts, 1821, § 161 Zusatz), brauchten uns für den Zweck der Kommentierung der Rechtslehre nicht zu interessieren und sind ohnehin nur möglich, wenn man schon weiß, was »die Ehe« ist.

»lege« und »allseitig«, d. h. aufgrund einer durch das Recht der Menschheit im Akt der Erzeugung gestifteten Verbindlichkeit. Diese erstreckt sich auf das Recht der Kinder auf Versorgung und Erziehung (281) – welches, als einziges Recht *auf* etwas, angeboren (»kraft seiner Menschheit«, 237) und nicht angeerbt ist – und auf das Recht der Eltern, die Kinder jederzeit in ihre Gewalt zurückzubringen sowie sie zu »aller Befolgung ihrer Befehle zu nötigen, die einer gesetzlichen Freiheit nicht zuwider sind« (360). Die »Entlassung« der Kinder aus der Verbindlichkeit der elterlichen Befehlsgewalt und die Entlastung der Eltern von der Pflicht zur Versorgung und Erziehung vollzieht sich wie die vorausgegangene Erwerbung »ohne besonderen rechtlichen Akt«, mithin »lege« (§ 30), sobald die Kinder mündig, d. h. als ihre eigenen Herren[103] zur Selbsterhaltung fähig sind.

iii) Das Hausherrenrecht

Über die Zeit der Mündigkeit hinaus kann der Hausherr[104] nur durch einen Vertrag (§ 30), den er mit den Kindern schließt, deren Zugehörigkeit zum Hauswesen erhalten. Die Kinder gehören dann nicht mehr der Familie, sondern der »Dienerschaft« an, zu welcher in gleicher Weise auch »andere freie Personen« hinzukommen können.[105]

Trotz der *vertraglichen* Erwerbung ist – gemäß Kant – der Rechtstitel eines »auf dingliche Art persönlichen Rechts« für die Dienerschaft einschlägig. Weder die Rechtslehre noch der »Anhang« geben einen Hinweis darauf weshalb. Neben dem schon im Eherecht als verfehlt eingesehenen Argument[106]

---

103. Die Bestimmung, ihr eigener Herr zu sein, gibt den Kindern einen neuen Status der Persönlichkeit.

104. Die Dominanz des männlichen Teils der Ehegemeinschaft, die schon im Eherecht aus der »natürlichen Überlegenheit des Vermögens des Mannes über das weibliche in Bewirkung des gemeinschaftlichen Interesses des Hauswesens« (279,23) abgeleitet worden ist, schlägt in das Elternrecht durch, welches bisweilen das »väterliche« genannt wird (306). Zur Ungleichheit von Mann und Frau in der Ehe sei hier nur angemerkt, daß sie in einer Anmerkung (279,16) behandelt wird, und somit – gemäß der Vorrede – zur »Anwendung der Rechtslehre auf die in der Erfahrung vorkommenden Fälle« (205,11) gehört.

105. Während der Text von 1797 davon spricht, daß »wenn die Familie keine Kinder hat« (283) auch andere freie Personen hinzukommen können, läßt der Anhang von 1798 diese Restriktion – welche sich auch nicht aus anderen Bestimmungen des Elternrechts ergibt – fort. Man wird das »wenn« im obigen Zitat daher nicht als »nur dann wenn« lesen dürfen.

106. Der dinglich-persönliche Charakter des Rechts soll daraus folgen, daß ich den Ehepartner, die Kinder und die Dienerschaft, gleich einer Sache, in meinen Besitz bringen *darf*, wenn sie mir entwischt sind (282). – Da in allen drei Titeln die *Folge* aus dem Rechtstitel den Nachweis seiner Gültigkeit liefern soll, ist man geneigt anzunehmen, daß

finden wir keinen weiteren Begründungsversuch. Weder eine für die Dienerschaft bestehende Notwendigkeit, sich »zur Sache« zu machen (welche den besonderen Rechtstitel im Falle des Eherechts erfordert) oder die Unmöglichkeit der beiderseitigen Zustimmung zu einem Vertrage (was unter anderem im Elternrecht zur Erwerbung »lege« führte) noch eine andere Spezifik des Verhältnisses wird aufgeführt. Was bleibt, ist die vom Verdingungsvertrag (persönliches Recht) unterschiedene Art des Gegenstandes der Verpflichtung. Nicht eine spezifische »Leistung«[107], sondern der »Zustand« der Dienerschaft ist Vertragsobjekt: Die Dienerschaft »vermietet« *sich*, womit »sie sich zu allem Erlaubten versteht, was das Wohl des Hauswesens betrifft«, was ihr »nicht als bestellte und spezifisch bestimmte Arbeit aufgetragen wird« (360). Weshalb aber eine solche unspezifische Veräußerung der Person, welche es dem Hausherrn ermöglicht, die Dienerschaft als Sache zu behandeln (wenngleich auch nicht als *Eigentum*[108]), rechtlich möglich sein kann oder gar muß, wird (anders als z. B. im Eherecht, wo das »natürliche« (!) Erlaubnisgesetz bzgl. des gegenseitigen »Zur-Sache-Machens« den Geschlechtsverkehr innerhalb der Ehe rechtlich ermöglicht) gleichfalls nicht erwiesen. Welcher Art ein Erlaubnisgesetz sein soll, »durch dessen Gunst« (gemäß § 22) ein über das Sachen- und persönliche Recht hinausgehendes Recht möglich ist, bleibt im Rahmen des Textes im dunklen.[109] Hinzu

Kant den vorgefundenen rechtlichen Möglichkeiten des 18. Jahrhunderts eine Begründung nachliefern wollte.

107. Vollständig scheint Deggau das Verhältnis von Lohnvertrag und »auf dingliche Art persönlichem Recht« zu verkennen: Anstatt das Fehlen von Ehe-, Eltern- und Hausherren-Verträgen in der dogmatischen Einteilung der erwerblichen Rechte aus Verträgen als Indiz für die Unabhängigkeit von Leistungsverdingung und z. B. Gesindevertrag zu nehmen, wirft er Kant eine formal inkonsequente Systematik vor (Deggau S. 221,3 f., 215 Anm. 1). Die von Deggau vermißte genaue Bestimmung der Differenz von Lohnarbeiter und Diener liefert der erste Absatz des persönlichen Rechts. Dieses ist das Recht, die Willkür eines anderen »zu einer gewissen Tat zu bestimmen«: In »Angebot« und »Billigung« wird diese Tat als bestimmte vorstellig gemacht. Anders im Falle des Dieners, welcher sich »zu allem Erlaubten versteht, was das Wohl des Hauswesens betrifft und ihm nicht als bestellte und spezifisch bestimmte Arbeit aufgetragen wird« (360 f.). Es gibt bei diesem also nicht die von Deggau als mit der des persönlichen Rechts identisch behauptete »freie vertraglich festgelegte (!) Verwendung« (Deggau S. 216, vgl. dieselbe Verwechslung in 218 Anm. 61). Wenn man die Differenz von »persönlich« und »auf dingliche Art persönlich« Verpflichtetem im Rahmen der Kantischen Theorie vermissen wollte, so doch weniger beim Hausherrenrecht als im Eherecht. Wo sonst ist ein *bestimmter* »Gebrauch« des anderen genauer spezifiziert!

108. Wie im Ehe- und Elternrecht ist die Weiterveräußerung der als Sache erworbenen Person verboten.

109. 282 spricht von der »häuslichen Gesellschaft, welche nach dem Gesetz notwendig war und durch den Weggang des Kindes aufgelöst wird«. Dies kann sich aber nur auf die »väterliche Gemeinschaft« beziehen, eine generelle Notwendigkeit der Hausgemeinschaft, welche auch das Hausherrenrecht zu tragen vermöchte, wird in den §§ 22–30 nicht

kommt der oben schon erwähnte Sachverhalt, daß der Titel des Hausherrenrechts nicht durch eine besondere Art der Erwerbung (276) ausgezeichnet ist
(wie Ehe- und Elternrecht[110]), sondern ausschließlich durch Vertrag
(»pacto«) gestiftet wird. – Die Bilanz des Hausherrenrechts ist, gemessen an
der des Eltern- und Eherechts, auch innerhalb des insgesamt problematischen Abschnittes über das »auf dingliche Art persönliche Recht«, äußerst
dürftig: Weder die in den vorigen »Titeln« explizit vorgestellte Anknüpfung
der Erwerbung an eine Handlung (Beiwohnung, resp. Zeugung) noch die in
den beiden Lehrstücken erkennbare Kopplung der besonderen Rechtsform
an das Recht der Menschheit noch deren *Notwendigkeit* selbst werden überhaupt zu begründen versucht. Wegen dieser fundamentalen Mängel wird sich
eine summarische Betrachtung des auf dingliche Art persönlichen Rechts
vornehmlich auf Ehe- und Elternrecht zu beziehen haben, um den dort
vorgestellten Konnex auf das Recht der Menschheit und die daraus resultierende »Gunst« zu erhellen.

Zuvor sei noch auf ein Kuriosum des Verhältnisses von Ehe- und Hausherrenrecht hingewiesen:

Während im Hausherrenrecht die Grenze zwischen »Gebrauch« und »Verbrauch« (deren Überschreitung zu beurteilen beide Seiten befugt sind)
zugleich die Grenze zwischen rechtmäßiger und rechtswidriger Verfügung
über die Dienerschaft markiert, dient diese Differenzierung im Eherecht
(360,3 f.) gerade zur Begründung der Notwendigkeit einer neuen Rechtsform: dem »auf dingliche Art persönlichen Recht«: Der »Verbrauch«, welchen der Gebrauch der Geschlechtseigenschaften eines anderen darstellt, ist
nur unter der Bedingung rechtmäßig, daß ich jenen als Sache besitze (s. o.).
Daß *dasselbe* Argument, welches im Falle des Eherechts die Schranken des
persönlichen Rechts sprengt und den neuen Rechtstitel notwendig macht, im
Hausherrenrecht innerhalb eben dieses neuen Rechtstitels in derselben Hinsicht eine Restriktion erzeugen können soll, stellt die Vorstellungskraft des
Lesers auf eine harte Probe.

Bei einer Projektion des Hausherrenrechts auf das Eherecht gibt es noch
weitere dunkle Punkte: Man denke an die Möglichkeit der Auflösung des
Dienstverhältnisses im Falle der Feststellung des Verbrauchs von Seiten des
Hausherren oder die Idee der beiderseitigen Kündbarkeit im Hausherren-
recht. Daß der »Verbrauch« des Dienstboten durch den Hausherren den
Status des ersteren zu einem der Leibeigenschaft (vgl. 283,24 f.) macht,

erwiesen. Als einziger greift der Titel nicht auf ein *biologisches Grund*verhältnis (welches
ein *natürliches* Erlaubnisgesetz zur Folge hat), sondern ein sozio-ökonomisches Verhältnis zurück (vgl. Kersting S. 195).

110. In beiden vorigen Titeln erfolgt die Erwerbung als rechtliche Folge aus einer
Verbindlichkeit, der bestimmte *Handlungen* unterliegen: Geschlechtsverkehr und Erzeugung eines Vernunftwesens (vgl. 280).

würfe, wollte man unterstellen, dem Autor seien die Zusammenhänge bewußt gewesen, ein bezeichnendes Licht auf seine Ehevorstellung.

Den Verdacht, daß Kant hier (mit wenig Glück) versucht hat, die ausschließlich der *ökonomischen Struktur* der Gesellschaft des 18. Jahrhunderts zuzuschreibende Sonderstellung der Dienerschaft an die aus den *Naturbestimmungen* des Menschen resultierenden Probleme des Ehe- und Elternrechts rechtlich zu assimilieren, vermag der Text der Rechtslehre auch bei genauerer Untersuchung nicht zu entkräften.

Gemäß der »Einteilung des äußeren Mein und Dein« (§ 10) vollzieht sich die Erwerbung eines auf dingliche Art persönlichen Rechts durch einen Akt der allseitigen Willkür und somit »lege«. Sowohl das Recht am Geschlechtspartner wie das gegenseitige Recht von Eltern und Kindern aneinander werden durch die Verbindlichkeit, bestimmte Handlungen nur innerhalb bestimmter Rechtsformen zu vollziehen, gestiftet. Es ist demnach nicht allein die Idee der vereinigten Willkür, d. i. des gemeinsamen Willens, die die Handelnden – im Sachenrecht einseitig, im persönlichen Recht doppelseitig – selbst voraussetzen und erzeugen, wenn sie ein Sachen- oder persönliches Recht erwerben, sondern die allseitige Willkür, welche sich in jedem »Weltbürger« (281,9) kraft seiner Menschheit manifestiert, stiftet die eigentümliche Verbindlichkeit im dinglich-persönlichen Recht (280,4).

Die entscheidende Differenz dieses Rechtstitels – und damit auch seine entscheidende Schwäche, gemessen an den Maßstäben der Rechtslehre – besteht ausweislich des § 22 darin, daß er sich auf ein »natürliches Erlaubnisgesetz« gründet, was, angesichts der (wie im Eherecht gezeigt) hierfür vorauszusetzenden rechtlichen Relevanz des »Zwecks der Natur« zu der Frage führt, inwieweit ein Rekurs auf die – nur durch Erfahrung erkennbaren – Modi menschlicher Reproduktion (sei es im Ehe-, Eltern- oder Hausherrenrecht) gegen die Regel, Anwendungen des Rechts in Anmerkungen zu verweisen, verstößt.

Der Rechtstitel eines »auf dingliche Art persönlichen Rechts« hat sich seit Beginn der Diskussion um die Rechtslehre als eine »Sternschnuppe« erwiesen. Die Versuche u. a. von Horn und Ebbinghaus, ihm den Status einer »stella mirabilis« oder gar eines »Sterns erster Größe« zu verschaffen, haben seine Leuchtkraft kaum erhöhen können.

γ) Von der subjektiv bedingten Erwerbung vor einer Gerichtsbarkeit

Kein Teil der Rechtslehre ist während ihrer Interpretationsgeschichte so durchgängig ignoriert worden, wie das Dritte Hauptstück des Privatrechts. Soweit ich sehe, ist Deggau im Jahre 1983 der erste, der in seiner Monographie (*Deggau* S. 229–232) diesem Abschnitt nähere Aufmerksamkeit schenkt. – Von der inhaltlichen Seite her ist diese Abstinenz leicht nachzuvollziehen: Schenkungsvertrag, Leihvertrag, Wiedererlangung des Verlorenen und Fragen der Eidesleistung stellen im Rahmen metaphysischer Anfangsgründe der Rechtslehre keine Probleme dar, die im Brennpunkt des Interesses stehen und so den Interpreten zur Stellungnahme nötigen.

Dem steht die auffällige architektonische Auszeichnung dieses Abschnittes als »Drittes Hauptstück« des Privatrechts gegenüber. Im Unterschied zu den drei Formen der Erwerbung ohne »Kausalität in der Zeit« (§§ 32–35), welche gleichfalls inhaltlich am Rande der systematischen Entwicklung stehen und nur einen »episodischen Abschnitt« des Zweiten Hauptstücks ausmachen, findet sich die »subjektiv bedingte Art der Erwerbung nach dem Ausspruch einer Gerichtsbarkeit« gleichrangig neben Besitz- und Erwerbslehre des Ersten bzw. Zweiten Hauptstücks. Diese drei Hauptstücke stellen gemäß der Definition des Privatrechts den Teil der Rechtslehre dar, welcher alle Rechtsgesetze a priori mit Ausnahme derer, die »die rechtliche Form« des »Beisammenseins (Verfassung)« betreffen (306), enthält. – Wozu nun dieses Dritte Hauptstück?

Die »iustitia commutativa«, die »zwischen den Personen in ihrem wechselseitigen Verkehr untereinander geltende Gerechtigkeit« (297), wurde im vorhergehenden Hauptstück des Privatrechts aus den Prinzipien der rechtlich-praktischen Vernunft entwickelt. Aus derselben Quelle sind nun die Prinzipien der »iustitia distributiva«, d. h. der »austeilenden Gerechtigkeit« abzuleiten.

»Die moralische Person, welche der distributiven Gerechtigkeit vorsteht, ist der Gerichtshof (forum)« (297). Der Gerichtshof seinerseits ist »diejenige (physische oder moralische) Person, welche rechtskräftig zuzurechnen die Befugnis hat« (227), und »Zurechnung ist das Urteil, wodurch jemand als Urheber (causa libera) einer Handlung, die alsdann Tat (factum) heißt und unter Gesetzen steht, angesehen wird« (ebd.).

Die Frage, welche das Dritte Hauptstück zu beantworten hat: »Was ist vor einem Gerichtshof recht?« (297), wird – zufolge der zitierten Bestimmungen des Gerichtshofes gemäß der »philosophia practica universalis« – in enger Verbindung mit der Frage »quid facti?« stehen.

Während sich in der Regel – so müssen wir es den ersten drei Absätzen des § 36 entnehmen – die Antwort auf die Frage »was ist an sich recht?«, von der nach dem, was »vor einem Gerichtshof recht« sei, nicht unterscheidet, werden unter den vier Titeln (A–D) des Dritten Hauptstückes diejenigen Fälle aufgeführt, in denen der »Gesichtspunkt« des Privatrechts gegenüber dem des öffentlichen Rechts andere Beurteilungen liefert. Die Prinzipien, nach welchen ein Gerichtshof urteilt, d. h. nach denen Handlungen rechtskräftig zugerechnet werden können, stimmen entweder mit dem »wie jeder Mensch

für sich zu urteilen habe« (297) (d. i. selbstverständlich in Kenntnis der natürlichen Gesetze) überein oder weichen nach Prinzipien a priori von diesen ab.
Letztere sind die Prinzipien des Gerichtshofes »nach der Idee des öffentlichen Rechts« (297).

Indem das Dritte Hauptstück auf die Notwendigkeit verweist, in einzelnen Fällen die Frage nach den der Subsumtion von Handlungen unter das
Gesetz zugrundezulegenden »rechtskräftigen« (227) Zurechnungen von der
nach den subjektiven zu trennen, behauptete es die Notwendigkeit des Vor-
ganges einer rechtskräftigen Zurechnung überhaupt. Diese Auszeichnung
von einem »Spruch (sententia)« (297), der nach einem »Gesetz a priori« der
justitia distributiva gefällt wird, ist somit eine zentrale Behauptung des Abschnittes[111] über die subjektiv bedingte Erwerbung vor einer Gerichtsbarkeit
und erklärt die aus dem Inhalt des Abschnittes zunächst nicht zu erkennende
Notwendigkeit, ihn als Drittes Hauptsück des Privatrechts anzuführen;
ohne diesen Abschnitt hinge das Privatrecht systematisch in der Luft: Denn
es gibt zwar α) Rechte (Erstes Hauptstück) und β) Modi, diese Rechte zu
erwerben (Zweites Hauptstück), aber keine rechtlichen Bestimmungen, die
(im Streitfalle) regeln, welche einzelne Handlung als Vollzug (factum) derjenigen Rechtsform anzusehen ist, die es mir erlaubt, gewisse Rechte (gemäß α)
zu erwerben (gemäß β), vgl. 304: Auch die iustitia distributiva, »so wie sie
nach ihrem Gesetze a priori erkannt werden kann, daß sie ihren Spruch
(sententia) fällen müsse, muß gleichfalls zum Naturrecht gehören« (297).

Unmittelbar ersieht man diese Funktion des Dritten Hauptstückes aus den
§§ 39 und 40: Der »Wiedererlangung des Verlorenen« und der »Erwerbung
der Sicherheit durch Eidesablegung«.

Die Überlegungen des § 39 stellen eine Verlängerung der Problematik des
§ 21 dar: Die Transformation eines persönlichen Rechts an der Übergabe
einer Sache (gegen *eine bestimmte* Person) in ein dingliches Recht gegen
jeden Besitzer der Sache (an der Sache selbst): »...das Recht aus einem
Vertrage (ist, B. L.) nur ein persönliches und wird nur durch die Tradition
(d. i. Übergabe, B. L.) ein dingliches Recht« (§ 21). Wenn auch die Rechtmäßigkeit einer Erwerbung »gänzlich auf der... Förmlichkeit des rechtlichen
Aktes des Verkehrs (commutatio) zwischen dem Besitzer der Sache und dem
Erwerbenden« beruht (301), ergibt sich trotz der Befolgung der Gesetze der
iustitia commutativa eine Rechtsunsicherheit des Erwerbenden. Das persönliche Recht wird nur unter Voraussetzung des Eigentumstitels auf Seiten des
Veräußernden durch die Übergabe zu einem Sachenrecht. Dieser Eigentumstitel selbst kann allerdings wiederum nur durch »Nachforschung«, die »in

---

111. Der Titel des Dritten Hauptstücks ist somit irreführend: Es werden Prinzipien der
Erwerbung sowohl im Naturzustand, als auch vor einer – bürgerlichen – Gerichtsbarkeit
behandelt (vgl. u. a. 300,5, 302,3).

der aufsteigenden Reihe ins Unendliche gehen würde« (301), erwiesen werden. Im Naturzustand wird durch jene Nötigung, den »schlechthin ersten«
(sc. Stammeigentümer, 302) auszumachen, der Rechtsverkehr – »so gut er
mit den formalen Bedingungen dieser Art von Gerechtigkeit (iustitia commutativa) übereinstimmen möchte« (302) – unmöglich gemacht, d. i. ein
»sicherer Erwerb« von Sachen durch Vertrag ausgeschlossen.

Die Möglichkeit einer rechtsverbindlichen Entscheidung, die im Falle der
Strittigkeit eines aus einem persönlichen Recht hervorgegangenen Sachenrechts für jedermann verpflichtend fixiert, ob und in welcher Hinsicht ein
Sachenrecht des Veräußernden vorausgesetzt wird, erweist sich als Bedingung der Möglichkeit des Privatrechtsverkehrs überhaupt. Es tritt daher die
»rechtlich gesetzgebende Vernunft mit dem Grundsatz der distributiven Gerechtigkeit« auf und fordert, die Rechtmäßigkeit des Besitzes im status civilis
nach der Rechtsidee eines »Gerichtshofes« in einem »durch den allgemein-
vereinigten Willen entstandenen Zustand« abzuurteilen (302). Dessen
Grundsatz, nach welchem »allein eine Erwerbung rechtmäßig sein soll, (ist,
B. L.) so zu stellen, daß der Richter das Seine am leichtesten und unbedenk-
lichsten zuerkennen könne...« (303). Für das persönliche Recht ist dies
durch die Unterstellung eines dinglichen Rechts auf seiten des Veräußernden
zu leisten, sofern dieser sein Angebot gewissen Regeln gemäß macht (z. B.
auf dem »öffentlichen Markte«, 301). Der Erwerber einer Sache durch Vertrag gilt, wenn die Übertragung gemäß den Prinzipien der iustitia commutativa vollzogen wird, als deren Eigentümer. Die rechtlichen Folgen der
Übertragung von Sachen, die nicht Eigentum des Veräußernden sind, fallen
ausschließlich auf letzteren zurück (es gibt nur ein Recht »des wahren Eigen-
tümers, den Verkäufer wegen seines älteren unverwirkten Besitzers in
Anspruch zu nehmen«, 303).

Eine analoge Funktion erfüllt die Abweichung des Rechts vor einer öffentlichen Gerichtsbarkeit im Falle der Eidesablegung.[112] Hier dient die Zulas-
sung der Forderung einer Beeidung von Aussagen gleichermaßen dem
Zweck, die rechtsrelevanten facta auszuzeichnen, »wenn man annimmt, daß
es kein anderes Mittel gibt, in gewissen Fällen hinter die Wahrheit zu kommen« (304).

Gleichermaßen finden wir in den beiden Abschnitten A und B des Dritten
Hauptstückes Hinweise, daß die Differenzierungen des Rechts vom Natur-
zum Rechtszustand dazu dienen, die Frage »quid facti« entscheidbar zu
machen: Im Falle des Schenkungsvertrages soll unerheblich bleiben, ob der
Promittent »gedacht hat, daß, wenn es ihn noch vor der Erfüllung gereut, das
Versprechen getan zu haben, man ihn daran nicht binden könnte« (298), beim
Leihvertrag kann sich der Richter »nicht auf Präsumtion von dem, was der

---

112. Zum Eid vgl. auch den »Beschluß« der Tugendlehre.

eine oder andere Teil gedacht haben mag« (300), einlassen: Akte des Denkens
und Wollens sind nicht äußerlich beurteilbar, daher keine potentiellen
»facta« und somit nicht in das rechtskräftige Urteil aufzunehmen.

In allen vier Fällen dienen die Modifikationen der Bestimmungen des Privatrechts »nach der Idee des öffentlichen Rechts« folglich der Herstellung
der Beurteilbarkeit von Handlungen im Hinblick auf ihre Rechtmäßigkeit
und lösen gleichermaßen Probleme der Rechtstechnik.[113] Zugleich weist dies
auf das generelle Problem, welches (wie oben angedeutet) zur Auszeichnung
einer verbindlichen Interpretation für die Bestimmung der facta nötigt, hin:
Nicht die Handlung selbst, sondern ihre rechtskräftige Beurteilung, d. h.
das, was dem Handelnden zugerechnet wird, ist Gegenstand der Gesetze. In
einem Vorgriff auf das Strafrecht hieße dies: Nicht das, was ich getan habe,
sondern das, von dem rechtsverbindlich geurteilt wird, daß ich es getan habe,
ist dem Strafgesetz unterworfen.[114] Die Unabhängigkeit der rechtlichen
Strafe von Naturmechanismen (das Laster bestraft sich in moralischer Hinsicht nicht von selbst, vgl. 331) erzwingt für die Realisierbarkeit von Rechtsverhältnissen ein rechtskräftiges Beurteilungsmonopol[115] für äußere Handlungen. Dieses hat im Rechtszustand nach der »Idee des öffentlichen Rechts«
zu verfahren, d. i. nach Prinzipien, die eine öffentliche Festsetzung[116] der
Facta ermöglichen.

113. Vgl. Deggau S. 213 Anm. 3.

114. Die Übereinstimmung des Zurechnungsurteils mit den äußeren Sachverhalten
wiederum ist selbst nicht mehr rechtlich fixierbar.

115. In dieser Hinsicht ist die von Deggau angesprochene »Aufweichung« eines »objektiven Rechts« keine Aufweichung, sondern nur eine Fixierung der Modalitäten einer
interpretierenden Gerichtsbarkeit. Es wird kein »objektives Recht« »geändert«, wie Deggau behauptet (Deggau S. 229 ff.), sondern es wird subjektives wie objektives Recht erst
konstituiert, da ohne zurechnendes Urteil letzteres gar nicht denkbar ist. Das Privatrecht
endet mit dem Dritten Hauptstück; erst mit ihm ist der Privatrechtsbegriff ausgeschöpft,
vorher ist von »objektivem Recht« nicht zu reden. Anderseits ist aber das von Deggau
angerissene Problem nicht zu übersehen: Die Rechtsunsicherheit des Erwerbenden im
Naturzustand (d. i. die Rechtspflicht, eine vertraglich erworbene Sache dem wahren
Eigentümer zurückzugeben, falls der Eigentumstitel des Verkäufers sich als bloß vorgegeben herausstellt) wird durch die Rechtsunsicherheit eines jeden Sachbesitzers im bürgerlichen Zustand ersetzt. An einer mir abhanden gekommenen Sache, die ein anderer unter
Präsumtion seines Eigentumstitels veräußert, habe ich kein Recht mehr; mir bleibt nur
noch ein persönliches gegen jenen auf Schadenersatz (s. o.). – Wenn überhaupt von »objektivem Recht« in genanntem Zusammenhang die Rede sein soll, dann in dem Sinne, daß
durch die in Natur- und Gesellschaftszustand voneinander abweichenden Modi der rechtlichen Fixierung einer mit den Prinzipien der iustitia commutativa nicht entscheidbaren
Frage »objektives Recht« bzgl. beider Zustände *verschiedenes* beinhaltet. Dies ist dann in
der Tat die Kantische Behauptung im Dritten Hauptstück.

116. Die Zugehörigkeit der Darstellung von Prinzipien der Gerichtsbarkeit zum Privatrecht mag befremden: Das Dritte Hauptstück gehört »sensu strictu nicht mehr zum
Privatrecht. Eine öffentliche Gerichtsbarkeit gibt es im Naturzustand nicht« (Deggau

Als Abschluß des Kommentars zum Privatrecht sei eine Skizze der Systematik der Gedankenführung angefügt.

Wie in den Erörterungen zur Einleitung in die Rechtslehre dargelegt, kommt dem Privatrecht die Aufgabe zu, unter Voraussetzung des Rechtsbegriffs, den eben jene Einleitung vorstellte, Prinzipien der Rechte der Rechtssubjekte zu entwickeln.

Zunächst ergibt sich aus der – in der KpV abgeleiteten – Bestimmung der »positiven Freiheit« das *angeborene Recht,* welches den rechtmäßigen Ausschluß aller anderen von der Affizierung meines Leibes und der mit diesem verbundenen Sachen unter dem Namen des »Inneren Meinen« statuiert (angeborenes Recht, analytischer Rechtssatz a priori, § 6 Abs. 2).

Gemäß dem (nicht aus dem bis dorthin entwickelten Rechtsbegriff allein ableitbaren) *»rechtlichen Postulat der praktischen Vernunft«* ist die Einschränkung der rechtlichen Beziehungen zwischen freien Subjekten und äußeren Gegenständen auf die Inhabung nicht mit der Fundierung des Rechts in der praktischen Vernunft vereinbar. Die rechtliche Beziehung der freien Subjekte muß von den empirischen Verhältnissen zu den Gegenständen der Willkür abstrahieren (Folge: intelligibler Besitz, äußeres Mein und Dein). Da der rechtmäßige Ausschluß anderer vom Gebrauch der Gegenstände, in deren Besitz ich nicht bin, sich nicht aus dem angeborenen Recht herleiten kann, ist (§ 8) eine gesetzgebende Instanz für das äußere Mein und Dein notwendig vorauszusetzen. Diese kann nur als die *»vereinigte Willkür«* aller, die sich auf die Gegenstände beziehen, gedacht werden, soll sie dem angeborenen Recht nicht widersprechen.

Das Zweite Hauptstück behandelt unter dem Titel »Von der Art etwas Äußeres zu erwerben« die Modi, der Rechte, welche zufolge der Gesetzgebung des § 8 möglich sind, teilhaftig zu werden: Rechte an äußeren Sachen erwerbe ich durch die vom Willen zur Unterwerfung unter einen allgemein gesetzgebenden Willen begleitete *Apprehension* äußerer Sachen, die keinem anderen gehören; Leistungen anderer durch Vereinigung meiner Willkür mit der – auf die Leistung bezogenen – des anderen im *Vertrage;* Ehegatten, Kinder und Gesinde als Folge einer, durch ein *»natürliches Erlaubnisgesetz«* gestifteten rechtlichen Folge ausgezeichneter Handlungen (Geschlechtsver-

---

S. 231). Obgleich sich diese Gleichsetzung von »Naturzustand« und »Zustand des Privatrechts« auf 306 berufen kann, dürfte mit demselben Argument auch z. B. der § 8 (und mit ihm die §§ 9–35) nicht mehr als zum Privatrecht »sensu strictu« gehörend angesehen werden: Ein »allgemein vereinigter Wille« existiert im Naturzustand so wenig wie ein »Gerichtshof« als Gericht. Die weitere Definition des Privatrechts hat allerdings für beide Stücke Platz: Ihr zufolge enthält das Privatrecht alle Rechtsgesetze mit Ausnahme derer, die die rechtliche Form des »Beisammenseins (Verfassung)« regeln (306). Die *Verfassung* bzgl. des »Gerichtshofes« regeln aber nicht die §§ 36 ff.; dies bleibt dem § 49 vorbehalten.

kehr, Kinderzeugen, – im Falle des Hausherrenrechts ist die Handlung, welche die Erwerbung »lege« stiftet, nicht benannt).

Die Subsumtion einzelner Handlungen unter die Gesetze der Erwerbung (imputatio) sind Gegenstand des Dritten Hauptstücks, welches für Natur- und Gesellschaftszustand unterschiedliche Formen entwickelt, welche einen verbindlichen »*Rechtsspruch*« in allen – auch den, durch die Gesetze der Erwerbung unbestimmt gelassenen – Rechtsfällen ermöglichen sollen.

Das Privatrecht hat somit 3 Momente einer Gesetzgebung (hier im Sinne von 218,11) des äußeren Mein und Dein vorgestellt:

1) Die Bestimmung bzw. Sicherung des äußeren Mein und Dein durch den allgemein gesetzgebenden Willen.
2) Die Regelung der Erwerbsmodalitäten in der wechselseitigen Beziehung der Rechtssubjekte (iustitia commutativa).
3) Den Rechtsspruch, der bestimmt, was im vorliegenden Falle rechtens ist (iustitia distributiva).

C. DAS ÖFFENTLICHE RECHT

»Gegen das Ende des Buches habe ich einige Abschnitte mit minderer Ausführlichkeit bearbeitet, als in Vergleichung mit den vorangehenden erwartet werden konnte; teils, weil sie mir aus diesem leicht gefolgert werden zu können schienen, teils auch weil die letzten (das öffentliche Recht betreffend) eben jetzt so vielen Diskussionen unterworfen und dennoch so wichtig sind, daß sie den Aufschub des entscheidenden Urteils auf einige Zeit wohl rechtfertigen können« (209).

Schon ein Vergleich des § 41 mit der systematischen Übersicht des Privatrechts am Ende des vorigen Abschnittes läßt erkennen, daß eine Analyse allein der Architektonik des ersten Teils der Rechtslehre die Kantische Behauptung, das öffentliche Recht lasse sich »leicht« aus dem Privatrecht folgern, rechtfertigt:

Der rechtliche Zustand, dasjenige »Verhältnis der Menschen untereinander, welches die Bedingungen enthält, unter denen allein jeder seines Rechtes teilhaftig werden kann« (305), beinhaltet drei Momente: Die »beschützende (iustitia tutatrix), die wechselseitig erwerbende (iustitia commutativa) und die austeilende Gerechtigkeit (iustitia distributiva)« (ebd.). Der von Kant im Buch architektonisch durch die Einteilung des Privatrechts in drei »Hauptstücke« hergestellte Zusammenhang desselben mit der – in § 41 vorgestellten – internen Struktur des rechtlichen Zustandes ist für den aufmerksamen Interpreten nur schwer zu übersehen: In Übernahme der Terminologie des § 41 können wir den drei Hauptstücken ex post die Titel »prin-

cipia iustitiae tutatricis«, »principia iustitiae commutativae«, »principia iustitiae distributivae« zuordnen. Wie sich zeigen wird, erweist sich
diese Trias folgerichtig als Grundlage der Gewaltenteilungslehre, womit sich
die Bestimmungen der letzteren in der Tat »leicht« aus dem Privatrecht folgern lassen.

§§ 41–44: Das öffentliche Recht, Einleitung

»Dem Naturzustande ist... der bürgerliche entgegengesetzt«, ein Zustand,
in welchem »durch öffentliche Gesetze das Mein und Dein« gesichert wird
(242), oder mit den Formeln des § 41: »Der nichtrechtliche Zustand, d. i.
derjenige, in welchem keine distributive Gerechtigkeit ist, heißt der natürliche Zustand (status naturalis). Ihm wird... der bürgerliche (status civilis)
einer unter einer distributiven Gerechtigkeit stehenden Gesellschaft entgegengesetzt« (306). Somit ist die Frage, ob eine Gerechtigkeit bzw. ein
Gerichtshof[117] »sei oder nicht sei, ... die wichtigste unter allen rechtlichen
Angelegenheiten« (ebd.), denn es gibt eine Rechtspflicht, den Zustand des
gesicherten äußeren Mein und Dein (d. i. den status civilis) zu erzeugen, was
für andere »rechtmäßige Gesellschaften (z. B. eheliche, väterliche, häusliche
überhaupt und andere beliebige mehr)« (ebd.) nicht gilt. *Daß* es Rechtspflicht ist, in den status civilis, den Zustand unter einer distributiven Gerechtigkeit, zu treten, wird in den §§ 42 und 43 (307,8–308,6 und 312,1–313,8)
erwiesen. – Um Mißverständnissen vorzubeugen: Die *Gründung* eines
Staatswesens ist nicht Thema in diesen Paragraphen, sondern bestenfalls im
§ 50 / 315,24–316,6. Hier geht es zunächst nur um die praktische Notwendigkeit, den status naturalis zu verlassen, womit dann auch die Frage eines
möglichen *historischen* Ortes des Naturzustandes außerhalb des Blickfeldes
bleibt.[118]

»Aus dem Privatrecht im natürlichen Zustande geht nun das Postulat des
öffentlichen Rechts hervor: Du sollst, im Verhältnisse eines unvermeidlichen
Nebeneinanderseins mit allen anderen, aus jenem heraus in einen rechtlichen
Zustand, d. i. den einer austeilenden Gerechtigkeit, übergehen« (307). Diese
Verbindlichkeit, in den status civilis zu treten – und die darin enthaltene, in
demselben auch zu verbleiben – »läßt sich analytisch aus dem Begriffe des
Rechts im äußeren Verhältnis im Gegensatz der Gewalt (violentia) entwik-
keln« (ebd.).

In der Folge finden wir zwei Abschnitte, welche eben diese (Rechts-)
Pflicht des »exeundum esse e statu naturali« thematisieren. Der erste

---

117. Warum gerade der *Gerichtshof* Kennzeichen des bürgerlichen Zustandes ist, wird
unten (§ 45) ersichtlich werden.
118. Eine Schilderung des Naturzustandes, welche über das bloße Charakteristikum
der (relativen) Rechtlosigkeit hinausgeht, wird erst das Völkerrecht liefern.

(307,14 f.) greift auf die »Neigung der Menschen überhaupt, über andere den Meister zu spielen«, welche »jeder in sich selbst hinreichend wahrnehmen kann« zurück; der zweite (312,1 f.) bemüht, um die Rechtswidrigkeit des Verbleibs im Naturzustand zu demonstrieren, nicht die »Erfahrung, durch die wir von der Gewalttätigkeit der Menschen belehrt werden«, sondern die »Vernunftidee eines ... nichtrechtlichen Zustandes« (ebd.).

Der Anspruch auf äußeres Mein und Dein läßt sich nur in Verhältnissen wechselseitiger Anerkennung eben jenes Mein und Dein realisieren (§ 8). Die gegenseitige *Anerkennung* der Rechtssubjekte ist unter Menschen nicht naturgegeben, im Gegenteil: Die permanente wechselseitige *Bedrohung* des Mein und Dein ist eine Erfahrungstatsache, so daß eine Befugnis zur putativen Sicherung besteht[119] (soweit § 42). Die Gewalttätigkeit der Menschen außerhalb des status civilis ist allerdings nicht (wie § 42 Abs. 2 noch zugesteht) der menschlichen Natur geschuldet, sondern unmittelbar Folge der Rechtlosigkeit des Zustandes selbst: Da die Einrichtung von Verhältnissen des äußeren Mein und Dein Rechtspflicht (rechtliches Postulat der praktischen Vernunft) und somit der Anspruch eines jeden auf *beliebige* Gegenstände als die seinen (»Es ist möglich einen jeden (!) äußeren Gegenstand meiner Willkür ...«, 246[120]) ein rechtmäßiger ist, die Rechte an äußeren Gegenständen aber (dies entwickelte das Privatrecht) nur unter den Bedingungen eines verbindlichen Rechtsspruchs möglich sind, so ist die Unterwer-

---

119. Eine Überlegung, die von Hobbes zur Fundierung des »ius in omnia« herangezogen wird (de cive I,9).

120. Im Zusammenhang der Erörterung des »exeundum esse« wird die Parallelität zwischen rechtlichem Postulat und dem Hobbesschen »Recht auf alles« – welche allein im Vergleich der Formulierung schon ins Auge fällt – besonders deutlich. Im Rahmen beider Theorien sprengt der rechtlich mögliche Bezug der unendlichen Willkür auf gegebene Gegenstände der Willkür (sei ihre Zahl endlich oder unendlich) den Rahmen notwendiger (wie z. B. im Falle des angeborenen Rechts) Zuordnung, was die *Rechtsbegriffe* zu *zufälligen* macht. Hobbes leitet (de cive I. 7 ff.) das »Recht auf alles« aus dem der »recta ratio« entspringenden Recht auf Selbsterhaltung ab, indem er eine ähnliche Überlegung anfügt, wie sie Kant für die Unterscheidung enger und weiter Pflichten in der Tugendlehre (VI 388 f.) bemüht: Die Selbsterhaltung, als ein rechtmäßig verfolgbarer *Zweck*, legt die *Mittel* der Realisierung nicht fest und impliziert somit ein Recht auf alles, selbst auf die Tötung jedes anderen (vgl. Leviathan 14.4). Das Kantische Pendant – das Recht auf jeden Gegenstand der Willkür – wird, ohne den verhängnisvollen Umweg über die Rechtmäßigkeit eines Zwecks, durch das Abstraktionsgebot der praktischen Vernunft gewonnen, wodurch sich die angeborene Freiheitssphäre zwar erweitert, aber dem Recht im Naturzustand noch Schranken der Anwendung von Gewalt übrigläßt: die präventive Tötung eines anderen z. B. ist auch im Naturzustand rechtswidrig; andererseits sind Ehe- und Eltern- wie Hausherrenrecht und der Vertrag als naturrechtliche Formen der Erwerbung auch ohne staatliche Sanktion möglich. Die *absolute* Rechtlosigkeit des Naturzustandes wäre eine Hobbessche Projektion. – Bezeichnenderweise kennt Hobbes kein Völkerrecht!

fung unter die Bedingungen des status civilis selbst Rechtspflicht. Das Recht
eines jeden, »zu tun was ihm recht und gut dünkt« (312) ist in den Verhältnissen des Naturzustandes sowohl *Folge* des rechtlichen Postulats als auch
das *Hindernis* der Realisierung dessen, was in letzterem geboten wird: Die
Möglichkeit des äußeren Mein und Dein, d. i. bloß-rechtliche Verfügung
über äußere Gegenstände. Solange das – »zufällige« (§ 8) – äußere Mein und
Dein nach den privaten »Rechtsbegriffen« der Beteiligten zugeteilt wird, ist
die Erwerbung bzw. der Besitz nur »provisorisch« – d. h. unter dem Vorbehalt, daß eine Sanktion durch den allgemein vereinigten Willen erfolgt (vgl.
§ 9) – gültig.

Die *Rechtmäßigkeit des Anspruchs* und die *Unmöglichkeit seiner Realisie-*
rung im status naturalis führen so zum »Postulat des öffentlichen Rechts«:
Der Begriff eines Vernunftrechts, so wie ihn das Privatrecht entwickelte,
enthält jenes Postulat »analytisch«[121]. – Daß die Schaffung (bzw. Erhaltung) des status civilis *Rechts*- (und nicht etwa *Tugend*-)Pflicht ist, ist unmittelbar einzusehen[122]: Es ist eine Pflicht, deren Befolgung erzwungen werden kann. Daß speziell die Abwesenheit einer Zwangsinstitution im Falle der
Schaffung des status civilis den *Rechts*pflichtcharakter nicht tangiert, ist nach
obigen Ausführungen zur »Einleitung in die Rechtslehre« selbstverständlich.[123]

In welchem Verhältnis stehen nun die beiden Paragraphen des »Über-
gangs« zueinander? Wenn wir § 43/312,1 f. direkt an § 42 Abs. 1 anschlie-

---

121. Kurz: Es ist Rechtspflicht, Verhältnisse des äußeren Mein und Dein zu schaffen
(Postulat), der status civilis ist Bedingung der Möglichkeit derselben (§ 8 ff.), also ist es
Pflicht, im status civilis zu leben.
122. Ein gängiges Argument bemüht Deggau, um den Rechtspflichtcharakter des
»exeundum esse«, zu leugnen: »Dieses Recht (!, B. L.) jedermann ... zu nötigen, mit mir
in eine Verfassung zusammenzutreten (§ 9) ist jedoch kein Recht (!, B. L.), denn die
einseitige subjektive Willkür wird hier Zwangsgesetz für den anderen« (Deggau S. 244).
Lassen wir dahingestellt, was ein Recht ist, das kein Recht ist. Im Deggauschen Argument
werden zwei grundverschiedene Sachverhalte durcheinander geworfen: Die Unmöglichkeit eines einseitigen subjektiven Zwangsgesetzes führt Kant für den Fall des Anspruches
auf *äußere* Gegenstände an: »Nun kann der einseitige Wille in Ansehung eines äußeren,
mithin zufälligen (!, B. L.) Besitzes nicht zum Zwangsgesetz für jedermann dienen ...«
(§ 8). Im Unterschied zum Aneignungswillen ist der *Wille* zur Schaffung des rechtlichen
Zustandes *nicht subjektiv*, sondern praktisch notwendig, wenngleich die *Handlung*, welche diesen Zustand herstellt (bzw. erhält) *einseitig* sein mag, was für den Rechtscharakter
jedoch irrelevant ist.
123. Das experimentelle Arbeiten mit der Vorstellung, daß dem Recht die Gewalt
vorhergehen muß, wenn der status civilis erzeugt wird, so wie es die Vigilantius-Nachschrift vorführt (XXVII 515), ist in der Rechtslehre fortgefallen, da das dort angegebene
»Erlaubnisgesetz« in der Rechtslehre schon am Anfang der Besitzlehre geliefert wird: Es
gibt ein Naturrecht auf die Einrichtung von Eigentumsverhältnissen, so daß die hierzu
angewandte Gewalt von vornherein ohne zusätzliche Bedingung rechtens ist.

ßen, erhalten wir eine vollständige Ableitung des Postulats des öffentlichen Rechts. § 42 Abs. 2 scheint dem nichts hinzuzufügen. Mehr noch: Die Formulierung am Anfang von § 43/312 weist geradezu darauf hin, daß die Überlegungen, welche auf die Erfahrung und die Kenntnis der Neigungen der Menschen zurückgreifen, in rechtlicher Hinsicht nicht einschlägig sind: Die Gewalttätigkeit der Bewohner des Naturzustandes ist nicht Folge ihres Naturells, sondern der Unmöglichkeit des Rechthandelns in Verhältnissen ohne austeilende, machthabende Gesetzgebung. Die von Kant (in § 42) unterstellte »Neigung« der Menschen, sich gegenseitig zu übervorteilen, erweist sich im folgenden Paragraphen als Folge des rechtlichen Vakuums des Naturzustandes: Ohne verbindliche rechtliche Fixierung bleibt jede (Sach-)Aneignung Gewalt, und letztere *erscheint* (»traurige Erfahrung«, § 42) als Ausdruck der menschlichen Natur. Man wird daher den § 42 als eine heuristische Vorüberlegung zu lesen haben, welche den Ausgangspunkt für die folgende Ableitung vorstellt: Die Gewalttätigkeit der Menschen.[124]

Eine vermeintliche Unstimmigkeit am Abschluß des »Übergang« ist noch auszuräumen: Im Naturzustand ist das Seine eines jeden »durch keine öffentliche (distributive) Gerechtigkeit bestimmt und durch keine dies Recht ausübende Gewalt gesichert«, § 43/312. Die »bürgerliche Verfassung ist allein der Zustand, durch welchen jedem das Seine nur gesichert, eigentlich aber nicht ausgemacht und bestimmt wird« (256). – Im rechtlichen Zustand wird jedem das Seine »*bestimmt*«, »eigentlich aber *nicht bestimmt*«. Es ist aber leicht zu sehen, was in den beiden Paragraphen angesprochen wird. Im weiteren Verlauf des zuletzt zitierten § 9 zeigt sich, daß auf das »beati possidentes« gezielt wird: Im status naturalis bestimmt die Inhabung den (provisorischen) Sachbesitz; die Aufgabe des status civilis ist es, das *so bestimmte* Eigentum in peremtorisches umzuwandeln. Daß der spätere Paragraph andererseits behauptet, das Eigentum sei erst im status civilis selbst zu *Bestimmendes*, kann sich dort nur auf jeden Akt der Affirmation eben desselben provisorischen Besitzes als peremtorischen beziehen: er bedarf der rechtsverbindlichen Sentenz. Die Notwendigkeit einer nochmaligen »Bestimmung« des Mein und Dein durch die iustitia distributiva (vgl. Drittes

---

124. Die Unterstellung, daß Kant den Staat aus anthropologischen Prämissen ableitet (vgl. u. a. Deggau S. 243 f.), gelingt nur, wenn man § 42 Abs. 2 als vollständiges und abschließendes Argument ansieht. Dazu ist man in der Tat gezwungen, wenn man übersieht, daß der ursprüngliche § 43 (die Einteilung des öffentlichen Rechts) den Argumentationsgang § 42/§ 44 (nach der alten Zählung) unterbricht und letzten nicht auf § 42 Abs. 1 zurückbezieht. – Treffend zum Anthropologievorwurf die Formulierung von Geismann: »Also geht es (beim Übergang, B. L.) nicht darum, daß den Menschen die Streitlust, sondern daß ihnen die (möglicherweise legitimen) Streitgründe genommen werden«. Geismann 1983 S. 366.

Hauptstück des Privatrechts) ist der Notwendigkeit der rechtsverbindlichen Interpretation der Handlungen, wodurch »facta« geschaffen werden, geschuldet.

Das öffentliche Recht, der »Inbegriff der Gesetze, die einer allgemeinen Bekanntmachung bedürfen, um einen rechtlichen Zustand hervorzubringen« (311), zerfällt in drei Abschnitte:
a) Das Staatsrecht als Theorie der Vereinigung der *Menschen* in einem rechtlichen Zustand, welcher der bürgerliche heißt.
b) Das Völkerrecht, welches die einzelnen *Staaten* als »im Zustande der natürlichen Freiheit« untereinander betrachtet (vgl. § 53).
c) Das Weltbürgerrecht als Vernunftidee einer friedlichen *Gemeinschaft* jener Staaten, welche im Völkerrecht als im Naturzustande gegeneinander betrachtet werden.
Wie oben angedeutet wurde, ist die Ursache der Entstehung der Einzelstaaten in der zufälligen Beziehung einzelner auf bestimmte Gegenstände der Willkür – und zwar speziell den Boden (§ 12)[125] – zu suchen. Einen darüber hinausgehenden Grund für die Rechtsrealisierung in Form *mehrerer* Staaten auf dem »globus terraqueus« (§ 62) ist bei Kant nicht zu finden.

a) Das Staatsrecht

§§ 45–49[126]: Die Idee des Staates: res publica latius dicta
Die erste Form der Vereinigung von Rechtssubjekten unter Rechtsgesetzen ist der *Staat*. Der Zustand der einzelnen untereinander ist der »bürgerliche«, die vereinigten Subjekte bilden das »Volk« (311). Aus dem Begriff des äußeren Rechts gehen notwendige Bestimmungen des Staates hervor, welche den »Staat in der Idee« (313) bzw. den Begriff des »gemeinen Wesens (res publica latius sic dicta)« (311, vgl. 338,23) ausmachen.
Gemäß den drei Sätzen in einem praktischen Vernunft-Schluß wurden im Privatrecht – bezogen auf die äußeren Rechte – drei Momente des Zustandes des äußeren Mein und Dein entwickelt:
1) Die *Gesetze* resp. die Gesetzgebung.
2) Die Prinzipien der *Subsumtion* von äußeren Handlungen unter die Gesetze.
3) Der verbindliche *Rechtsspruch*.

---

125. Später (337,24 f.) wird ohne weiteres der Wohnsitz der Bürger (das »Land«) dem Staate zugewiesen. Warum der Staat ein »territorium« haben muß, ist ohne Rekurs auf das Sachenrecht nicht zu sehen.
126. Es handelt sich hierbei um die Paragraphen 45, 48, 46, 49 der Erstausgabe.

Diesen drei Momenten korrespondieren drei separate Funktionen des Staates, welche den »vereinigten Willen in dreifacher Person (trias politica)« (313) vorstellen. Die logische Struktur des Vernunftschlusses (und damit des rechtlichen Urteils – Rechts*spruch* zufolge eines *Gesetzes* und einer *Subsumtionsregel*) liefert den Maßstab für die Organisation des Staatswesens als Sicherungs- bzw. Bestimmungsinstanz des äußeren Mein und Dein. Die Unabhängigkeit der Gewalten gründet sich somit in der logischen Unabhängigkeit von Gesetz, Subsumtionsregel und den der Sentenz zugrundeliegenden facta in einem praktischen Vernunftschluß. Den drei Hauptstücken des Privatrechts korrespondieren die drei Momente der öffentlichen Gerechtigkeit (§ 41: iustitia tutatrix, iustitia commutativa, iustitia distributiva) und diesen die drei Gewalten[127]: potestas legislatoria, potestas rectoria, potestas iudiciaria (§ 45)[128]. In der Beschreibung der drei Gewalten (§§ 47, 48, 49/315,24 f., 316,24 f., 317,19 f.) finden wir die Bestimmungen aus dem Privatrecht wieder: Der sachliche Rückbezug des *Gesetzgebungs*paragraphen auf § 8 der Besitzlehre ist unübersehbar: Nur der vereinigte Wille kann durch Gesetze verbinden, ohne Unrecht zu tun; der *Regent* schreibt die Regeln vor, nach denen man »etwas den Gesetzen gemäß erwerben« (!) oder erhalten kann (316); die *öffentliche Gerechtigkeit* teilt durch den »Rechtsspruch (Sentenz)« (317) des Gerichtshofs[129] jedem das Seine – gemäß dem Gesetz und zufolge der Regel der Erwerbung – zu.[130]

127. Der Kantische Versuch, die »Gewaltenteilung« (dieses Wort kommt in den Kantischen Druckschriften nicht vor!) – mittels der Struktur des Vernunftsschlusses – *im Privatrecht* zu fundieren und dadurch die gesamte Rechtslehre zu prägen, dieses wohl bemerkenswerteste Novum in der Rechtslehre des späten 18. Jahrhunderts, ist der Kant-Literatur bisher entgangen. Susan Meld Shell (Shell S. 163) z. B. behauptet, daß Kant die Gewaltenteilung »from the idea of government itself« ableite, gibt jedoch nicht an, wie das geschehen soll. Sie fügt zwar hinzu: »Kant compares it (sc. the tripartite division, B. L.) to a practical syllogism...«, *weshalb* aber dieser Vergleich einschlägig sein könnte, wird nicht untersucht. Kersting geht sogar soweit zu behaupten: »Mehr als eine Akzentuierung des einsichtigen (?) Zusammenhangs der drei Gewalten ... hat Kant mit der herausgestellten Entsprechung zwischen trias politica und dem praktischen Vernunftsschluß nicht im Sinn gehabt.« (Kersting S. 264). Schon 1794 dient der Vernunftsschluß Kant als Vorbild für die Gewaltenteilung (VIII 352,26 f.).

128. Im § 41 verwundert, warum gerade die iustitia distributiva den rechtlichen Zustand auszeichnen soll. Will man Kant nicht unterstellen, er sei hier terminologisch unpräzise, so kann man sich damit helfen, daß die iustitia distributiva Gesetze und Subsumtionsregeln und mit denen die Existenz aller anderen Gewalten voraussetzt. Dulckeits Vermutung, daß iustitia tutatrix und iustitia commutativa auch im Naturzustand vorhanden seien und daher nur die iustitia distributiva im status civilis hinzukomme (Dulckeit S. 38), scheitert am Text des § 41.

129. Die Korrespondenz zwischen *Drittem* Hauptstück des Privatrechts und rechtsprechender Gewalt sollte eigentlich besonders augenfällig sein, zumal man ohne

§ 47 / 313,28–315,22: Die gesetzgebende Gewalt

Daß die »gesetzgebende Gewalt nur dem vereinigten Willen des Volkes« zukommen kann, ist aus dem Paragraphen 8 bekannt: Nur durch Selbstverpflichtung können über das angeborene Recht hinaus Pflichten erzeugt werden. Doch wie ist die »vereinigte Willkür« hier aufzufassen? Es ist von »Stimmgebung« die Rede, wobei offengelassen wird, ob diese auf die Gesetze oder auf eine Institution, welche die Gesetze gibt, zielt. Dies wird erst später zu entscheiden sein. Die »Fähigkeit der Stimmgebung« wird im § 47 (313,29) an den Status der bürgerlichen Selbständigkeit gekoppelt und ist in dieser Hinsicht in der (neueren) Kant-Literatur vielfach kritisiert worden.[131]

Die Frage nach der Haltbarkeit der Kantischen Position zerfällt in zwei unabhängige Einzelstücke: Zunächst ist zu fragen, inwieweit die Auszeichnung der »Selbständigkeit« mittels rein-rechtlicher Bestimmungen gelingt, zum zweiten bleibt die Frage, ob die Selbständigkeit in rechtlicher Hinsicht die »Fähigkeit der Stimmgebung« limitieren kann.

Selbständig ist der, welcher »aus eigener Willkür in Gemeinschaft mit anderen handelnder Teil« des gemeinsamen Wesens sein will (314). Den von ihm angeführten Beispielen der Unterscheidung »aktiver« (d. i. selbständi-

---

Kenntnis des Zusammenhangs nicht versteht, was das Dritte Hauptstück überhaupt soll. Unerklärlich ist daher die große Gleichgültigkeit ihm gegenüber in der Kant-Literatur (s. o.).

130. Nur zur Demonstration des Kantischen Konzepts hier einige der korrespondierenden Begriffstripel:

	Besitzlehre	Erwerbslehre	subjektive bed. Erwerbung
(306)	(iustitia) tutatrix	commutativa	distributiva
(306, 236)	lex iusti	lex iuridica	lex iustitiae
(306)	beschützend	wechselseitig erwerbend	austeilend
(306)	Möglichkeit	Wirklichkeit	Notwendigkeit
(306)	Form	Materie	Besitzstand
	Gesetz (313,13)	Dekret (316,32)	Rechtsspruch (317,23)
	beschließen	vorschreiben	zuerkennen
	gesetzgebende Gewalt	Regent	Richter

(Die letzten drei Zeilen sind anhand der drei Abschnitte über die einzelnen Gewalten im Text zu identifizieren.)

131. Vgl. Deggau, S. 256 f., Brandt 1983, S. 28 f., Kersting, S. 248, Riedel, S. 139.

ger) und »passiver« Staatsbürger fügt Kant ein allgemeines Kriterium der Selbständigkeit hinzu: Selbständig ist der, welcher entweder α) nach der Verfügung des Staates seine Existenz bestreitet oder β) die »Produkte seiner Arbeit (also nicht seine *Kräfte*, vgl. 285, B. L.) als Ware öffentlich feilstellen kann« und daher nicht von anderen »befehligt oder beschützt werden« muß. Hiermit fallen alle Mitglieder des Hauswesens[132] (bis auf den Hausherren) sowie alle »Lohndiener« aus der Reihe der Selbständigen heraus.

Während diese Einteilung in selbständige und unselbständige Bürger im Rahmen der Kantischen Theorie formalrechtlich durchführbar[133] ist (selbständig sind die, welche nicht genötigt sind, ihre *Willkür* zu verkaufen), stößt ihre Anwendung auf die Befähigung zur Stimmgebung auf ernste Schwierigkeiten.

Wie im »Gemeinspruch« finden wir in der Rechtslehre keinen Begründungsversuch bzgl. der Anwendung der Selbständigkeit als Auszeichnungskriterium der stimmberechtigten Bürger, sondern nur den Versuch der Entkräftung eines möglichen Einwandes, daß nämlich die Kopplung der Stimmgebung an die Selbständigkeit der Freiheit und Gleichheit der Bürger widersprechen könnte. Die Kantische Antwort lautet lapidar, daß aus dem Recht, »von allen anderen nach Gesetzen der natürlichen Freiheit und Gleichheit als passive Teile behandelt zu werden, nicht das Recht folgt, als aktive Glieder den Staat... zu organisieren« (315). Da die Ableitung von Freiheit und Gleichheit ohne Ansehung der Unterschiede von aktivem und passivem Bürger geleistet wurde (»angeborenes Recht«) und der Ausschluß freier Wesen von der Gesetzgebung mit dem Grundsatz »volenti non fit iniuria« kollidiert (gerade aus der angeborenen Freiheit ergab sich – § 8 – die Notwendigkeit der Vereinigung der Willküren für die Gesetzgebung des äußeren Mein und Dein), ist der Ausschluß der passiven Staatsbürger von der Stimmgebung prinzipiell nicht mit der Fundierung des Staates vereinbar. – Wollte man unter Hinweis darauf, daß der vereinigte Wille des Volkes nur als *Idee*[134] und nicht als realiter erzeugte gesetzgebende Instanz zu verstehen sei

---

132. Selbstverständlich auch die Frauen, welche aufgrund der »natürlichen« Unterlegenheit Befehlsempfängerinnen der Hausherren sind (279,16f). Dies übersieht z. B. Deggau, S. 257. Die rechtliche »Vertretung« des Hauses durch den Hausherrn ist keine Kantische Erfindung, sondern eine Selbstverständlichkeit im Recht des 18. Jahrhunderts.

133. Riedels Behauptung, daß das Faktum der Selbständigkeit »nicht mehr formalrechtlich zu bestimmen« sei (Riedel S. 139), ist unangemessen. Daß es im Einzelfall »etwas schwer (ist), die Erfordernisse zu bestimmen«, welche jemanden zum Selbständigen machen, sei dahingestellt (vgl. VIII 295 Fußnote), betrifft aber nur das *Anwendungs*problem des formalrechtlichen Kriteriums – Ein ähnliches Problem ergäbe sich z. B. im Falle der Unterscheidung von Mörder und Totschläger.

134. Von der *»Idee«* der vereinigten Willkür ist ohnehin im Staatsrecht ausschließlich

die Verträglichkeit von angeborenem Recht und Ausschluß von der Stimmgebung retten, so hätte man zugleich sämtliches Recht auf Stimmgebung über Bord geworfen, da die »Idee« der vereinigten Willkür auch ohne die vereinigten Willen der Selbständigen ihre eigentümliche Wirklichkeit hat.

Kurz: Die Klassifizierung der Gesetzgebungsfähigkeit nach der Selbständigkeit ist im Rahmen der Kantischen Theorie ein Fremdkörper,[135] wobei man andererseits nicht übersehen kann, daß das zugrundeliegende Problem davon gänzlich unabhängig ist: Zumindest im Falle der Kinder wird jede Rechtstheorie für eine Einschränkung aktiver Staatsbürgerrechte argumentieren.

§ 49/316,24–317,18: Die Regierung

Während das Privatrecht bloß drei Modi der äußeren Erwerbung vorgestellt hat (facto, pacto, lege) und damit nur die naturrechtlichen Grundformen[136] lieferte, bedarf der status civilis einer ausdifferenzierten iustitia commutativa, d. h. eines Systems der wechselseitig erwerbenden Gerechtigkeit. – Neben den vorwiegend definitorischen Bestimmungen, welche der Regierungsabschnitt des Staatsrechts liefert, gibt der Text der Rechtslehre wenig Hinweise auf die von Kant der Regierung – d. h. der ausübenden Gewalt, welche »die Regeln vorschreibt, nach denen, dem Gesetze gemäß, jeder etwas erwerben oder als das Seine erhalten kann« (316,27 f.) – zugeteilten Aufgaben. In § 31 erfahren wir über Umwege, daß das Polizeiwesen essentielles Moment der Regierungsgewalt ist: Durch das »Polizeiwesen« (303,1) wird z. B. der »Markt« und damit die Form der Übertragung »dem Gesetze gemäß« bestimmt (301,21 f., vgl. auch oben den Kommentar zum dritten Hauptstück des Privatrechts). Man wird mit Kersting (Kersting S. 267) und

in den § 50 ff. (315,24–316,6, 338,22 f.) die Rede. Wie sich später zeigen wird, ist das kein Zufall!

135. Der – von Kant nicht angesprochene – Versuch, die Fähigkeit der Stimmgebung über die Frage, »warum denn die, welche kein Eigentum haben, über das Eigentum bestimmen können sollen«, an das Eigentum zu koppeln (so sinngemäß Goyard-Fabre S. 203, nach Deggau S. 262), provoziert – neben dem Hinweis darauf, daß die Gesetzgebung nicht *nur* das Eigentum betrifft – zu einer Gegenfrage wie der, warum man denn andere als die Mörder selbst an einer (Straf-)Gesetzgebung für Mord teilnehmen lassen sollte. Die Eigentumslosigkeit der Eigentumslosen ist obendrein einzig Folge der Eigentumsgesetzgebung, insofern ist der Ausschluß der Eigentumslosen keineswegs selbstverständlich; die Goyard-Fabre'sche »sorte de nécessité logique« erweist sich bestenfalls als eine »nécessité idéologique«, welche, wie es Brandt in Hinblick auf Kant selbst formuliert (Brandt 1983, S. 20), »aus den Willen der Betroffenen den Verfügungswillen der Besitzenden« und den Souverän zur Aktionärsversammlung macht.

136. Neben den genannten werden noch die »Ersitzung«, »Beerbung« und der »Nachlaß eines guten Namens nach dem Tode« als naturrechtliche Erwerbungs- oder Wahrungsformen des Besitzstandes fixiert (§ 35).

im Hinblick auf das zeitgenössische Preußen der Exekutive außer der »nicht-streitigen Rechtsanwendung« ferner den »Aufbau der Behördenorganisation« zuweisen.

§ 49 / 317,19–318,14: Die Jurisdiktion

Genauso spärlich wie im Falle der Exekutive ist die Schilderung der »potestas iudiciaria«. Das Volk »richtet sich« durch »Repräsentanten«, welche, da der Rechtsspruch ein »einzelner Akt« ist, für jeden Akt besonders ernannt werden (317,20f.). Die »Richter« werden von der Gesetzgebung – oder der Regierung (der Text ist hier – 317,19f. – nicht eindeutig) – eingesetzt. Zugrunde zu liegen scheint hier die Vorstellung eines Geschworenengerichts (Kersting S. 269).

Die an sich so plausible Ableitung jener drei Gewalten aus den drei Hauptstücken des Privatrechts scheint rückblickend nur einen Schönheitsfehler zu haben: Wieso ist gerade die zweite Gewalt mit dem »Vermögen… zu zwingen« (317,16) ausgestattet? Während sowohl Gesetzgebung als auch Jurisdiktion bloß im Ausspruch von rechtsverbindlichen Sätzen (»Obersatz« des Vernunftschlusses und »Sentenz«) handeln, greift die Exekutive, zusätzlich zur Präskription der »Regeln« (= Untersätze), mit physischer Gewalt in die sinnliche Welt ein. – Für die Richtigkeit der Beobachtung im Privatrecht, daß ausschließlich das zweite Hauptstück auf die Kategorientafel als Gliederungsprinzip zurückgreift und dies dem Sachverhalt zuzuschreiben ist, daß eben jenes Hauptstück den Bezug auf die sinnlichen Gegenstände herstellen soll, ergibt sich hiermit jedoch ein weiterer Beleg: die Exekutive koppelt – wie die Erwerbungslehre – die Rechtsgesetze an die sinnliche Welt. Gesetzgebung und Gerichtsbarkeit schreiben bloß vor und rechnen zu.[137]

Obgleich in den Kantischen Druckschriften das Wort »Gewaltenteilung« nicht vorkommt, finden wir in den ersten Paragraphen des Staatsrechts die Umrisse einer Theorie derselben vorgestellt: Der Staat ist zusammengesetzt[138] aus drei Gewalten, welche als Ausdruck der drei unabhängigen Bestandteile eines praktischen Vernunftschlusses ihrerseits als drei besondere Personen ihr »eigenes Prinzip« haben. Diese drei Gewalten gingen als not-

---

137. In Einklang mit diesem Sachverhalt steht, daß die Exekutive Unrecht tun kann: Sie wird daher gegebenenfalls von der Gesetzgebung abgesetzt werden können (317,9f.). Inwieweit dies mit dem Textbefund, daß nur Gesetzgebung und Rechtsprechung vom Volk ausgehen sollen (durch gewählte Vertreter), intentional verknüpft ist, wird in der Kant-Literatur nicht angesprochen und auch hier offengelassen.

138. Der Staat teilt sich nicht in drei Gewalten, sondern wird durch deren »Vereinigung« (§ 49) konstituiert. Gemäß der Entwicklung des Staates aus dem Privatrecht sind die drei Gewalten logisch vorgeordnet. Eine »Gewaltenteilung« im strikten Sinne gibt es daher bei Kant nicht! (Vgl. Anm. 127).

wendige Bestandteile rechtsetzender und rechtsichernder Gewalt aus den Prinzipien des Privatrechts hervor. Gleichermaßen Folge des Privatrechts war die Fundierung der gesetzgebenden Gewalt in der vereinigten Willkür des Volkes. Das – im groben – soweit bestimmte Staatswesen stellt den »Zustand der größten Übereinstimmung der Verfassung mit Rechtsprinzipien« (318,11) oder der »einzig rechtmäßigen Verfassung, nämlich der einer reinen Republik« (340,31) dar. – Es ist nicht ohne Umwege möglich, den bisher entwickelten Staat als den der reinen Republik zu identifizieren. Bemerkungen zur Republik sind in der Rechtslehre äußerst rar. Wir erfahren – außer der eben herangezogenen Formel – nur, daß in jener das »Gesetz selbstherrschend ist und an keiner besonderen Person hängt« (341,2) sowie, daß die »wahre Republik ein repräsentatives System des Volkes« (341,10f.) sei.

Um überhaupt den Rahmen der Kantischen Theorie der Republik abzustecken, ist die Einbeziehung anderer Druckschriften[139] aus den 90er Jahren unerläßlich. Aber auch dort sind keine expliziten Aussagen zur Republik zu finden. Durchweg ist in den einschlägigen Kontexten nur von »Republikanismus« bzw. »republikanischer Regierungsart« die Rede. Diese beiden Termini sind allerdings zurückbezogen auf die Idee der Republik: »Ein Staat kann sich auch schon republikanisch regieren, wenn er gleich noch der vorliegenden Konstitution nach despotische Herrschermacht besitzt: Bis allmählich das Volk des Einflusses der bloßen Idee der Autorität des Gesetzes (gleich als ob es physische Gewalt besäße) fähig wird und sonach zur eigenen Gesetzgebung (welche ursprünglich auf Recht gegründet ist) tüchtig befunden wird« (VIII 372,28 f.). Unabhängig von den Bemerkungen zur republikanischen Regierungsart, welche mit einer despotischen Herrschermacht vereinbar sein kann (was erst in der Folge interessieren soll), erkennen wir unschwer den sich »allmählich« einstellenden Zustand als den des »selbstherrschenden« Gesetzes (341,2), d. h. den der Republik, wieder. Er ist gekennzeichnet durch die »ursprünglich auf Recht gegründete« eigene Gesetzgebung des Volkes. Die Kantische Republik macht Ernst mit der Kopplung der Gesetzgebung an die der Stimmgebung fähigen Staatsbürger.

Im Unterschied zur Trennung von Legislative und Jurisdiktion bzw. Regierung und Legislation, welche nur in den Abschnitten über die drei Gewalten innerhalb der Rechtslehre thematisiert wird, ist die Absonderung der Regierung von der Gesetzgebung ein oft angesprochenes Thema: »Der Republikanism ist das Staatsprinzip der Absonderung der ausführenden

---

139. Das Einbeziehen von Druckschriften ist insofern weniger riskant als das von Reflexionen oder sogenannten »Vorarbeiten«, da von letzteren, neben dem Nachteil, daß sie meistens nicht datierbar sind, nicht ausgemacht ist, inwieweit sie mehr als bloße Durchgangsstufen eines rasch fortschreitenden Reflexionsprozesses sind, die kaum über den Moment ihrer Niederschrift vom Autor festgehalten wurden.

Gewalt (der Regierung) von der gesetzgebenden« (VIII 352,14 f.). Ferner: »je kleiner das Personale der Staatsgewalt (die Zahl der Herrscher), je größer dagegen die Repräsentation derselben, desto mehr stimmt die Staatsverfassung zur Möglichkeit des Republikanism« (VIII 353,2 f.). Ist das Gesetz »selbstherrschend« und hängt an keiner Person mehr, so ist die Zahl der Herrscher kleinstmöglich (d. h. null) und die Republik ein »repräsentatives[140] System des Volkes« (341,9 f.), denn der »Herrscher«[141] – eine physische Person, welche der Idee der höchsten Staatsgewalt »Wirksamkeit auf den Volkswillen verschafft« (338,28) – verliert in einer reinen Republik seine Funktion: Höchste Staatsgewalt und Volkswille sind eins.

Noch ein letzter Blick auf das Verhältnis von Regierung und gesetzgebender Gewalt: Gemäß § 48 / 316,24 f. der Rechtslehre kann der Souverän (hier der Gesetzgeber[142]) den Regenten absetzen und die Verwaltung reformieren. Man wird, dieser Stelle zufolge, in der Kantischen Republik eine von der gesetzgebenden Gewalt eingesetzte autonome, aber absetzbare Regierung erwarten. Will man die Struktur der Kantischen Republik, so wie sie sich anhand der wenigen Äußerungen Kants rekonstruieren läßt, knapp skizzieren, wird man eine gesetzgebende Institution, welche von den selbständigen Bürgern in gleicher Wahl bestimmt wird, annehmen. Diese setzt eine Regierung und jene die »Richter als Magistrate« (317,20) ein. Ergänzt wird die Rechtsprechung durch – wie bei der Gesetzgebung – gewählte »Repräsentanten« des Volkes. Aufgabe der Regierung ist die Organisation der Staatsverwaltung[143]. Festzuhalten bleibt, daß – im Unterschied zu modernen Konzeptionen des Rechtsstaates – keine Kontrollfunktion der Jurisdiktion bzgl. der Gesetzgebung oder Regierung vorgesehen ist.

Die bisher betrachteten Paragraphen hatten den »Staat in der Idee, wie er nach reinen Rechtsprinzipien sein soll« (313,14), bestimmt, und ein Vergleich mit den – wenigen – Bestimmungen der »Republik« konnte erweisen,

---

140. Hiermit ist die in § 47 (313,28) offengelassene Frage, ob die Gesetze oder eine gesetzgebende Instanz Gegenstand der Stimmgebung sind, zugunsten der letzten beantwortet (vgl. auch VIII 352,24 f.).

141. Die Begriffe Herrscher, Oberhaupt, Souverän, Staatsoberhaupt, summus imperans etc. werden in den Kantischen Schriften nach scheinbar nicht entschlüsselbaren Regeln verwandt. Bisweilen sind sie auf die Einheit der drei Gewalten, manchmal ausschließlich auf die Gesetzgebung bezogen. Dies hängt mit der im folgenden zu untersuchenden Theorie der Staatsentwicklung zusammen, da dort eine Trennung der beiden Gegenstände prinzipiell nicht möglich ist. Vgl. dazu die Auflistung bei Burg (Burg S. 215 f.), welcher ein nahezu vollständiges Verzeichnis des Auftretens der genannten Begriffe liefert.

142. Vgl. »Beherrscher des Volkes (Gesetzgeber)«.

143. Im Unterschied zur Hobbesschen Theorie fällt deutlich in die Augen, daß die Schutzfunktion des Staates nach außen bei Kant vollständig in den Hintergrund getreten ist: Die Theorie der Republik erwähnt die Außenpolitik mit keinem Wort.

daß jener »Zustand der größten Übereinstimmung der Verfassung mit
Rechtsprinzipien« (318,11) eben der der reinen Republik ist.

§§ 50–52: Der Weg der respublica phaenomenon[144]
»Die Idee einer mit dem natürlichen Rechte der Menschen zusammenstimmenden Constitution: daß nämlich die dem Gesetz Gehorchenden auch
zugleich, vereinigt, gesetzgebend sein sollen, liegt bei allen Staatsformen
zum Grunde, und das gemeine Wesen, welches, ihr gemäß durch reine Ver-
nunftbegriffe gedacht, ein platonisches Ideal heißt (respublica noumenon),
ist nicht ein leeres Hirngespinst, sondern die ewige Norm für alle bürgerliche
Verfassung überhaupt... Eine dieser gemäß organisierte bürgerliche Gesellschaft ist die Darstellung derselben nach Freiheitsgesetzen durch ein Beispiel
in der Erfahrung (respublica phaenomenon) und kann nur nach mannigfaltigen Befehdungen und Kriegen mühsam erworben werden; ihre Verfassung
aber, wenn sie im Großen einmal errungen worden, qualifiziert sich zur
besten unter allen, um den Krieg, den Zerstörer alles Guten, entfernt zu
halten« (VII 90,21 f.).
Die Republik ist nicht naturgegeben, sondern Resultat menschlicher Anstrengung in Befolgung der »Norm«[145] aller bürgerlichen Verfassung. Überhaupt jeder existierende Staat muß – sei er Republik oder nicht – als
gegründet gedacht werden.[146] Jene Gründung ist die Konstitution eines – die
drei Gewalten enthaltenden – gebietenden »Oberhauptes« gegenüber den
(gehorsamen) »Untertanen«. »Der Akt, wodurch sich das Volk selbst zu
einem Staat konstituiert, eigentlich aber nur die Idee desselben, nach der die
Rechtmäßigkeit desselben allein gedacht werden kann, ist der ursprüngliche
Kontrakt« (§ 50/315,30). – Erst an einem späteren Ort ist dem Text der
Rechtslehre die Funktion, welche der »Idee« des ursprünglichen Kontrakts
zugeteilt wird, zu entnehmen: In § 52 begegnet sie uns ein zweites Mal[147]:
»Es muß aber dem Souverän doch möglich sein, die bestehende Staatsverfas-
sung zu ändern, wenn sie mit der Idee des ursprünglichen Vertrags nicht wohl
vereinbar ist« (340,9f.). Im Prozeß der Annäherung eines bestehenden
Staatswesens an das Ideal der Republik gibt der ursprüngliche Vertrag den
Leitfaden rechtmäßiger Herrschaftsausübung: Er »ist eine bloße Idee der
Vernunft, die aber ihre unbezweifelte (praktische) Realität hat: nämlich jeden

144. § 50 ist der § 47 der Erstausgabe.
145. Vgl.: »die Form eines Staates überhaupt, d. i. der Staat in der Idee..., welche...
zur Richtschnur (norma) dient« (313,14f.); in Verbindung mit dem vorigen Zitat rechtfertigt sich hier nochmals die Bezeichnung des in der ersten Hälfte des Staatsrechts behan-
delten Staatswesens als »reine Republik«.
146. Vgl. VIII 348f.
147. Wir hatten oben gesehen, daß die »Idee des ursprünglichen Vertrages« in der
Theorie der Republik keine Rolle spielt. Die Wörter kommen nicht einmal vor!

Gesetzgeber zu verbinden, daß er seine Gesetze so gebe, als sie aus dem
vereinigten Willen eines ganzen Volkes haben entspringen können« (VIII
297,15 f.). Entspringen die Gesetze nicht der vereinigten Willkür des Volkes
(das tun sie erst in der Republik), so ist der Maßstab einer rechtmäßig bestehenden Verfassung das »als ob«[148]. Drei Beispiele für die restringierende
Funktion der Idee des allgemeinen Willens bezüglich einer Gesetzgebung
finden wir in der Rechtslehre selbst: die Unrechtmäßigkeit einer auf ewig
befohlenen Kirchenverfassung (Allg. Anm. C, vgl. VIII 304), die Rechtswidrigkeit des erblichen Adelsprivilegs und der willkürlichen Amtsenthebung
von Beamten durch den Souverän (Allg. Anm. D), weitere im zweiten Teil
des »Gemeinspruch« (die notwendige Gleichheit der Belastung der Bürger
im Kriegsfalle, VIII 297, Anm., die Unrechtmäßigkeit einer auf Ewigkeit
befohlenen Kirchenverfassung, VIII 304; die Freiheit der Feder als »Palladium der Volksrechte«[149] ebd.).

Solange das Gesetz nicht »selbstherrschend« (341,2)[150] ist, bedarf es einer
»physischen Person«, welche dem Souverän, dem »das gesamte Volk vorstel-
lenden Gedankending«, Wirksamkeit auf den Volkswillen verschafft. Das
Verhältnis dieses »Oberhauptes« (vgl. 315,27) zum Untertan ist »auf dreierlei
verschiedene Art denkbar: Entweder daß Einer im Staate über alle, oder daß
Einige, die einander gleich sind, vereinigt, über alle andere, oder daß Alle
zusammen über einen jeden, mithin auch sich selbst gebieten, d. i. die Staatsform ist entweder autokratisch oder aristokratisch oder demokratisch[151]«
(§ 51).[152] Solange die drei Gewalten nur drei »Verhältnisse des vereinigten a

148. Man wird Kersting (Kersting S. 223) zustimmen, wenn er betont, »daß das Ver-
tragskriterium keine Erkenntnis gestattet, die nicht auch ohne es (d. h. nur mit Berufung
auf Freiheit und Gleichheit, B. L.) zu gewinnen wäre«. Dies ist in der Tat trivial: Die
Vertragsvorstellung selbst ist die Rechtsform, Fremdverpflichtung über den Umweg der
Selbstverpflichtung mit Freiheit und Gleichheit kompatibel zu machen (vgl. § 18). Selbstverständlich fügt der Vertrag somit keine materialen Gerechtigkeitsprinzipien hinzu.
149. Die Rückführung dieses Rechts auf die Idee des ursprünglichen Vertrages geschieht VIII 304,20 f.
150. Was unter »Selbstherrschaft« des Gesetzes zu verstehen ist, wird von Kant nur ex
negativo angesprochen: die Abwesenheit einer – vom Volk unterschiedenen – Herrscher-
person. Sicherlich ist der Zustand der Selbstherrschaft des Gesetzes nicht mit dem der
allgemeinen Moralität der Bürger zu identifizieren.
151. So groß die Versuchung auch sein mag, aufgrund heutigen Sprachgebrauchs die
Kantische Republik – wegen der Wahl der Gesetzgebung durch das Volk – »Demokratie«
zu nennen, so schafft dies doch bloß Verwirrung: Die Demokratie ist bei Kant eine
vor-republikanische Staatsform, da sie eine Form ist, der Idee des Oberhauptes »Wirksamkeit auf den Volkswillen zu verschaffen« (§ 51). Obgleich Kersting letzteres klar gesehen
hat (Kersting S. 291), kann er der Versuchung nicht widerstehen: »Der Staat der Vernunft
ist ein demokratischer Gesetzgebungsstaat« (Kersting S. 305).
152. Man mag hier eine Orientierung an den Kategorien der Quantität vermuten, für
die sich allerdings keine Belege finden. Die Dreiteilung ist ohnehin direkt von Achenwall

priori aus der Vernunft abstammenden Volkswillens« (338,22) darstellen und
in einem »Staatsoberhaupt« (318,26) vereinigt sind (sei es ein »Autokrator«,
die »Vornehmen« oder »Alle«), ist ferner zwischen »patriotischer« und »despotischer« Regierungsart[153] zu unterscheiden: Die »patriotische« antizipiert
die gewaltenteilige Republik und stimmt mit der Verfassung derselben »ihrer
Wirkung nach« zusammen (340,32), d. h. das Staatsoberhaupt handhabt den
öffentlichen Willen nicht als einen Privatwillen (vgl. VIII 351,14), sondern
regiert gemäß Gesetzen, die es zwar selbst erläßt, welche aber gleichwohl mit
der Idee des ursprünglichen Vertrages vereinbar sind: Der Staat behandelt
seine Untertanen »als Staatsbürger«, d. i. nach »Gesetzen ihrer eigenen Selbständigkeit« (317,5).

Es scheint, als wäre die Unterscheidung von »patriotischer«[154] und »despotischer« Regierungsart nicht ganz deckungsgleich mit der von »republikanischer« und »despotischer«, wie sie aus dem »Ewigen Frieden« (VIII 352)
bekannt ist. Wie Kersting bezüglich der letzteren zu Recht betont (Kersting
S. 282 f.), liefert der dort gebotene Begriff von »Republikanismus« (welcher
den Gegenbegriff zu »Despotismus« darstellt) kein hinreichendes Unter-
scheidungsmerkmal zwischen rechtmäßiger und rechtswidriger Regierungsart: Die alleinige Auszeichnung des Republikanismus durch die Trennung
von Exekutive und Legislative garantiert keinen Zustand der Übereinstimmung mit Rechtsprinzipien, zumal sie die Gesetzgebung selbst keinen vernunftrechtlichen Prinzipien unterwirft. Es ist schwer zu entscheiden, ob die
Verwendung des Terminus »patriotisch« anstelle von »republikanisch« eine
bewußte Hinzunahme der Idee der vereinigten Willkür (d. h. für die vor-
republikanische Phase der Staatsentwicklung: der Idee des ursprünglichen
Vertrages) von seiten Kants zum Ausdruck bringt. Das Adjektiv »republikanisch« fällt im Staatsrecht von 1797 nicht.

Hiermit wären die zentralen Bestimmungen des Staatsrechts (mit Ausnahme
des Strafrechts, welches in der »Allgemeinen Anmerkung D« mit einem
eigenständigen[155] Prinzip – dem »Strafgesetz« (331,31) – hinzukommt) ent-

---

(und der Rechtstradition generell) übernommen (vgl. Achenwall: ius naturae, pars posterior, liber II § 110). Bei Achenwall findet sich übrigens die Staatsformenlehre vor der
Lehre von der Gewalteinteilung (§ 113 ff.).
153. Zum historischen Ursprung des Dreierschemas und der hinzukommenden Di-
chotomie von Despotismus und Patriotismus (Republikanismus) vgl. Kersting S. 275 f.
und Bien S. 81 f.
154. Vgl. auch »Gemeinspruch«, VIII 291.
155. Vgl. zum Strafrecht: Oberer 1982, S. 399 ff. – Obgleich Kant in der »Allgemeinen
Anmerkung E« übrigens ein strenges »ius talionis« vertritt, d. h. das Strafmaß ausschließlich durch die Tat – und nicht etwa durch eventuelle Folgen der Bestrafung – bestimmen
lassen will, macht er im Abschnitt über das Notrecht (Anhang zur Einleitung in die
Rechtslehre) von einer Überlegung über die potentiell abschreckende Wirkung einer Strafe

wickelt. Mit dem *normativen Ideal* (§§ 45–49) der Republik und den *rechtmäßigen Formen* ihrer Approximation (§§ 50–52) in der Entwicklung der Staaten ist ein in der naturrechtlichen Tradition bis hin zu Kant nicht vorzufindender Zug in die Rechtstheorie hineingekommen, der sich besonders anschaulich in der Anlage des Staatsrechts im Vergleich mit anderen Exponenten der Theorietradition darstellen läßt. Hobbes »Leviathan« endet mit dem 4. Teil: »The Kingdome of Darkness«, welcher die Gefährdung bzw. Zerstörung des Staatswesens durch religiöse Irrlehren zum Gegenstand hat, Locke beschließt den »Second Treatise of Government« mit drei Kapiteln zur Auflösung des Staates durch »Usurpation«, »Tyranny« und »Dissolution of Government« und Rousseaus »Contrat Social« fügt, nachdem er im zweiten und dritten Buch Legislative und Exekutive behandelt hat, ein viertes an, das verschiedene Mechanismen der Staatserhaltung erörtert. – Kant schließt den Haupttext seines Staatsrechts mit einer Theorie der Reform bestehender Staaten hin zur Republik ab. Nicht die Erhaltung oder Zerstörung eines – womöglich durch glückliche Umstände aus dem Nichts entstandenen – Staatswesens, welches Freiheit und Gleichheit seiner Bürger sichert, sondern die Prinzipien der Annäherung der existierenden Staatswesen an das Ideal eines »Zustandes der größten Übereinstimmung der Verfassung mit Rechtsprinzipien« (318,11) bilden den – optimistischen – Abschluß des Staatsrechts. Der Staat verdankt seine Existenz einseitiger »Anmaßung« (§§ 8, 9) der Einrichtung von Verhältnissen des äußeren Mein und Dein. Diese Anmaßung hat das Recht auf ihrer Seite: Die Schaffung von Eigentumsverhältnissen ist ein kategorischer Imperativ.[156] Die Legitimation der bestehenden[157] Rechts-

---

Gebrauch: Wie bereits im Gemeinspruch (VIII 300) und – gemäß der Vigilantius-Nachschrift (XXVII 599) – in der Vorlesung 1793/94 wird die »Unstrafbarkeit« in den einschlägigen Fällen daran festgemacht, daß eine Strafe die »beabsichtigte Wirkung gar nicht haben« könne. Für diese Durchbrechung des Talionsprinzips finden wir in der Rechtslehre keine Legitimation. Es sei aber angemerkt, daß jenes bei Kant expressis verbis nur in seiner negativen Funktion (d. i. keine Strafe ohne Strafwürdigkeit) nicht aber *generell* in der positiven (d. i. jede strafwürdige Handlung muß angemessen bestraft werden) benutzt wird – ausschließlich die Minderung des Strafmaßes aufgrund von *Utilitätsüberlegungen* wird explizit zurückgewiesen: »Das Strafgesetz ist ein kategorischer Imperativ und wehe dem! welcher die Schlangenwindungen der Glückseligkeitslehre durchkriecht, um etwas auszufinden, was durch den Vorteil (!, B. L.), den es verspricht, ihn von der Strafe ... entbinde.« (331).

156. Wie Brandt (Brandt 1982a S. 267) zu Recht festhält, bezieht sich der Imperativ genau genommen nicht auf die Einrichtung selbst, sondern ist das Verbot einer Behinderung der Versuche anderer.

157. Die drei Souveränitätskonzeptionen, welche Burg in der Rechtslehre aufdeckt, erweisen sich so als die Erscheinungsformen der staatlichen Herrschaft in der umgekehrten Reihenfolge ihrer idealgeschichtlichen Abfolge: Die demokratische Souveränität ist das Ideal des Staatsrechts, die aufgeklärt absolutistische der Modus der Approximation (§§ 50, 51) und die absolutistische die, welche in bestehenden Staaten vorzufinden ist und

verhältnisse ergibt sich einzig aus der Rechtmäßigkeit dieses antizipatorischen Aktes. Es bedarf damit nicht des Zufalls einer günstigen Ausgangskonstellation für die Schaffung eines Staates, sondern prinzipiell jeder[158] Versuch ist gemäß der Kantischen Theorie fähig, sich zur Republik zu entwickeln. Zugleich wird damit jeder Hinweis auf den Geschichtsgrund des Staates (sei er in einer lange zurückliegenden »Anmaßung« oder einer jüngst vollzogenen »Revolution« (322,16) zu suchen) zum Zwecke der Infragestellung staatlicher Autorität wirkungslos. Die Legitimation – vorrepublikanischer – Staatsgewalt liegt nicht in der Vergangenheit, sondern in der Zukunft[159]: Sie ist notwendiges Purgatorium zur »wahren Republik«.

Die Kantische Begeisterung[160] für die politischen Vorgänge in Frankreich ist, zufolge seiner Theorie der teleologischen Legitimation der Staatsgewalt, eine Begeisterung für politische Verhältnisse, deren *Genese* er als Rechtsphilosoph ignorieren darf[161]: In Frankreich herrscht in den 90er Jahren ein Zustand, der der kontinuierlichen Veränderung zur Republik den Weg bahnt. Es gibt somit für Kant kein Problem »seinen Kopf mit seinem Herzen zu vereinigen« (Henrich S. 363), d. h. trotz Ablehnung eines »Rechts des Aufstandes« (320,14) die französische Revolution[162] gutzuheißen.

Werfen wir einen Blick auf den hiermit angerissenen Komplex des Widerstandsrechts, welcher in der »Allgemeinen Anmerkung A« zur Sprache kommt. Die Kantische Ablehnung eines solchen »Rechts« steht seit Anfang der Rezeptionsgeschichte der Rechtslehre (vgl. die Bouterwek-Rezension, XX 445 f.) immer wieder im Brennpunkt des Interesses – kaum eine Monographie zur Rechtslehre, welche ihr nicht zumindest einen separaten Abschnitt widmet.[163] Hier sei nur die Argumentation im vierten Absatz der

trotz ihres rechtlich defizienten Status ein Prärogativ des Rechts auf ihrer Seite hat. Dazu paßt, daß die letztere – wie auch Burg herausstellt – ausschließlich in der Allgemeinen Anmerkung A auftaucht. Vgl. Burg, S. 180ff.

158. Eine Gegenposition hierzu bezog Rousseau im Contrat Social: Er richtet sein ganzes Hoffen auf die Insel Korsika, das einzige europäische Territorium noch »capable de législation« (CS II,10).

159. Vgl. Brandt 1982, S. 268.

160. Neben dem zweiten Teil des »Streit der Fakultäten« geben die Biographen Hinweise auf die Kantische »Begeisterung«, z. B. der »12. Brief« Jachmanns (in Groß – vgl. Teil I, Anm. 9 – S. 173ff.).

161. Die Interpretation der Revolution als Abdankung des Königs ist ein – hiervon unabhängiger – zusätzlicher Versuch, der Revolution ihren Schrecken zu nehmen (vgl. § 52 Anmerkung).

162. Henrichs Idee (Henrich, S. 363), Kant habe sich ausweislich der, in der vorigen Anmerkung genannten, Stelle, mit der Annahme beruhigt: »die französische Revolution trägt ihren Namen zu Unrecht, sie ist keine Revolution«, verträgt sich schlecht mit der korrekten Benennung der französischen Ereignisse im »Streit« (VII 85,19).

163. Der Rahmen dieses Kommentars würde durch eine breite Behandlung des Widerstandsrechts gesprengt. Vgl. dazu u. a. Kersting, Berkemann, Haensel, Deggau, die bei

»Allgemeinen Anmerkung A« als Ansatzpunkt einer fundamentalen Problematik der Rechtslehre herangezogen[164]: Eine »oberste Gesetzgebung«, die
den Widerstand des Volkes erlaubt, enthält die Bestimmung, nicht die oberste zu sein. Jede Befugnis zum Widerstand vernichtete somit die auf jene
»oberste Gesetzgebung« angewiesenen Rechtsverhältnisse und käme der Erlaubnis zur »Rückkehr« in den Naturzustand gleich, womit sie gegen das
vernunftrechtliche »Postulat des öffentlichen Rechts« (§ 41) verstieße. Somit
folgt, daß der Herrscher im Staat »lauter Rechte und keine (Zwangs-)Pflich-
ten« hat (319,12 f.).[165] Sicherlich bedarf es nicht Kantischer Scharfsichtigkeit
um zu sehen, daß ein mit staatlichem Zwang bewehrtes Widerstandsrecht
gegen Zwangsmaßnahmen ebendesselben Staates ein Absurdum darstellt.[166]
Die von Kant angefügte Frage, wer denn zwischen Volk und Souverän Richter sein sollte, wenn der Streit zwischen beiden rechtmäßig geschlichtet
werden soll, ist darüber hinaus bereits bei Hobbes oder Rousseau zu finden. – Markant ist am Kantischen Widerstandsverbot der Anspruch einer
Vereinbarung eben jener Hobbeschen Ablehnung des Widerstandsrechts mit
einer Theorie natürlichen (= überpositiven) Rechts. Deutlich kommt dies im
zweiten Teil des »Gemeinspruch« (»gegen Hobbes«) zum Ausdruck. Die aus
der Hobbesschen Theorie der unbedingten Rechtsetzung durch die oberste
Staatsgewalt (»auctoritas non veritas facit legem«) sich notwendig ergebende
Rechtlosigkeit des Volkes gegenüber derselben wird von Kant als »erschreck-
lich« gegeißelt (VIII 304,2). Richtig sei allerdings die Hobbessche Behauptung, daß das Oberhaupt dem Bürger nicht Unrecht tun könne, »wenn man
unter Unrecht diejenige Läsion versteht, welche dem Beleidigten ein
Zwangsrecht gegen denjenigen einräumt, der ihm Unrecht tut« (ebd.). –
Welcher Art sind nun aber die Rechte der Untertanen gegenüber dem Staatsoberhaupt bei Kant? Welcher Art sind die Pflichten des Staatsoberhaupts
gegenüber dem Bürger? Zunächst können weder die Rechte noch die Pflichten *rechtliche* sein, denn als solche wären sie »mit der Befugnis zu zwingen
verbunden« (§ D) und nicht nur das, sie wären damit »einerlei« (§ E). Man

Batscha zu diesem Thema gesammelten Aufsätze und das Journal of the History of Ideas,
Vol. XXXII (1971), S. 411–440 (Beck, Axinn, Atwell, Dyke).

164. Die verschiedenen Argumentationen Kants sind in übersichtlicher Form aufgelistet bei Deggau, S. 267 f.

165. Die verfassungskonforme »Beschwerden« gegen das Staatsoberhaupt gilt bei Kant
selbstverständlich nicht als Widerstand, solange die letzte Entscheidung beim Herrscher
bleibt (320).

166. Wenn Atwell (Atwell, S. 433 – siehe Anm. 163) die Frage stellt, ob die Behauptung »There is no right to revolt« einen logischen oder einen moralischen Satz ausdrückt,
so ist zu antworten: beides! – Im Hinblick auf ein positiviertes Widerstandsrecht das
erstere; über den kategorischen Imperativ (der ein *synthetisch*-praktischer Satz ist) liefert
die Untauglichkeit eines Widerstandsrechts zum »Prinzipium einer allgemeinen Gesetzgebung« zugleich die moralische Verpflichtung zum Gehorsam.

kann auch mit einem direkten Rückgriff auf die Rechtsdefinition (§ A) sehen, daß jene Gesetze, die die Gewalt des Oberhaupts einschränken, keine Rechtsgesetze sein können: Die Rechtslehre enthält diejenigen Gesetze (als Rechtsgesetze), »für die eine äußere Gesetzgebung möglich ist«. Da ein Recht auf Zwangshandlungen gegen das Staatsoberhaupt die Rechtsordnung selbst mit einem »Widerspruch« (320,31) belastet, ist es einer äußeren Gesetzgebung nicht fähig, also kein mögliches Rechtsgesetz. Zu der am Anfang der Rechtslehre gegebenen Klassifizierung moralischer Gesetze in ethische und juridische über die Möglichkeit ihrer Verbindung mit einer äußeren Triebfeder kommt folglich im Falle des Widerstandsrechts noch die nach der Realisierbarkeit in einem Rechtssystem hinzu.[167]

Da »juridisch« und »ethisch« kontradiktorische Prädikate für eine Gesetzgebung darstellen (vgl. 219), sind die betrachteten Pflichten (und Rechte) ethische.[168] Im Falle der Pflichten des Staatsoberhaupts ist dies ohne weiteres zu verstehen: Die einzige moralisch mögliche Triebfeder, welche den Herrscher dazu bewegen kann, die Regierungsart der »Idee des ursprünglichen Vertrages angemessen zu machen«, ist der Selbstzwang.[169] Das Naturrecht ist somit die Tugendlehre[170] der Staatsgewalt und der Rechtsphilosoph nicht mehr als »ehrerbietiger« Bittsteller (VII 89) zu Füßen des Souveräns, dessen Kenntnisse hinsichtlich der rechtlichen Regierungsart er verbessern, auf dessen Zwecke er jedoch keinen Einfluß nehmen kann (vgl. VIII 304): Die Freiheit der aufklärenden (nicht fordernden) »Feder« ist demzufolge das einzige »Palladium der Volksrechte«.

Sind die Pflichten des Staatsoberhauptes ethische Pflichten, so sind die diesen korrespondierenden Rechte der Staatsbürger im selben Sinne zu verstehen, wie z. B. die, welche sich aus den Tugendpflichten der »Wohltätigkeit« (Tugendlehre § 28) ableiten: Letztere hat gleichermaßen äußere Handlungen zum Gegenstand (s. o.), und es korrespondiert ihr keine Erzwingungsbefugnis auf seiten des potentiell Begünstigten. Von dieser Art »Rechten« ist aber in der Tugendlehre keine Rede, – wozu auch, denn diese Rechte sind bloß logisches Komplement zu den gegebenen Pflichten: Für den Begünstigten haben sie keine Bedeutung, die über die der Erkenntnis dessen, wozu der andere sich selbst zwingen sollte, hinausgeht.[171]

---

167. Ob diese letzte Überlegung Kant vorschwebte, läßt der Text offen.

168. Dies ergibt sich notwendig aus den Voraussetzungen der Rechtslehre, wird bei Kant allerdings nicht benannt.

169. Die Rede vom »moralischen Politiker« (VIII 372) erhält damit ihren Sinn.

170. Im strengen Sinn »Ethik«, da die Pflichten des Herrschers nicht nur auf Zwecke gehen (s. o. Kommentar zur »Einleitung in die MdS«).

171. Insofern kann die Lehre von den zwangsbewehrten Rechten das Wort »Recht« in ihrem Titel aufnehmen und damit monopolisieren. Der Begriff der Pflicht hingegen ist in beiden Teilen der Metaphysik der Sitten zu Hause. Dies übersahen die »frühen Kantianer«,

Wie unterscheidet sich die Kantische Theorie damit aber von der Hobbesschen? Den Kontrast zu Hobbes deutlich hervortreten lassend, wird letzterer in der oben schon herangezogenen Gemeinspruch-Passage (VIII 303) nur unvollständig zitiert: Dem von Kant paraphrasierten Text aus »de cive« 7, 14 folgt noch eine Bemerkung, welche klarstellt, daß auch bei Hobbes das Staatsoberhaupt nicht von jeder – moralischen – Verpflichtung frei ist: »Potest tamen et populus, et curia optimatum, et monarcha multis modis peccare contra caeteras leges naturales, ut crudelitate, inquietate, contumelia, aliisque vitiis, quae sub hac stricta et accurata iniuriae significatione non veniunt«. Das von Kant mit »Unrecht« übersetzte »iniuria« ist bei Hobbes ausschließlich die Vertragsverletzung.[172] Da der Herrscher keinen Vertrag mit den Untertanen geschlossen hat, kann er folglich kein »Unrecht« tun. Daß sich dadurch eine speziell andere Situation als in der Kantischen Theorie ergibt, kann schwerlich behauptet werden. Die »peccata« des Oberhaupts sind so wenig mit Zwang zu verhindern wie die Verletzung der vermeintlichen Rechts-Pflichten durch den Kantischen Souverän; – von einer moralischen Verpflichtung bezüglich ihrer Herrschaftsausübung sind damit aber beide nicht frei. Daß diese Verpflichtung bei Kant aus der »Idee des ursprünglichen Vertrages« hervorgeht, mag in inhaltlicher Hinsicht Differenzen gegenüber Hobbes erzeugen; die Suggestion, daß die Hobbessche Konstruktion – im Gegensatz zur Kantischen – eine uneingeschränkte Gewaltausübung des Souveräns erlaubt, ist ein von Kant, durch Unterschlagung der Hobbeschen Unterscheidung von »iniuria« und »peccatum«, erzeugtes Kontrastmittel: Hobbes ist *mit* Kant der Meinung, daß unter Unrecht (= »iniuria«) diejenige Läsion zu verstehen ist, welche dem Beleidigten ein Zwangsrecht gegen den einräumt, der ihm etwas antun will.

Eine Bemerkung im »Anhang« von 1798 verdient zuletzt noch Beachtung: »Gehorchet der Obrigkeit (in allem was nicht dem inneren Moralischen widerstreitet), die Gewalt über euch hat« (371). Wenngleich aus der Kant-Hobbesschen Konstatierung der Unmöglichkeit des Widerstandsrechts gegen den Souverän folgt, daß jede aktive Zwangsausübung gegenüber demselben widerrechtlich ist, so kann offenbar für Kant – in speziellen Fällen – der passive Widerstand der Bürger rechtmäßig sein: Die Nichtbefolgung obrigkeitlicher Anordnungen ist von der Auflehnung gegen dieselben zu unterscheiden. Es ist ganz offensichtlich, daß keine Rechtstheorie – und das nicht erst im 20. Jahrhundert – auf Zustimmung zählen kann, die die unbedingte

---

welche sich – wie Hufeland (siehe Kersting S. 52) – fragten: »Die Moral lehrt Pflichten, warum sollte das Naturrecht auch Pflichten lehren?«.

172. In der Fußnote zu de cive 6.13 stellt Hobbes dem Unrecht (»iniuria«) die drei Termini »non tamen iuste«, »violatio legum naturalium« und »iniuria in deo« gegenüber.

und unbegrenzte Unterwerfung des Bürgers unter den Souverän verlangt. Daß Kant das Recht des passiven Widerstands gegen die Aufforderung zu sittenwidrigen Handlungen von seiten des Staates zugesteht, ist es ebenso, – wie läßt sich dieses aber mit dem in der »Allgemeinen Anmerkung A« als notwendig erwiesenen Beurteilungsmonopol der Staatsgewalt vereinbaren? Andersherum: Auf welche Weise umgeht der legale passive Widerstand das u. a. aus der Unbeantwortbarkeit der Frage »quis judicabit?« herrührende absolute Widerstandsverbot?

Von Kant erfahren wir diesbezüglich in der Rechtslehre nichts. Eine Möglichkeit des Auswegs mag sich im Rahmen der im Kommentar zum Privatrecht herausgearbeiteten Lehre von der zweifachen gesetzgebenden Instanz (nicht Gesetzgebung, vgl. Anm. 13) bezüglich des Mein und Dein eröffnen. Die Zuteilung des inneren Mein und Dein eines jeden ist a priori gegeben, nicht durch einen äußeren rechtlichen Akt erworben, sondern angeboren und geht daher nicht auf facta zurück. Auch ohne die drei Gewalten der äußeren Gesetzgebung ist es daher stets durch die praktische Vernunft wohlbestimmt, und die diesbezüglichen Rechtsbegriffe verfallen nicht dem Diktum der Subjektivität wie es die des äußeren Mein und Dein tun[173] – sie sind objektiv-praktische. Die auf diese Rechte bezogene Frage »quis judicabit« hat somit einen von dem in der »Allgemeinen Anmerkung A« betrachteten unterschiedenen Gegenstand: Während jene nach dem Richter fragte, welcher die *Rechtmäßigkeit* der Ansprüche zu bestimmen hat, kann das »quis judicabit« hier nur nach dem kompetenten Beurteiler der *Richtigkeit* der Erkenntnis dessen, was das Gesetz fordert, fragen. Die Wahrheitsfrage aber beantwortet nicht der Staat, sondern das vernünftige Subjekt selbst (vgl. dazu VIII 304,3 ff.).

b) Das Völkerrecht

Der rechtliche Zustand wird – infolge der eingeschränkten Anzahl derer, die »in ein praktisches Verhältnis gegen einander kommen können« (§ 14) – zunächst in Form des »bürgerlichen Zustands« (vgl. 311) gegründet. Der so entstehende Einzelstaat befindet sich »als eine moralische Person, gegen einen anderen im Zustande der natürlichen Freiheit, folglich auch dem des beständigen Krieges« (§ 53). Der im Übergangsabschnitt (§ 41 ff.) bloß als logisches Produkt der Privatrechtsbestimmungen eingeführte Naturzu-

---

173. Die im Kommentar zur Besitzlehre angesprochene Schwierigkeit, die Sphäre des inneren Meinen im bürgerlichen Zustand von der des äußeren zu trennen, ist hier insofern nicht problematisch, als erstgenannte nur die Seite der körperlichen Unversehrtheit betrifft. Die angeborene Freiheit als solche ist jedoch unveräußerlich und damit kein möglicher Gegenstand äußerer gesetzlicher Bestimmung.

stand erweist sich als historisches Faktum der Zwischenstaatlichkeit: Wie die Menschen untereinander in Naturzustand leben, zeigt nur der Moment der Revolution; zwischen den Völkern aber läßt sich – zu jeder Zeit – die »Bösartigkeit der menschlichen Natur... unverhohlen blicken« (VIII 355,2).[174]

Warum führt nun das »Postulat des öffentlichen Rechts« in Hinblick auf den zwischenstaatlichen Naturzustand[175] nicht gleichermaßen zur Notwendigkeit der Gründung eines Gemeinwesens in Form eines (Welt-)Staates (wie im Falle des Naturzustandes unter Menschen), d. h. der Vereinigung dieser Einzelgebilde unter Rechtsgesetzen? Die Rechtslehre spricht wie selbstverständlich von einem »Völkerbund«, welcher »doch keine souveräne Gewalt (...) sondern nur eine Genossenschaft enthalten müsse« (§ 54).

Erst im § 61 erfahren wir einen Grund für die Abschwächung des Postulats des öffentlichen Rechts in bezug auf das Völkerrecht: »Weil aber bei gar zu großer Ausdehnung eines solchen Völkerstaats... die Regierung desselben... endlich unmöglich werden muß«. Die noch im »Ewigen Frieden« zu findenden[176] Versuche, reine Rechtsgründe für die Unmöglichkeit eines Weltstaates zu liefern, sind in der Rechtslehre einer pragmatischen Argumentation gewichen. Ob dem systematische Erwägungen zugrundeliegen, ist schwer abzuschätzen. Die Grundidee der Approximation eines Völkerstaates durch den »Staatenverein« (350,10) steht allerdings in Einklang mit den in der Friedensschrift vorgestellten Überlegungen zum ewigen Frieden (dem »letzten Ziel des ganzen Völkerrechts«, 350,16): Wenngleich die globale Realisierung der »Idee eines öffentlichen Rechts« (351,5) ein »frommer Wunsch« (355,1) bleiben mag, so ist die Verbindung »einiger (!) Staaten um den Frieden zu erhalten« (350,23) in Form eines permanenten, doch zu aller Zeit auflöslichen Staatenkongresses nicht dem Einwand der pragmatischen Unmöglichkeit ausgesetzt. Der ewige Friede mag auf ewig eine »unausführ-

---

174. Weshalb gerade der Streit der *Kunstgebilde* »Staat« Einblick in die menschliche *Natur* verschaffen können soll, verrät Kant nicht.

175. Die näheren Bestimmungen des Kriegsrechts, welche die §§ 55–60 liefern, ergeben sich unmittelbar auf die von Kant dargelegte Weise aus dem Vorangegangenen. Für eine detaillierte Darstellung sei auf Geismann 1983 verwiesen.

176. VIII 354,2–15 und 355,33–356,4; in bezug auf die erste Stelle wird man fragen, wieso nicht ein jedes Volk in seiner Eigenständigkeit bestehen bleiben und zugleich einer souveränen Gewalt unterworfen werden kann, zumal doch die innerstaatliche Souveränität gar nicht angetastet wird und ferner Autonomie und Unterwerfung für Kant einander nicht per se ausschließen können, da sonst Individualität und Autonomie der *Menschen* gleichermaßen mit der Unterwerfung unter einen Souverän unverträglich sein müßten; hinsichtlich der zweiten Stelle ist nicht unmittelbar einsichtig, weshalb die Eingebundenheit in *eine* rechtliche Verfassung von der naturrechtlichen Pflicht, mit *jedem*, »mit dem es zum Streit über das Mein und Dein kommt« (§ 8) in eine bürgerliche Verfassung zu treten, befreien können soll.

bare Idee« (350,17) bleiben, doch ist die politische Maxime ihn zu erwirken
Pflicht, »denn der Friedenszustand ist allein der unter Gesetzen gesicherte
Zustand des Mein und Dein in einer Menge benachbarter Menschen«
(355,10).

Anders als im Falle des innerstaatlichen Rechts, wo der, in seiner historischen Realisierbarkeit nicht in Frage gestellte,[177] Zustand der Republik das
peremtorische Mein und Dein im Verhältnis der Bürger untereinander
sichern kann, bleibt das »äußere Mein und Dein der Staaten bloß provisorisch« (350,9). Kurz vor Schluß der Rechtslehre erweist sich so die aus dem
Erlaubnisgesetz (§ 6 Abs. 6 / 247,1 f.) resultierende Befugnis zu einseitiger
Aneignung als perennierendes Moment der Rechtsgeschichte: Da mit dem
zwischenstaatlichen provisorischen Mein und Dein auch das innerstaatliche
der Bürger gegenüber den Bürgern anderer Staaten stets provisorisch bleiben
muß, ist letztlich *alles* äußere Mein und Dein mit dem Makel einseitiger
»Anmaßung« (vgl. § 8) behaftet. Die Legitimation jeder rechtmäßigen Gewalt wird daher in der Zukunft liegen: jeder Rechtsanspruch steht unter dem
Vorbehalt seiner Einlösung durch die vereinte Willkür aller Menschen auf der
Erdkugel, welche letztere beständig von Neuem mit den Versuchen einer
umfassenden Verrechtlichung überzogen werden muß.

c) Das Weltbürgerrecht

Das Völkerrecht lieferte die vernunftrechtlichen Bestimmungen für die Annäherung an den ewigen Frieden, das globale Verhältnis des Mein und Dein.
Die Staaten werden als miteinander in praktische Verhältnisse kommend
unterstellt (vgl.: der Staatenbund »benachbarter« Staaten, 350,25). Der Zustand des Ewigen Friedens ist die Vereinigung aller[178] Völker, die sich gemeinsam auf den Boden (die endliche Oberfläche der Erdkugel) beziehen.
Wenn jener Zustand das »Ziel des ganzen Völkerrechts« (350,17) sein soll, ist
es gleichermaßen Pflicht, jeden Versuch der Aufnahme des Kontakts der
Völker untereinander zu tolerieren, wenn nicht zu befördern: Jeder hat das
Recht, den Verkehr mit anderen zu suchen, ein Besuchsrecht auf dem »globus terraqueus« (352). Zieht man den »3. Definitivartikel« aus der Friedensschrift hinzu, wird deutlich, welches die wesentliche Stoßrichtung des

---

177. Schon allein die Tatsache, daß Kant im Völkerrecht ein *neues* Argument liefert,
welches die Unmöglichkeit eines Weltstaates zeigen soll, weist darauf hin, daß er im Falle
der Republik an eine prinzipielle Möglichkeit der Einrichtung glaubte; vgl. auch 341,18,
VIII 311,19 f. und VIII 372,28 f.

178. In der Friedensschrift heißt es dementsprechend in bezug auf das Weltbürgerrecht: »Auf diese Art können entfernte (!) Weltteile mit einander friedlich in Verhältnisse
kommen, die zuletzt öffentlich gesetzlich werden« (VIII 358,25 f.).

Abschnittes über das Weltbürgerrecht ist: Blickt man auf »das inhospitale Betragen der gesitteten, vornehmlich handeltreibenden Staaten unseres Welttheils, so geht die Ungerechtigkeit, die sie in dem Besuche fremder Länder und Völker (welches ihnen mit dem Erobern derselben für einerlei gilt) beweisen, bis zum Erschrecken weit« (VIII 358). »Das Weltbürgerrecht soll (daher, B. L.) auf die Bedingungen der allgemeinen Hospitalität eingeschränkt sein« (VIII 357). Wenngleich – wie es der § 13 des Sachenrechts zeigte – jeder das Recht auf jeden Platz am Boden hat, so ist jenes Recht jedoch keines der Ansiedlung, sondern nur eines des Besuchs: Das von anderen durch die »prima occupatio« angeeignete Land ist für den später ankommenden nur noch vertraglich rechtmäßig zu erwerben (353,14f.).

IV. STAAT UND EIGENTUM

Dem aufmerksamen Leser der Rechtslehre wird kaum entgehen, daß Kants Erörterungen des Verhältnisses von provisorischem und peremtorischem Besitz (respektive der zugehörigen Form der Erwerbung) in einer nicht unmittelbar durchschaubar schiefen Anordnung vorliegen: Obgleich die Besitzlehre (das Erste Hauptstück des Privatrechts) eine solche ohne explizite Einschränkung auf den Sachbesitz vorträgt, finden wir innerhalb der Erwerbungslehre (im Zweiten Hauptstück) ausschließlich im ersten Abschnitt, dem Sachenrecht, Erörterungen zu diesem Themenkomplex – im zweiten und dritten Abschnitt kommen die betreffenden Termini nicht vor.

Während der erste Teil dieser Feststellung Anlaß zu der Vermutung geben könnte, daß Kant gleichermaßen provisorisches Sachenrecht wie auch provisorisch-persönliches oder gar provisorisch-dinglich-persönliches Recht im Auge hat, spricht die zweite Beobachtung eher dafür, daß genanntes Problem nur im Sachenrecht einschlägig ist, d. h. daß die beiden Klassen der auf bilateralen Vereinbarungen basierenden Rechtstitel[1] keine eigenständige peremtorisch-provisorisch Unterscheidung kennen.

Auf den ersten Blick scheint der § 43/312 die schnelle und eindeutige Klärung diesbezüglicher Fragen zu ermöglichen: Der status naturalis ist ein Zustand, aus welchem »in einen rechtlichen zu treten jeder den Anderen mit Gewalt antreiben darf; weil, obgleich nach jedes seinen Rechtsbegriffen etwas Äußeres durch Bemächtigung oder Vertrag erworben werden kann, diese Erwerbung doch nur provisorisch ist, solange sie noch nicht die Sanktion eines öffentlichen Gesetzes für sich hat, . . .«. – Offensichtlich gibt es provisorische Rechte durch Bemächtigung *und* durch Vertrag.

Allerdings ist aufgrund dieser Einsicht noch nicht ausgemacht, daß es gerade die vertragliche Genese eines Rechts ist, die im zweiten Fall den Grund seines provisorischen Charakters abgibt – man braucht hier nur an die Veräußerung einer ursprünglich erworbenen Sache zu denken: War der Besitz des Veräußernden ein provisorischer, so wird der des Erwerbenden nicht allein dadurch zu einem peremtorischen geworden sein, daß der Gegenstand den Besitzer gewechselt hat.[2] Das provisorische Sachenrecht hat offensicht-

---

1. Ausgenommen werden muß von dieser Art der Charakterisierung das Elternrecht.

2. Eine solche Möglichkeit der peremtorischen Erwerbung im Naturzustand erlaubte u. a. die peremtorisch-provisorisch Frage mit einem einfachen Trick zu unterlaufen: Man tut sich zu zweien zusammen, läßt den jeweils Anderen die begehrten Objekte ursprüng-

lich in einem recht trivialen Sinne provisorische Rechte aus Verträgen zur
Folge – weil und sofern die Möglichkeit der vertraglichen Übereignung provisorisch erworbener Sachen besteht. Für die Beantwortung der Frage, ob es
ein provisorisch-persönliches Recht sui generis gibt – welches einer eigenständigen Behandlung in der Vertragslehre bedürftig sein könnte – ist mit
dem Verweis auf den § 43 daher nichts gewonnen. Dafür läßt sich aber nun
das Problem präziser formulieren: Gibt es provisorisch-(dinglich-)persön-
liche Rechte, die etwas anderes als Sachen betreffen, also keine Eigentums-
rechte sind? oder positiv gewendet: gibt es provisorische Rechte, die sich
z. B. auf Dienstleistungen oder gar eheliche Pflichten beziehen?

Da der Kantische Text hierauf keine explizite Antwort enthält, bleibt nur
der Weg, aus den von Kant aufgeführten Bestimmungen des provisorischen
Besitzes (bzw. der Erwerbung) die Kriterien zur Entscheidung der Frage zu
entwickeln. Falls sich dabei herausstellt, daß es die benannte Art von provisorischen Rechten im Rahmen der Kantischen Konzeption nicht gibt, kann
man angesichts der Bedeutung des provisorischen Besitzes für den Übergang
aus dem Naturzustand in den status civilis (vgl. § 43 Anm. / 313) weiteren
Aufschluß über das Verhältnis von Staat und Sachenrecht, d. i. Staat und
Eigentum bei Kant erwarten.

Der provisorische Besitz ist ein vorläufiger Besitz in Erwartung einer
Gesetzgebung des allgemeinen Willens. Er verdankt seine Verbindlichkeit
einseitiger Anmaßung, welche der gleichermaßen einseitigen Willkür anderer, die diesen Besitz verhindern wollen, nur jene Antizipation des allgemein-
gesetzgebenden Willens voraus hat (§ 9). Auch in § 17 / 267 ist die Rede
davon, daß im nicht-rechtlichen Zustand eine Erwerbung, nämlich eine provisorische, als gültig anzuerkennen ist, obgleich sie aus einem nur einseitigen
Willen hervorgeht. Peremtorisch wird sie erst bei Einwilligung anderer. Während dieser Paragraph aufgrund sowohl seiner Zugehörigkeit zum Sachenrecht als auch der verwandten Terminologie (»Besitznehmung«) auf den Fall
der Sach-Erwerbung eingeschränkt ist, verrät § 9 nicht explizit, inwieweit er
sich auf alle drei Arten von Besitz bezieht. Andererseits fällt es dem Leser
nicht leicht, anläßlich des letzten Satzes von § 9 etwas anderes als das Sachenrecht zu assoziieren: »Mit einem Worte: die Art, etwas Äußeres als das Seine
im Naturzustande zu haben, ist ein physischer Besitz, der die rechtliche
Präsumtion für sich hat, ihn durch Vereinigung mit dem Willen Aller in
einer öffentlichen Gesetzgebung zu einem rechtlichen zu machen, und gilt in
der Erwartung komparativ für einen rechtlichen«. – Die Existenz z. B. der
Hausgemeinschaft im Naturzustand zur Disposition der physischen Inha-

---

lich aneignen und erwirbt sie dann von diesem vertraglich (vice versa) – aber: der
»doppelseitige aber doch besondere Wille« (§ 14) ermöglicht keine ursprüngliche Sacherwerbung.

bung zu stellen, ist nicht nur angesichts Kants Behauptung, daß gerade sie als eine rechtmäßige Gemeinschaft auch in jenem Zustand möglich ist (§ 41), befremdlich.[3]

Betrachten wir ein Detail des eben resümierten Absatzes genauer: »Vor dem Eintritt in diesen Zustand, zu dem das Subjekt bereit ist, widersteht er denen mit Recht, die dazu sich nicht bequemen und ihn in seinem einstweiligen Besitz stören wollen; weil der Wille aller Anderen außer ihm selbst, der ihm eine Verbindlichkeit aufzulegen denkt, von einem gewissen Besitz abzustehen, bloß einseitig ist, mithin ebensowenig gesetzliche Kraft (als die nur im allgemeinen Willen angetroffen wird) zum Widersprechen hat als jener zum Behaupten, indessen daß der letztere doch dies voraus hat, zur Einführung und Errichtung eines bürgerlichen Zustandes zusammenzustimmen.« Versucht man diese Passage auf das persönliche Recht im engeren Sinne[4] zu beziehen, wird man zumindest eine Auszeichnung vermissen: die desjenigen, dessen spezifische Leistung von einem anderen in Besitz genommen wurde. Es ist zwar die Willkür sowohl des Aneignenden als auch die des Enteigneten einseitig (hier sei unterstellt, daß noch kein Vertrag geschlossen ist), doch muß der physische Übergriff (z. B. der Versuch, einen anderen ohne spezielle Befugnis zur Arbeit zu zwingen) unabhängig von diesen Überlegungen allein deshalb unrecht sein, weil er gegen das angeborene Recht des Gezwungenen verstößt. – Die Möglichkeit der Relativierung angeborener Rechte allein aufgrund der Tatsache, daß ich sie einseitig (es sind stets *meine* Rechte) reklamiere, würde jegliche Art von Recht überhaupt liquidieren und kann von Kant nicht intendiert sein.[5] Die hier einschlägige Differenz von Sachenrecht und persönlichem Recht ist, daß jemand bei letzterem etwas zum *äußeren* Seinen macht, was zuvor zum *inneren* Seinen eines anderen gehörte. Der Fall der Stiftung von persönlichen Rechten kann angesichts dessen, daß Besitz-reklamierende und Besitz-bestreitende Partei in § 9 als gleichermaßen einseitig (und *deshalb* ohne Erzeugung von Verbindlichkeit) Rechtsansprüche behauptende auftreten, hier nicht angesprochen sein.

3. Gleichermaßen absurd wäre der Versuch einer Anwendung jener Formulierungen auf z. B. zwischenstaatliche Kulturabkommen oder die Vereinbarung von internationalen Sportveranstaltungen im Naturzustand der Völker, während sie der Behandlung *territorialer* (d. i. sachenrechtlicher) Ansprüche offensichtlich angemessen sind!

4. Das soll hier heißen: vertragliche Vereinbarungen, die keine Übertragung von Sachenrechten beinhalten.

5. In § 8 wird deutlich, daß es nicht die Einseitigkeit von Rechtsansprüchen allein, sondern der Bezug auf eine bestimmte Klasse von Gegenständen ist, der solche Rechte problematisch macht: »Nun kann der einseitige Wille in Ansehung eines äußeren mithin zufälligen Besitzes nicht zum Zwangsgesetz für jedermann dienen ...«. Man denke nur an die Argumentation z. B. zur Begründung des Satzes vom empirischen Besitz (§ 6 Abs. 2), welche selbstverständlich ohne Vorbehalt der Aufhebung der Einseitigkeit durch den allgemeinen Willen schlüssig ist.

Der provisorische Besitz wird als ein Besitztitel eines einzelnen gegenüber *allen anderen* vorgestellt – somit gemäß den Definitionen im zweiten Hauptstück (vgl. auch § 20) als *Sachenrecht*.

Nur um den Preis der Belastung des Kantischen Textes mit einer fundamentalen Inkonsistenz läßt sich demzufolge der § 9 als ein Indikator für die Möglichkeit provisorisch-persönlicher Rechte anführen. Da sich (neben der oben bereits angesprochenen Passage aus dem öffentlichen Recht) keine weiteren direkten Hinweise auf eine Möglichkeit derartige Rechte in der Kantischen Schrift finden[6], sind eventuelle systematische Gründe für die Besonderheit eines provisorischen Rechts im Falle des Sachbesitzes zu untersuchen.

Sachenrechte werden in der Kantischen Theorie als Ausschlußbefugnisse bezüglich einer Sache gegenüber allen anderen entwickelt, persönliche Rechte hingegen betreffen die Übereignung von Akten der Willkür über welche der Veräußernde *vor* und der Erwerbende *nach* der Übereignung zu verfügen berechtigt ist. »Die Erwerbung eines persönlichen Rechts kann (daher, B. L.) niemals ursprünglich und eigenmächtig sein (denn eine solche würde nicht dem Prinzip der Einstimmung der Freiheit meiner Willkür mit der Freiheit von jedermann gemäß, mithin unrecht sein)« (§ 18). Sehen wir von den Fällen ab, in denen die übereignete Leistung die Übergabe einer Sache betrifft und betrachten als Beispielfall eine Leistungsverdingung, die von jedem Verdacht der Angewiesenheit auf Eigentum an äußeren Gegenständen frei ist: Der Masseur läßt sich seine Arbeit am Körper des Dichters durch einige Verse entlohnen – zweifelsohne eine vertragsfähige Vereinbarung im Sinne des persönlichen Rechts (die den Gebrauch von Geld »herauskürzt« und aus zwei Lohnverträgen einen einzigen Rechtsakt macht). Allein aufgrund der Unterworfenheit der beiden Vertragspartner unter das allgemeine sittliche Gebot, den kategorischen Imperativ, ist ausgemacht (vgl. § 19 Anm.), daß das Halten des Vertrages eine moralische Pflicht ist und ferner, daß es sich bei dieser, da sie wohlbestimmte äußere Handlungen betrifft, um eine Rechtspflicht handelt.[7] Das Charakteristische dieser Transaktion ist,

---

6. Die Wörter »provisorisch« bzw. »peremtorisch« finden sich u. a. noch an folgenden (für diese Fragen nicht einschlägigen) Stellen: § 52, Allg. Anm. D, § 61, Anhang 6.

7. Hier sei angemerkt, daß der *Verpflichtungscharakter* von beliebigen moralischen Pflichten in der Kantischen Theorie nicht von der äußeren Statuierung der Modalitäten der Verpflichtung abhängen darf, da sonst keine (ethische) Verpflichtung als Folge von Handlungen entstehen könnte: Das Lügenverbot steht nicht zur Disposition einer amtlichen Sprachregelung für Anfragen auf die wahrheitsgemäß zu antworten ist. Daher kann gleichermaßen für den *Pflicht*charakter der Vertrags-Vereinbarung nicht erforderlich sein, daß sie nach äußerlich verordneten Modalitäten (d. h. unter einer öffentlichen Gesetzgebung) stattgefunden hat (so erwähnt in der Tat die Kritik der praktischen Vernunft solche Vorbehalte nicht). – Die öffentliche Beurteilung, ob der Pflicht genüge getan wurde – und

daß sie keinen dritten tangiert und daher keine Spur von Einseitigkeit zeigt: Der Vertrag ist die Rechtsfigur, die die Übertragung der Willkür zwischen Personen mit dem allgemeinen Rechtsgesetz (und dem angeborenen Recht) kompatibel macht, und Rechte dritter – welche dieser Akt doppelseitiger Willkür schmälern könnte – kommen nicht vor. Diese Privatheit persönlicher Rechte betont Kant explizit in § 20, wo der gemeinsame Wille der Vertragspartner der »vereinigten Willkür aller« – dem Kennzeichen von Sachenrechten – gegenübergestellt wird. Weder die vereinigte Willkür aller noch die Idee derselben kommen im persönlichen (und im dinglich-persönlichen) Recht vor – solange es nicht um äußere Sachen geht. Die Kantische Rechtslehre schreibt den bilateralen Vertragsschlüssen per se keine[8] Wirkungen auf Rechte dritter zu und gründet konsequenterweise die *Verbindlichkeit* solcher Rechte nicht auf den allgemeinen Willen oder die Idee desselben. Sieht man sich unter diesem Aspekt die Formulierungen in der Ableitung der Notwendigkeit des allgemeinen Willens in § 8 noch einmal an, so erkennt man, daß die Argumentation letztlich nur für das Sachenrecht verfängt, da es um die Möglichkeit der Stiftung von Verbindlichkeit *»für jedermann«* geht. Die oben schon betonte Orientierung am Sachenrecht schlägt sich auch hier nieder und wird in der Folge ihre zwanglose Erklärung finden.

Wenden wir uns nun dem Sach-Eigentum zu. Es ist kein Recht gegen eine

---

damit die Möglichkeit, Vertragsbrüche zu sanktionieren –, verlangt selbstverständlich mehr.

8. Es ist nicht so, daß der Abschluß von Verträgen über Leistungen, die keine Sachübereignung zum Gegenstand haben, in allen Fällen *ausschließlich* die beiden Vertragspartner betrifft und für dritte vollständig bedeutungslos bliebe: In der Tat ändern sich die Rechts*gründe* der Verbindlichkeiten (allerdings nicht die Verbindlichkeiten selbst), was sich unter anderem bei der Sanktionierung von Rechtsbrüchen niederschlägt (Schadenersatzansprüche können ihren Adressaten wechseln, wenn sich herausstellt, daß der – physische – Verursacher des Schadens aufgrund vertraglicher Verpflichtung handelt). Der fundamentale Unterschied zum Sachenrecht liegt darin, daß das hier Entscheidende, die Verbindlichkeit dritter, sich des Gebrauchs gewisser Gegenstände meiner Willkür zu enthalten (§ 8), durch bilaterale Vertragsschlüsse nicht (ein- oder doppelseitig) verändert wird: Veräußert B einen Akt seiner Willkür (z. B. die Leistung von Arbeit) an mich, so wird für einen dritten keine Verbindlichkeit erzeugt, die er nicht auch schon vorher gehabt hätte: Ohne Einwilligung von B war ihm der Gebrauch jener Willkür sowieso nicht erlaubt. – Daß B über jene bestimmte Leistung, die er mir veräußert hat, nun nicht mehr frei verfügen kann, stellt *für dritte* keine neue rechtliche Verbindlichkeit her, sondern besagt nur, daß B nun bezüglich der Veräußerung seiner Willkür nicht mehr ausschließlich nach seinen Wünschen (im Rahmen der üblichen Rechte) verfahren darf, sondern auf die neu erzeugte Verbindlichkeit mir gegenüber Rücksicht zu nehmen hat. Dies ist für dritte in rechtlicher Hinsicht jedoch irrelevant, denn die Gegenstände, deren Gebrauch sie sich enthalten müssen, sind immer noch dieselben; die in § 8 angesprochene erzeugte Verbindlichkeit, »die niemand ohne diesen meinen rechtlichen Akt (d. i. die Behauptung meines Besitzes, B. L.) haben würde«, gibt es im persönlichen Recht nicht. Der einzige, der vom Gebrauch *ausgeschlossen* wird, ist der Veräußernde selbst.

einzelne Person, sondern gegenüber »allen, die in ein praktisches Verhältnis gegeneinander kommen können« (§ 14). Da der Anspruch auf den Privatgebrauch einer Sache zumindest einmal gegenüber allen artikuliert werden muß[9] und aus keiner Verbindlichkeit, die *vor* der Erklärung jenes Besitzanspruches bestanden hat, hervorgeht, muß das Eigentum (d. i. der rechtliche Ausschluß aller anderen vom Gebrauch) in der Tat die Anmaßung enthalten, »allen anderen eine Verbindlichkeit (aufzulegen, B. L.), die niemand ohne diesen meinen rechtlichen Akt haben würde« (§ 8). In bezug auf die äußeren Sachen gibt das (wie bereits oben im Kommentar erwähnt) einen guten Sinn: Indem ich beanspruche, z. B. einen Boden dem Gebrauch aller anderen Vernunftwesen (sc. der ursprünglichen Gemeinschaft des Bodens) zu entziehen, d. i. das vormalige Recht des beliebigen Aufenthalts einschränke, so schaffe ich *für alle* eine *neue* Verbindlichkeit, weil bestimmte Handlungen (z. B. das Betreten des fraglichen Landstücks ohne meine Einwilligung) durch diesen meinen Akt unrecht geworden sind.

Hätte die Besitzlehre an diesem Punkt ausschließlich die Konsequenz gezogen, einen kollektiv allgemeinen Willen (d. i. das Bild eines multilateralen Vertrages aller Vernunftwesen als potentiell Betroffener) als notwendige Bedingung von Verhältnissen des äußeren Mein und Dein einzuführen und auf das im § 9 vorgestellte Prärogativ des Rechts verzichtet, wären folglich alle ›Rechts‹-Gebilde, welche nicht de facto jenen allgemeinen Willen aller Eigentumsbetroffenen realisieren (was allein angesichts der Tatsache, daß auf natürliche Weise unentwegt neue Rechtssubjekte entstehen eine unlösbare Aufgabe darstellte) im Sinne der Theorie unrecht, d. h. nackte Gewalt. In der Terminologie des öffentlichen Rechts: Jeder Staat, welcher nicht die »reine Republik« vorstellte, wäre rechtlich nichtig; es gäbe keine »republikanische Regierungsart« welche der »despotischen« auch nur einen Deut überlegen wäre – und es gäbe keine unabhängigen Einzelstaaten, die Rechtsgeschichte vollzöge sich in Sprüngen: Welt-Republik (Republik aller Vernunftwesen) oder Barbarei.

Hier erfüllt das »rechtliche Postulat der praktischen Vernunft« über die generelle Ermöglichung des äußeren Mein und Dein hinaus eine weitere Aufgabe, die sich speziell auf das Sachenrecht bezieht: Als »Erlaubnisgesetz« der rechtlich-praktischen Vernunft ermöglicht es den »provisorischen« Sachbesitz aufgrund *einseitiger* Anmaßung, welcher von der *aktual* vereinigten Willkür aller unabhängig ist (vgl. § 17 / 267) und öffnet die Rechtslehre dem Reich der Ideen: der »Idee der vereinigten Willkür« und der Idee des »ursprünglichen Vertrages«. Ein provisorisches Recht aus einem bilateralen

---

9. Hier soll nun der Fall ursprünglicher Aneignung betrachtet werden, alle anderen Formen des Eigentums ergeben sich anschließend aus den Prinzipien des persönlichen Rechts.

Vertrag hingegen wäre – wie man nun leicht sieht – eine contradictio in subjecto: Der Vertrag ist die Form der Erwerbung durch *beiderseitige* Willkür der Betroffenen, die keinerlei essentiell neue Verbindlichkeit nach außen hin erzeugt – wie sollte diese *einseitig* und damit provisorisch im Sinne der Kantischen Konstruktion im Sachenrecht sein?[10] Während das Vertragsrecht die Vereinigung der Willküren unmittelbar verwirklicht (der Vertrag ist doppelseitig oder nichtig), kann der Sach-Aneignung ein provisorischer Besitz vorhergehen, wie die reine Republik in der Regel aus einem Staatswesen republikanischer Regierungsart hervorgeht. Stellt man die korrespondierenden Begriffe der beiden Typen von Rechtsverhältnissen gegenüber, so erhält man auf der einen Seite den provisorischen Besitz, die Idee des ursprünglichen Vertrages und die Idee der vereinigten Willkür, auf der anderen den peremtorischen Besitz, die (vertragliche) Einigung der Individuen über die Zuteilung äußerer Sachen und die vereinigte Willkür aller (vgl. § 61 und die entsprechende Formulierung im Schlußabsatz der Anmerkung des vormaligen § 15).

Blicken wir aus dieser Perspektive auf das »exeundum esse e statu naturali«, so sehen wir, daß der Übergang in den *Kantischen* status civilis letztlich über das Sach-Eigentum gestiftet wird: Während im Falle des persönlichen Rechts – wie auch beim dinglich-persönlichen – die Einigung der Individuen über den Gebrauch äußerer Gegenstände im Vertrag unmittelbar zustandekommt und keiner weiteren *Bestimmung* durch eine äußere gesetzgebende Instanz mehr bedarf, so ist der bürgerliche Zustand für das Sacheigentum (über die allgemeine Schutzfunktion des Staates bezüglich *aller* Rechte hinaus) zugleich Grundlage jeglicher Verbindlichkeit – auch wenn er nur die »Idee« der vereinigten Willkür vorstellt und gemäß der »Idee« des ursprünglichen Vertrages regiert wird. Die Zuteilung von Eigentum ist keine Frage ausschließlich richtiger Einsicht und Befolgung der Gesetze der praktischen Vernunft, sondern eine der Dezision: Weder die Pflichten aus persönlichen noch aus dinglich-persönlichen Rechten sui generis bedürfen des Staates *um Pflichten zu sein* (wiewohl ihre Befolgung durch die Existenz eines solchen befördert werden mag); einzig die Pflicht, Eigentumsverhältnisse einzurichten, fällt mit der der Konstitution eines allgemeinen gebietenden Willens, der des »exeundum esse«, in eins.[11]

---

10. In diesem Zusammenhang spielt es keine Rolle, daß das Institut des Vertrages im status civilis eine Ausgestaltung und Sicherung erfahren kann. Um einem naheliegenden Mißverständnis explizit vorzubeugen: Es kann keine Frage sein, daß persönliche Rechte im status naturalis in einer defizienten Weise rechtsgültig sind, sondern nur, ob sie *provisorisch* im Sinne der Kantischen Konstruktion sein können.

11. Die von fast allen Interpreten (obigen Kommentar eingeschlossen) stillschweigend anerkannte Dominanz des Sachenrechts auch in der – allen drei Erwerbsmodalitäten zugeteilten – Besitzlehre (welcher Autor ist bisher auf die Idee gekommen, die §§ 8 und 9

Leib und Leben, um deren Schutzes willen Hobbes den Staat entstehen
ließ (der Leviathan geht aus der Todesfurcht hervor; vgl. de cive 1,2), sind aus
der Kantischen Staatsbegründung verschwunden. Die Aufgabe der Güterge-
meinschaft, die Einführung des Mein und Dein, welche bei Hobbes bloßes
Mittel (wenn auch das erste; vgl. de cive 4,4) zum Zweck der Selbsterhaltung
sein sollte, hat sich in der Kantischen Rechtslehre zum Scharnier zwischen
status naturalis und status civilis gewandelt. Nur über das Eigentum – so wird
man mit Kant (gegen Hobbes) argumentieren müssen – läßt sich das Parado-
xon auflösen, daß der Mensch Verpflichtungen unterworfen ist, die weder
angeboren noch *de facto selbst auferlegt* sind: Der Staat ist Pflicht als Staat
des Eigentums, … wenn »es Rechtspflicht ist, gegen Andere so zu handeln,
daß das Äußere (Brauchbare) auch das Seine von irgend jemandem werden
könne«.

mit Beispielen aus dem (dinglich-)persönlichen Recht zu illustrieren?) findet hiermit ihre
zwanglose Erklärung: Der verborgene Leitfaden der Kantischen Rechtsreflexion ist das
Eigentum, welches ihm ermöglicht, über alle Fragen nach Macht- oder Interpretationsmonopol hinaus einen festen Punkt für die Vernunft-Begründung des Staats zu liefern,
und diesen damit vom Verdacht, bloßes Produkt menschlicher Klugheit (in der Rechts-
technik) zu sein, befreien soll.

V. LITERATUR ZUR RECHTSLEHRE

Arendt, Hannah: Lectures on Kants Political Philosophy, Chicago 1983.

Atwell, John E.: A brief commentary, Journal of the hist. of ideas XXXII (1971), S. 433–437.

Batscha, Zwi: Materialien zu Kants Rechtsphilosophie, Frankfurt 1976.

Bergk, Johann Adam: Briefe über Immanuel Kants metaphysische Anfangsgründe der Rechtslehre, enthaltend Erläuterungen, Prüfung und Einwürfe, Leipzig und Gera 1797 (Nachdruck Brüssel 1968).

Berkemann, Jörg: Studien über Kants Haltung zum Widerstandsrecht, Diss. Karlsruhe 1972.

Bien, Günther: Revolution, Bürgerbegriff und Freiheit, in: Batscha S. 77–101.

Birtsch, Günther: Freiheit und Eigentum. Zur Erörterung von Verfassungsfragen in der Publizistik im Zeichen der französischen Revolution, in: R. Vierhaus (Hg.): Eigentum und Verfassung. Zur Eigentumsdiskussion im ausgehenden 18. Jahrhundert, Göttingen 1972.

Brandt, Reinhard: Eigentumstheorien von Grotius bis Kant, Stuttgart 1974.

–: (Hg.): Rechtsphilosophie der Aufklärung. Symposium Wolfenbüttel 1981, Berlin 1982.

–: Das Erlaubnisgesetz, oder: Vernunft und Geschichte in Kants Rechtslehre (zitiert als Brandt 1982a), in Brandt 1982 S. 233–285.

–: Recht auf Eigentum, in J. Schwardtländer, D. Willoweit (Hg.): Das Recht des Menschen auf Eigentum, Kehl 1983.

Buchda, Gerhard: Das Privatrecht I. Kants, Diss. Jena 1929.

Burg, Peter: Kant und die französische Revolution, Berlin 1974.

Cohen, Hermann: Kants Begründung der Ethik nebst ihren Anwendungen auf Recht, Religion und Geschichte, Berlin ²1910.

Deggau, Hans Georg: Die Aporien der Rechtslehre Kants, Stuttgart 1983.

Dulckeit, Gerhard: Naturrecht und positives Recht bei Kant, Leipzig 1932.

Ebbinghaus, Julius: Über den Grund der Notwendigkeit der Ehe, Teil III, Blätter für deutsche Philosophie 1937, S. 240–253.

Emge, C. August: Das Eherecht Immanuel Kants, Kant-Studien 29 (1922) S. 243–279.

Geismann, Georg: Kant als Vollender von Hobbes und Rousseau, in: Der Staat 21 (1982), S. 161–189.

–: Kants Rechtslehre vom Weltfrieden, in: ZS f. phil. Forschung 37 (1983), S. 363–388.

Goyard-Fabre, Simone: Kant et le problème du droit, Paris 1975.

Gregor, Mary: The laws of freedom. A study of Kants method of applying the Categorial Imperative in the Metaphysik der Sitten, Oxford 1963.

Haensel, Werner: Kants Lehre vom Widerstandsrecht. (KS Erg. H. 60) Berlin 1926.

Henrich, Dieter: Kant über die Revolution, in: Batscha S. 359–365.

Höffe, Otfried: Kants Begründung des Rechtszwanges und der Kriminalstrafe, in: Brandt 1982 S. 335–398.

Hofmann, Hasso: Zur Lehre vom Naturzustand in der Rechtsphilosophie der Aufklärung, in: Brandt 1982, S. 12–46.

Horn, Adam: Immanuel Kants ethisch-rechtliche Eheauffassung, Düsseldorf 1936.

Ilting, Karl Heinz: Gibt es eine kritische Ethik und Rechtsphilosophie Kants? Arch. f. G. d. Phil. 63 (1981), S. 325–345.

Kaulbach, Friedrich: Studien zur späten Rechtsphilosophie Kants und ihrer transzendentalen Methode, Würzburg 1982.

Kersting, Wolfgang: Neue Interpretationen der Kantischen Rechtsphilosophie, ZS f. phil. Forschung 37 (1983), S. 282–298.

–: Wohlgeordnete Freiheit. Immanuel Kants Rechts- und Staatsphilosophie, Berlin 1983.

Kühl, Kristian: Eigentumsordnung als Freiheitsordnung. Zur Aktualität der Kantischen Rechts- und Eigentumslehre, Freiburg 1984.

Küsters, Gerd-Walter: Recht und Vernunft: Bedeutung und Problem von Recht und Rechtsphilosophie bei Kant, Phil. Rundschau 1983 S. 209–239.

Lehmann, Gerhard: Kants Besitzlehre, in: ders. Beiträge zur Geschichte und Interpretation der Philosophie Kants, Berlin 1969.

Lübbe-Wolf, Gertrude: Beweismethoden in Kants Rechtslehre am Beispiel des Vertragsrechts, in: Brandt 1982, S. 286–310.

Luf, Gerhard: Freiheit und Gleichheit – Die Aktualität im politischen Denken Kants, Wien und New York 1978.

Mautner, Thomas: Kants Metaphysics of Morals. A Note on the Text, KS 72 (1981) S. 356–359.

Mayrhofer, Heinrich: Die Tugendlehre in Kants Metaphysik der Sitten und ihr Verhältnis zur Kritik der praktischen Vernunft, Diss. Wien 1974.

Metzger, Wilhelm: Gesellschaft, Recht und Staat in der Ethik des deutschen Idealismus, Heidelberg 1917.

Oberer, Hariolf: Ist Kants Rechtslehre Kritische Philosophie?, KS 74 (1983) S. 218–224.

–: Über einige Begründungsaspekte der Kantischen Strafrechtslehre, in: Brandt 1982 S. 399–423.

Riedel, Manfred: Herrschaft und Gesellschaft. Zum Legitimationsproblem des Politischen in der Philosophie, in: Batscha S. 25–50.

Ritter, Christian: Der Rechtsgedanke Kants nach den frühen Quellen, Frankfurt 1971.

Saage, Richard: Eigentum, Staat und Gesellschaft bei Kant, Stuttgart 1972.

Sänger, Monika: Die kategoriale Systematik in den Metaphysischen Anfangsgründen der Rechtslehre (KS Erg. H. 114) Berlin 1982.

Scheffel, Dieter: Kants kritische Verwerfung des Revolutionsrechts, in: Brandt 1982 S. 178–217.

–: Thesen zu Kants transzendentaler Deduktion der Erwerbung durch Vertrag, in: Brandt 1982 S. 311–320 (zitiert als Scheffel 1982 a).

Scholz, Gertrud: Das Problem des Rechts in Kants Moralphilosophie, Diss. Köln 1972.

Shell, Susan Meld: The Rights of Reason. A Study of Kants Philosophy and Politics, Toronto 1980.

Smid, Stefan: Freiheit und Rationalität, Arch. f. Rechts- u. Sozialphil. LXXI (1985), S. 404 f.

Stephani, Heinrich: Anmerkungen zu Kants metaphysischen Anfangsgründen der Rechtslehre, Erlangen 1797 (Nachdruck Brüssel 1968).

Tenbruck, Friedrich: Über eine notwendige Textkorrektur in Kants Metaphysik der Sitten, Arch. f. Phil. Bd. 3 (1949) S. 216–220.

Tuschling, Burkhard: Die offene und die abstrakte Gesellschaft, Berlin 1978.

–: Das »rechtliche Postulat der praktischen Vernunft«; seine Stellung und Bedeutung in Kants »Rechtslehre«, (Mskr.; voraussichtlich 1988 in der Festschrift für H. Wagner).

Vorländer, Karl: I. Kant, Metaphysik der Sitten, PhB 42 Hamburg 1966.

VI. BEILAGE

Gliederungsübersicht des rekonstruierten Textes* der Rechtslehre

IMMANUEL KANT

METAPHYSISCHE ANFANGSGRÜNDE DER RECHTSLEHRE

Vorrede

Einleitung in die Metaphysik der Sitten
- I. Von der Idee und der Notwendigkeit einer Metaphysik der Sitten
- II. Von dem Verhältnis der Vermögen des menschlichen Gemüts zu den Sittengesetzen
- III. Vorbegriffe zur Metaphysik der Sitten *(Philosophia practica universalis)*
- IV. Von der Einteilung einer Metaphysik der Sitten

Einteilung der Metaphysik der Sitten überhaupt

Metaphysik der Sitten Erster Teil
Metaphysische Anfangsgründe der Rechtslehre

Einleitung in die Rechtslehre
- § A. Was die Rechtslehre sei?
- § B. Was ist Recht?
- § C. Allgemeines Prinzip des Rechts
- § D. Das Recht ist mit der Befugnis zu zwingen verbunden
- § E. Das strikte Recht kann auch als die Möglichkeit eines jedermanns Freiheit nach allgemeinen Gesetzen zusammenstimmenden durchgängigen wechselseitigen Zwanges vorgestellt werden

Anhang zur Einleitung in die Rechtslehre
- Vom zweideutigen Recht *(Jus aequivocum)*
- I. Die Billigkeit *(Aequitas)*
- II. Das Notrecht *(Jus necessitatis)*

Einteilung der Rechtslehre
- A. Allgemeine Einteilung der Rechtspflichten
- B. Allgemeine Einteilung der Rechte

Das angeborene Recht ist nur ein einziges

Anfangsgründe
jeden

* Nach PhB 360: Kant, Metaphysische   der Rechtslehre, Hamburg
F. Meiner 1986. – Dort auf S. 57,22 lies: *einen*   statt: *eine jede* und auf S. 78, 28 f
Verzichttuung statt: *Verzichttung*.

DER RECHTSLEHRE ERSTER TEIL: Das Privatrecht vom äußeren Mein und Dein überhaupt

Erstes Hauptstück: Von der Art etwas Äußeres als das Seine zu haben

Zweites Hauptstück: Von der Art etwas Äußeres zu erwerben

Erster Abschnitt: Vom Sachenrecht

Zweiter Abschnitt: Vom persönlichen Recht

Dritter Abschnitt: Von dem auf dingliche Art persönlichen Recht

Des Rechts der häuslichen Gesellschaft erster Titel: Das Eherecht